W0404426

Lydia L. Dewiel

stühle & sessel

Lydia L. Dewiel

stühle & sessel

Stuhldesign vom Barock bis zur Moderne

Mit Beiträgen von Eva Karcher zur Moderne und Postmoderne

WILHELM HEYNE VERLAG
MÜNCHEN

Umwelthinweis:
Dieses Buch wurde auf chlor- und säurefreiem Papier gedruckt.

REDAKTIONSLEITUNG: ROSWITHA HEYNE

Bearbeitung: Elisabeth Blay
Umschlaggestaltung: Atelier Bachmann & Seidel, Reischach

Copyright © 1999
by Wilhelm Heyne Verlag GmbH & Co. KG, München
Copyright © für die Werke von Peter Behrens, Max Bill, Robert Mallet-Stevens, Ludwig Mies van der Rohe, Richard Riemerschmid, Gerrit Thomas Rietveld und Stiletto: VG Bild-Kunst, Bonn 1999
Copyright © für die Werke von Le Corbusier: FLC/VG Bild-Kunst, Bonn 1999
Copyright © für die Werke von Charles und Ray Eames: Lucia Eames dba Eames Office, Venice, USA. Courtesy of Lucia Eames
Printed in Germany 1999
Umschlagfotos siehe Bildnachweis S. 316
Gesamtproduktion: Alinea GmbH, München
Druck und Bindung: Spiegel Buch GmbH, Ulm

ISBN 3-453-15671-4

Inhalt

„Poltrona di Proust", Alessandro Mendini, 1978. Bemaltes Holz, bemalte Stoffpolsterung. Hersteller: Studio Alchimia, Mailand.

Einleitung

Ein Blick in Dudens Wörterbuch der Etymologie zeigt, daß sich das Wort „Stuhl“ aus dem althochdeutschen „Stuol“ entwickelt hat. In allen germanischen Sprachen bezeichnet dieses Wort zunächst den aufgebauten Hochsitz des Fürsten. Der Stuhl ist ein Synonym für den Thron, der immer dem Herrscher und Würdenträger vorbehalten war.

Die deutlichen Rangunterschiede der hierarchisch geordneten alten Kulturen kamen auch bei der Ausgestaltung des Sitzmöbels zum Ausdruck. Nur Herrscher, hohe Beamte und Angehörige der Aristokratie hatten Anspruch auf einen Stuhl, Untergebene hatten auf dem Boden zu sitzen oder zu kauern.

Auch die Begriffe „Richterstuhl“, „päpstlicher Stuhl“ oder „Bischofssitz“ weisen darauf hin, daß das Vorrecht auf einen Stuhl stets mit der Würde eines hohen Amtes verbunden war. Der erhöhte Sitz kam immer der erhöhten Person zu, und so entwickelte man im absolutistischen Frankreich eine Rangordnung von Sitzmöbeln, angefangen vom Armlehnstuhl, der nur den Ranghöchsten zukam, bis zu den Sitzkissen, die für die Kammerzofen vorgesehen waren.

Das deutsche Wort „Möbel“ geht zurück auf das lateinische Adjektiv „mobilis“ = beweglich. Auch das französische „meuble“ weist auf das bewegliche Gut. Kein anderes Möbel ist so

beweglich wie der Stuhl, der zugleich das „dem Menschen nächste, seinem Körper angemessenste“ ist, wie Hans Eckstein (siehe S. 314) bemerkte. „Kein anderes (Möbel) dient seinen physischen wie auch seinen psychischen Bedürfnissen bei Ruhe, Erholung, Essen und Arbeit so unmittelbar.“

Wenngleich es interessant wäre, die Geschichte des Stuhls seit der Antike zu verfolgen, soll hier nur ein Querschnitt durch die Kunst des Sitzmöbelhandwerks vom Barock bis zur Moderne vorgestellt werden. Sitzmöbel aus früheren Zeiten, vor allem der italienischen und französischen Renaissance, werden zwar ebenso im Kunsthandel angeboten, doch die Mehrzahl der Sessel, Stühle und Hocker stammt aus späterer Zeit. Die Vielfalt der Formen und Materialien ist seit der Barockzeit stetig gewachsen, und heute gibt es fast für jeden Zweck ein eigenes Sitzmöbel – vom Küchenhocker bis zum Fernsehsessel.

Die großen Möbelkünstler des Barock und Rokoko, die bedeutenden Architekten des Klassizismus, die modernen Designer haben in ihren Werken Leitbilder geschaffen, die – oft auf dem Umweg über gedruckte *Vorlagenwerke* – die Möbelmode beeinflußten.

Da sich das Auge an der höchsten Qualität am besten schult, sollen hier in erster Linie die Arbeiten der großen Meister der Sitzmöbelkunst vorgestellt werden, ohne jedoch ihre Nachahmer und die zeitgenössischen Designer zu vergessen, deren Stühle, Sessel und Hocker uns heute im Handel begegnen.

Ein Paar Fauteuils
à la reine, Frank-
reich, Ende 17. Jh.

Barock

Wohnzimmer in einem vornehmen Pariser Haus, um 1630/40. Stich von Abraham Bosse.

Frankreich

Die Stile Louis-Treize und Louis-Quatorze

Die Stilepoche des Barock hat ihre Wurzeln in Italien. Doch war es nicht die italienische Möbelkunst, die im späten 17. und im 18. Jahrhundert in den meisten europäischen Ländern den Ton angab. Niemand konnte sich dem übermächtigen Einfluß, der vom Hof des Sonnenkönigs in Versailles ausging, entziehen; und auch die weiteren Jahrhunderte wurden maßgeblich vom französischen Möbel bestimmt. Der Übergang vom italienisch und niederländisch dominierten Renaissancemöbel vollzog sich jedoch nicht abrupt. So zeigt sich der Stil des Frühbarock in Frankreich als typischer Übergangsstil.

Schlafzimmer in einem vornehmen Pariser Haus, 1630/40. Eng aneinandergeschobenen reihen sich die Stühle auf beiden Darstellungen an der Wand entlang.

Der Stil Louis-Treize (Style Louis XIII.)
Der Stil des Frühbarock wird in Frankreich als „Style Louis XIII." bezeichnet und umfaßt sowohl die Regierungszeit Heinrichs IV. (1589–1610) als auch die Ludwigs XIII. (1610–1643) und des allmächtigen Ersten Ministers Kardinal Mazarin (1643–1661). Dieser ersten Phase des Barock folgt der Stil des Hochbarock, in Frankreich „Style Louis-Quatorze" nach dem Sonnenkönig genannt, der von 1661 bis 1715 regierte.

Den Stil Louis-Treize kennzeichnet seine Internationalität; man orientierte sich an der Kunst der Nachbarn – der Niederlande und Italiens. Die persönlichen Interessen und Vorlieben der Herrschenden spielten bei der Auswahl des Mobiliars ebenso eine wesentliche Rolle. Maria de' Medici etwa, die Mutter Ludwigs XIII., die für ihren Sohn als Regentin amtierte, bewies eine Vorliebe für die flämische Kunst. So wurde während ihrer Regentschaft Peter Paul Rubens berufen, um für das Pariser Palais du Luxembourg eine Serie von Gemälden zu schaffen. Niederländische Künstler wie Philippe de Champagne, Gérard van

Gepolsterter Stuhl, Frankreich oder Niederlande, Mitte 17. Jh.

Opstal und Philippe Vleughels ließen sich in Frankreich nieder. Als Ludwig XIII. dann die Regierung übernahm, sorgte seine Gemahlin Anna von Österreich, die unter dem Einfluß des gebürtigen Italieners Kardinal Mazarin (eigtl. Giulio Raimondo Mazzarino) stand, für eine Bevorzugung italienischer Künstler. Italienische Bildhauer und Kunsthandwerker wie Domenico Cucci und Filippo Caffieri beeinflußten den höfischen Möbelstil.

Während das Bürgertum konservativ blieb und – in der Provinz – das geschnitzte Renaissancemöbel bevorzugte, orientierten sich die oberen Gesellschaftsklassen am höfischen Vorbild. Üppigkeit, Luxus und farbiger Prunk, wie sie später für die Epoche Ludwigs

XIV. charakteristisch waren, kennzeichneten auch schon die Zeit seines Vorgängers Ludwig XIII. Besonders verschwenderisch ging man dabei mit Stoffen um. Adolf Feulner beschreibt in seiner *Kunstgeschichte des Möbels* (siehe S. 314) diesen Aspekt der barocken französischen Raumkunst: „Zur Steigerung der farbigen Erscheinung diente der Luxus mit kostbaren Stoffen. Keine andere Zeit hat diese Stoffverschwendung gekannt. Die Bildteppiche waren die alltäglichen Tapeten im vornehmen Haus. Die Betten waren Häuser aus prunkvollen Stoffen, unter denen das Holzgerüst ganz verschwand. Stühle, Bänke, Taburetts, die jetzt durchweg feste Polsterung erhielten, wurden mit luxuriösen Stoffen oder mit farbigem Leder bezogen. Stühle auf gemalten Porträts von Clouet, auch auf Bildern Terborchs, sind ganz mit rotem Stoff verkleidet. Das Goldleder ist damals von Spanien übernommen worden. Es diente in Frankreich wie in Belgien und Holland als Möbelbezug wie als moderne Wandbespannung."

Zeitgenössische Stiche von Abraham Bosse (1602–1676), entstanden in den dreißiger Jahres des 17. Jahrhunderts, reflektieren die elegante Ausstattung Pariser Bürgerhäuser (Abb. S. 14 und 15). Unser Interesse gilt auf beiden Abbildungen vor allem

Stuhl mit kunstvoller Drechselarbeit, bespannt mit Rohrgeflecht.

Fauteuil à la reine,
Frankreich,
Ende 17. Jh.

den Stühlen – in einer strengen Reihung an der Wand entlang. Stühle dieser Art kommen auch heute noch gelegentlich in den Kunsthandel (Abb. S. 16). Die wichtigste Neuerung gegenüber der Renaissance: An die Stelle loser Kissen treten nun feste Polster. Die Stoffe oder das Leder sind mit großen, sichtbaren Nägeln befestigt. Die einfachsten Bezüge bestanden aus dickem Leder. Saffianleder – ein beliebtes Bezugsmaterial – wurde aus Kleinasien und Syrien importiert und meist in Rouen verarbeitet. Bezüge aus Velours, Atlas, Brokat und Taft kamen vor allem aus Tours und Neapel. Beliebt waren auch Gobelins und Samte, die mit Blumen- und Früchtemotiven in „Gros- und Petit-Point“ bestickt waren. Die sichtbaren Holzteile der Stühle, vor allem aber der *Fauteuils* (Sessel) sind gedrechselt, zum Teil auch mit Schnitzdekor geschmückt. Wie kunstvoll die Drechselarbeiten in dieser Zeit ausgeführt sein konnten, zeigt der Stuhl auf S. 17. Sitzmöbel dieser Art, mit Rohrgeflecht bespannt, stehen unter dem Einfluß der niederländischen Möbelkunst dieser Zeit. Die Lehne der Fauteuils ist meist leicht geneigt, weil auf die damals modischen großen Halskrausen Rücksicht genommen werden mußte. In der Mitte der Epoche waren die Lehnen zudem niedriger als zum Ende hin.

Der Stil Louis-Quatorze (Style Louis XIV.)
Der Tod des Ersten Ministers Kardinal Mazarin (1661) und die Regierungsübernahme durch König Ludwig XIV. manifestierten nicht nur politisch, sondern auch kulturhistorisch ein wichtiges Datum. Obwohl erst 23 Jahre alt, entschloß sich Ludwig – vom Gottesgnadentum des Monarchen überzeugt –, auf einen Ersten Minister zu verzichten und selbst zu regieren („Le Roi régne et gouverne."). Zunächst galt es, die durch Krieg und Adelsaufstände angeschlagene Macht der Krone wiederherzustellen und dem Hof – als äußerem Zeichen dieser Macht – seinen alten Glanz wiederzuverleihen. So entstand, nachdem der Hof nach Versailles verlegt worden war, in diesem Pariser Vorort das gewaltige Königsschloß, das Vorbild für den Schloßbau in ganz Europa werden sollte – ebenso wie die am Hof gepflegte Etikette.

Anstoß für den Bau von Versailles war das Schloß Vaux-le-Vicomte, das 1657–1660 von Louis Le Vau unter Mitwirkung hervorragender Künstler wie Charles Le Brun und André Le Nôtre für Minister Fouquet gebaut worden war. Ihrer Talente bediente sich nun der König (ab 1661) für den Bau und die Ausstattung seines eigenen Schlosses. Er machte den Maler Le Brun, einen ehemaligen Günstling von Richelieu, der es verstand, sich auch der Gunst von Ludwigs mächtigstem Minister Colbert zu versichern, zum Hauptausstatter der königlichen Schlösser.

Ein Paar Fauteuils à la reine, Frankreich, Ende 17. Jh.

Im Zuge der wirtschaftlichen Reorganisation durch Colbert und der Errichtung königlicher Fabriken wurde 1667 die „Manufacture Royale des Meubles de la Couronne" gegründet, der die Aufgabe der Ausstattung der königlichen Schlösser oblag. Teil dieser Manufaktur war auch die „Manufacture des Gobelins", die aus einer Werkstatt niederländischer Wirker hervorging, untergebracht in einem 1662 vom Staat erworbenen Haus, das der Färberfamilie Gobelin gehörte. Unter der Aufsicht Le Bruns, der die Entwürfe für die Manufaktur zu liefern hatte, entstand mit Hilfe von Möbelschreinern, Bildwirkern, Malern, Goldschmieden, Steinbildhauern und Gießern eine neue nationale Dekorationskunst, die in ihrem Luxus und Prunk bisher ohne Vorbild war. Le Brun wurde zum maßgeblichen Schöpfer des „Style Louis-Quatorze".

„Der Style Louis XIV. ist ein ausgesprochen höfischer, mondäner Stil, oft pompös, doch niemals schwelgerisch, nie wolkig-undurchsichtig. Seine Pracht hat etwas Sonores, Metallen-Dröhnendes, Männliches, er ist noch ganz direkt gemeint, noch nicht ins Theatralische zerspielt wie die weiblichere Grazie des Rokoko, das sich selbst nicht mehr ganz ernst nimmt. Noch unter der reichsten Ornamentierung bleiben die Grundformen der Baukörper und der Möbel fest und auf den ersten Blick deutlich.“ (Peter Meyer, siehe S. 314)

Das fürstliche Prunkmöbel wurde speziell für den Gebrauch des Hofes konzipiert und – zusammen mit den Vertäfelungen, Gemälden und Draperien – ein unveränderlicher Bestandteil der Raumausstattung. Jedes Möbel hatte seinen bestimmten Platz, den es beibehalten mußte, um nicht das Gleichgewicht des Raumes zu stören. Das prunkvolle Einzelmöbel ist Mittel der Repräsentation, und vor allem das Sitzmöbel hat eine besondere Bedeutung innerhalb der höfischen Etikette.

Das Zeremoniell, das an jedem absolutistischen Hof pedantisch befolgt wurde, die strenge Rangordnung, spiegelt sich in dem, was man als „Rangordnung der Sitzmöbel“ bezeichnen könnte. Der bequeme *Armlehnstuhl* (fauteuil) und der *Stuhl mit Rückenlehne* (chaise) standen nur den ranghöchsten Personen zu, während sich die niedrigen Ränge mit *Taburett* (placet) und *Faltstuhl* (ployant) zu begnügen hatten (siehe Abb. S. 23). Je höher der Rang, desto höher die Lehne – und daher standen am unteren Ende dieser Stufenleiter die bescheidenen, unbequemen *Sitzkissen*. Auch sie jedoch wurden noch unterteilt in Kissen mit Goldtressen (für das adelige Fräulein) und einfache seidene Kissen (für das Bürgermädchen). Im zeitgenössischen Schrifttum, etwa in den Memoiren von Louis de Saint-Simon oder auch in den Briefen der Madame de Sevigné, wird von den nicht unbeträchtlichen Intrigen und Streitigkeiten berichtet, die bisweilen um die Zuweisung spezieller Sitzmöbel entbrannten. So erfährt man vom Herzog von Saint-Simon: „Der Armlehnstuhl, der Stuhl und der Schemel sind für viele Jahrzehnte sogar Gegenstand der Politik und berüchtigte Anlässe für Streitigkeiten gewesen... Soll man sich in einem bestimmten Raum auf einen Stuhl setzen oder nur auf einen Hocker? Oder darf man sich überhaupt nicht setzen? Das sind Fragen, die einen ganzen Königshof beunruhigen!"

Der Luxus kannte keine Grenzen: Neben dem geschnitzten und vergoldeten Prunksessel und Prunktisch (meist Bildhauerarbeit) gab es nun auch Möbel aus massivem Silber, wie die der Versailler „Grande Galerie", des „Salon de la Guerre" und der „Chambre du Roi". Von ihnen ist leider kaum mehr etwas übrig geblieben, denn während der wirtschaftlichen Krisenzeit von 1688/89 wurden alle massiven Silbermöbel wieder eingeschmolzen; auch das Mobiliar des Königs blieb nicht verschont. Daß übrigens diese Silbermöbel keine rein französische Mode waren, zeigt ein Blick auf die Inventare deutscher Fürstenhöfe (Berlin, Dresden, Hannover), und auch Karl II. von England besaß in Whitehall seine Silber-Appartements.

Im folgenden ein kurzer Blick auf die Stuhlarten und -formen in der Zeit von 1660 bis zum Beginn des 18. Jahrhunderts.

Wie bereits erwähnt, wirkten sich die strengen Vorschriften der höfischen Etikette besonders beim Sitzmöbel aus, das es nun in größerer Vielfalt gab.

Insgesamt waren die Stühle bequemer, die Sitzflächen tiefer, die Armlehnen wurden geschwungen und gegen Ende des Jahrhunderts gepolstert. Die Rückenlehnen sind wieder höher, oben rechteckig, leicht gekurvt oder bogenförmig und immer mit Stoff bezogen. Der *Armlehnstuhl*, ein besonders würdevolles Möbel, steht auf hohen Beinen – den hohen Absätzen der Personen hohen Ranges entsprechend. Die Stuhlbeine sind geschnitzt und ausgekehlt, die Füße oft als abgeflachte Kugeln oder Tierklauen ausgebildet. Neben gewundenen und gedrehten Beinen erscheinen auch gerade, reich mit Ornamenten geschmückte

Schemel (Taburett), Frankreich, um 1690.

Balusterbeine. Die Stege sind X- oder H-förmig gestaltet und an den Kreuzpunkten oft reich ornamental geschnitzt. Die Armlehnen laufen häufig in *Voluten* aus und sind mit geschnitzten *Akanthusornamenten*, Kerben etc. verziert.

Gegen 1673 erscheint im Repertoire der Stühle der *Ohrensessel*, auch „en confessionnal" (Beichtstuhl) genannt, weil er das Gesicht des Sitzenden verdeckt. Eine große Rolle in dieser Zeit spielt das *Taburett*, da es immer den rangniederen Personen zugewiesen wird. In Versailles existierten allein über dreizehnhundert Taburetts und Faltstühle!

Das Holz der Sitzmöbel ist meist vergoldet, es gibt aber auch *Fassungen* in Rot, Grün oder Gold-Blau. Als Polsterstoffe dienen kostbarer Goldbrokat, weißer China-Atlas, grüne Seidenstoffe aus Tours, Samt aus Genua, gelber Damast oder auch Stickereibezüge. Dazu kamen Seiden- oder Wollfransen, oft mit Gold- oder Silberfäden durchwirkt, die von den Zargen herabhingen.

Die Abbildungen auf S. 18, 20 und 23 zeigen drei Armlehnstühle und einen Schemel (Taburett) vom Ende des 17. Jahrhunderts.

Brautgemach der Villa La Rocca, Soragna, mit Prunkmöbeln im Stil von Andrea Brustolon.

Italien

Der Barockstil hat seinen Ursprung in Italien, wo er sich an den Höfen der Päpste und Kardinäle entwickelte. Was bedeutet „Barock“ in der Möbelkunst? Robert Schmidt, einstiger Direktor des Berliner Schloßmuseums und ein großer Möbelkenner, schrieb zu diesem Thema: „Die verstandesmäßige Klarheit, die architektonische Strenge und die Ruhe der Renaissance wird abgelöst durch eine irrationale, malerische Auflösung der Form, durch eine geniale Gleichgültigkeit gegenüber den Gesetzen der Tektonik und durch ein immerwährendes Streben nach Bewegung (...) Die ruhigen Stützformen der Stuhlbeine und -lehnen werden durch geschwungene Voluten ersetzt, denen jede Spur einer Tragefunktion abgeht. Das unendlich mannigfaltige, stets aber klar gegliederte und der besonderen Form der

Venezianischer Armlehnstuhl aus Walnußholz, Andrea Brustolon zugeschrieben, um 1690.

zu füllenden Fläche angepaßte Ornament der Renaissance wird seiner feinen Detaillierung wegen verabschiedet; zur Alleinherrschaft kommt die schwungvolle Akanthusranke mit ihren breitlappigen Blättern sowie ein gleichsam aus zähem Teig geknetetes Ornament, das man seiner schwammigen, wiederum rein auf malerische Wirkungen abzielende Bildung wegen treffend mit dem Namen Knorpel- oder Ohrmuschelornament belegt hat." (siehe S. 315)

In dem Land, in dem die Barockkunst entstand, wurden vor allem die Prunkmöbel Gegenstand raumgreifender, dynamischer Bewegung. Zentren der Möbelproduktion waren Rom, Neapel und Venedig. Mehr noch als in Frankreich war das italienische Möbel des Barock ein Bildhauermöbel. Während die Gebrauchsmöbel in den Privatgemächern meist recht einfach waren und wie schon zuvor von Schreinern hergestellt wurden, stattete man die Prunkräume und Galerien mit verschwenderischer Üppigkeit aus. Das beste Beispiel, um den Luxus, die überbordende Formenfülle und den Glanz höfischer italienischer Barockmöbelkunst zu illustrieren, liefert das Brautgemach der Villa La Rocca in Soragna (Abb. S. 24): Die prunkvollen Armlehnstühle, bei denen die „geniale Gleichgültigkeit gegenüber den Gesetzen der Tektonik" auf die Spitze getrieben wurde, folgen einem Stil, der vor allem von einem Möbelkünstler Norditaliens entwickelt wurde: **Andrea Brustolon** (1662–1732). Dieser Kunsttischler und Bildhauer stammte aus Belluno, lebte jedoch lange in Venedig, wo er die Prunkräume der großen Adelspaläste ausstattete. Berühmt ist seine um 1706 für Pietro Venier gefertigte Möbelgarnitur, deren Exzentrik kaum zu überbieten ist. „Quintessenz jener sich in den letzten Verfeinerungen selbst überschlagenden Dekadenz, von der das künstlerische Klima der Stadt gegen Ende des siebzehnten Jahrhunderts beherrscht war. Beine, Stege und Lehnen der kunstvoll geschnitzten Buchsbaumsessel erinnern an knorrige, mit Rankenwerk umschlungene Baumäste und sind gestützt von kleinen Negerknaben, deren

Nußbaum-Stuhl mit geschnitztem Akanthusrankendekor von Andrea Fantoni.

Köpfe, Arme und Füße ebenso schwarz lackiert sind wie die Waden, die durch raffiniert aufgeplatzte Kniehosen hervorschimmern.“ (Hugh Honour, siehe S. 314)

Als Frühwerk von Andrea Brustolon gilt ein venezianischer Armlehnstuhl aus Walnußholz, der um 1690 entstanden sein dürfte (Abb. S. 25). Während sich der Dekor der Beine und Zarge maßvoll zeigt, sind die Armlehnen mit zwei schlafenden und zwei stehenden Figuren höchst phantasievoll, vollplastisch-bildhauerisch gestaltet.

Zu den großen Künstlern des italienischen Barock gehört auch **Andrea Fantoni** (1659–1734). Fantoni stammte aus einer lombardischen Tischlerfamilie, die bereits im 15. Jahrhundert in der Gegend von Bergamo tätig war. Ein Beichtstuhl im Dom von Bergamo mit figürlichen Reliefs, vollplastischen Skulpturen und geschnitzten Vorhängen ist sein wichtigstes Werk. Doch hat er auch weniger aufwendige Gebrauchsmöbel geschaffen, wie etwa den fein mit Akanthusrankendekor verzierten Stuhl im Museum von Clusone (Abb. oben).

Neben den Prunksesseln der Paläste nehmen sich die üblichen Armlehnstühle und Stühle fast bescheiden aus. Ihr wichtigster Schmuck waren die kostbaren Bezugsstoffe: Samte aus Genua und Seiden aus Lucca. Ein Hauptelement des Dekors ist in Italien zu dieser Zeit das Schnitzwerk. In manchen Gegenden jedoch bevorzugte man immer noch das alte Drechselwerk. Ein formschöner, noch der Klarheit der Renaissance

Armlehnstuhl, Toskana, Mitte 17. Jh.

verpflichteter Armlehnstuhl aus der Toskana zeigt, wie hier in der Mitte des 17. Jahrhunderts der Schnitzdekor äußerst zurückhaltend eingesetzt wurde (Abb. oben). Hier spürt man noch etwas von der „verstandesmäßigen Klarheit, der architektonischen Strenge und der Ruhe der Renaissance".

Rechts:
Frans Hals, Bildnis des Herrn von Heythuysen.

Unten:
Stuhl, Niederlande, 1. Hälfte 17. Jh.

Niederlande

Bei der Teilung der habsburgischen Weltmonarchie fielen die Niederlande an die spanische Hälfte unter Philipp II. (1556). Das katholisch gebliebene Flandern – später Belgien – war mit diesem Los zufrieden, nicht jedoch die calvinischen Nordprovinzen. In der Utrechter Union (1579) wurde schließlich – nach schweren Kämpfen – die Trennung der Nordprovinzen von den Südprovinzen beschlossen. Kulturhistorisch war dieser Schritt von großer Bedeutung, denn in Flandern konnte sich nun – unter der Führung der Jesuiten – die Kunst der Gegenreformation, der Barock, viel intensiver entwickeln. Antwerpen, ein Zentrum des Exporthandels, wurde außerdem zum wichtigen Kunstzentrum. Im protestantischen Norden stieg Amsterdam zur Weltstadt auf.

Die Sitzmöbel der südlichen Niederlande zeigen sich weniger karg als die des Nordens. Sowohl in Spanien selbst als auch in Portugal und Flandern war der „Spanische Stuhl" im 17. Jahrhundert sehr verbreitet (Abb. S. 31). Charakteristisch für dieses Sitzmöbel sind die schildförmige Lehne, der Bezug aus gepunztem Leder sowie die großen Messingnägel. Flandern und Frankreich beeinflußten die Entwicklung eines Stuhles mit durchbrochener Rückenlehne, Rohrgeflecht, geschnitzter Rahmung der Lehne und geschnitztem Steg (Abb. unten). In Norddeutschland finden wir diesen attraktiven Stuhl ebenso, nicht zuletzt auch in England, wo er als *Carolean chair* ziemlich verbreitet war.

Sehr beliebt im frühen 17. Jahrhundert ist ein Stuhl, der deutliche Einflüsse des italienischen Sitzmöbels des späten 16. Jahrhunderts aufweist: Das Gestell wird durch doppelte Sprossenreihen gefestigt, übereinandergesetzte Baluster bilden die Beine. Als Holz wurde Nußholz gewählt, in manchen Fällen (Abb. S. 29) auch Palisander. Auf einem Stuhl dieser Art begegnet uns der Herr von Heythuysen auf dem berühmten Brüsseler Bildnis von Frans Hals (Abb. S. 29).

Rechts: „Spanischer Stuhl“ mit Bezug aus gepunztem Leder, um 1680. Stühle dieser Art waren in Spanien ebenso verbreitet wie in Portugal und Flandern.

Linke Seite außen: Armlehnstuhl mit geschnitzter Rahmung und Steg, bespannt mit Rohrgeflecht, nördliche Niederlande, 2. Hälfte 17. Jh.

Linke Seite innen: Vorlagestiche von Daniel Marot (1663–1752) für Sitze.

Das Möbelhandwerk des Spätbarock stand, wie im übrigen Europa, unter dem Zeichen des französischen Einflusses. Als „franko-flämisch“ bezeichnet man im Kunsthandel die Möbel, die in den Niederlanden unter diesem Einfluß entstanden (Abb. S. 32 und 33). Die Einwanderung protestantischer französischer Glaubensflüchtlinge in die nördlichen Niederlande nach der Aufhebung des Ediktes von Nantes (1685) verstärkte diese Entwicklung noch.

Zu diesen Emigranten gehörte auch **Daniel Marot** (1663–1752), in Paris als Sohn des Architekten Jean Marot geboren. Sein Onkel, der Kunsttischler Pierre Golles – von Kardinal Mazarin nach Paris gerufen –, machte ihn mit dem Style Louis-Quatorze vertraut. In

Links und rechte Seite: Zwei franko-flämische Armlehnstühle, um 1680, Flandern.

Holland wirkte Daniel Marot als Architekt, Ornamententwerfer und Kupferstecher. Er stand im Dienst Wilhelms von Oranien, der später als Wilhelm III. englischer König wurde. Marot, der vor allem auf Innenarchitektur spezialisiert war (königliche Residenz Het Loo), zeigte sich außerordentlich vielseitig und beschäftigte sich mit allen Bereichen des Kunsthandwerks. Jeanj-Louis Bérain und Jean Lepautre, deren Werk er noch in Paris kennenlernte, beeinflußten seinen ornamentalen Stil. Die Marotschen Vorlagestiche sorgten für eine Verbreitung des Style Louis-Quatorze in Holland und England (Abb. S. 30). Ein bestimmter Stuhltyp mit hoher Rückenlehne und reichem Schnitzwerk (durchbrochenes Rankenwerk), der um 1690 und 1700 in Holland, dann in England

sehr verbreitet war, gilt als Schöpfung Marots. Durch ihn wurde in Holland das bildhauerisch behandelte Schnitzmöbel bekannt. Dennoch, Marot war in seinem Wesen Franzose, und es gilt, was auch Peter Jessen in seinem Werk über den Ornamentstich (siehe S. 314) bemerkte: „Was hätte Marots reiches, anregendes Talent seinem Vaterlande sein können, wenn er sich in Paris hätte austoben dürfen."

England

Der englische Barock umfaßte die Stilperioden *Carolean* (ca. 1660–1690), *William and Mary* (ca. 1690 bis 1700) und *Queen Anne* (ca. 1700–1715). Am Anfang dieser Epoche steht die Restauration der Monarchie im Jahr 1660, am Ende der Abschluß der Regierungszeit von Queen Anne.

Im Jahr 1660 kehrte Charles II. aus dem Exil zurück. Aufenthalte in Frankreich und den Niederlanden bewirkten eine Vorliebe für die Stilrichtungen dieser Länder. Während seines Exils in Frankreich hatte der König auch den aufwendigen Lebensstil seines Vetters Louis XIV. kennengelernt; und nun, wieder nach England zurückgekehrt, versuchte er es ihm gleichzutun. Nach der kargen und puritanischen Cromwellzeit begann nun das fröhlichere, vergnügliche und recht verschwenderische Leben, nicht nur am Hof, sondern auch in den gehobenen Gesellschaftskreisen.

Das Kabinett der Königin in Ham House bei Richmond (Abb. S. 35) ist ein charakteristisches Beispiel für den neuen luxuriösen Lebensstil der Zeit um 1670. Vergoldetes Schnitzwerk, kostbare Brokattapisserien, ein Scagliola-Kamin – dies alles wäre in der Cromwellzeit undenkbar gewesen. Unser Interesse gilt vor allem dem prunkvollen Ohrenbackenstuhl, der sich bei näherer Betrachtung als *Sleeping chair* erweist: ein charakteristisches englisches Ruhemöbel mit verstellbarer Rückenlehne.

Auch für die Entwicklung der Kunsttischlerei erwies sich die Restauration der Monarchie durch Charles II. als förderlich. Kunsthandwerker aus dem Ausland ließen sich in England nieder – wie in Holland kamen auch viele französische Hugenotten hierher, die der Widerruf des Ediktes von Nantes 1685 zur Flucht zwang.

Führender englischer Barockbildhauer war **Grinling Gibbons** (1648–1721). Seine im Auftrag des Hofes

Ham House, Richmond, Kabinett der Königin mit Sleeping chair.

Armlehnsessel mit reichem Schnitzdekor und Rohrgeflecht, England, um 1675.

angefertigten dekorativen Schnitzereien wurden stilbildend – auch im Bereich des Möbelhandwerks: Die Rahmen der Stühle sind kunstvoll geschnitzt, ebenso die Stege zwischen den Vorderbeinen. Zu den charakteristischen Motiven der Restaurationszeit gehörten Engel, die eine Krone halten, und geschnitztes Eichen-

Polstersessel mit Schnitzdekor, Stil Charles II.

laub. Den großen Armlehnsessel mit Rohrgeflecht, den *Carolean chair*, haben wir bereits in Verbindung mit dem niederländischen Möbel kennengelernt. Typisch für die englische Variante sind die ausnehmend hohe Rückenlehne und ein rückwärtiger Steg, der parallel zum vorderen Füllbrett verläuft (Abb. S. 36). Die vornehmen Möbel dieser Zeit wurden fast immer aus Nußbaum hergestellt. Das *Age of Walnut*, die Nußbaumperiode, dauerte bis um 1730 und wurde vom *Age of Mahogany*, der Mahagoniperiode, abgelöst.

Nach französischem Vorbild kamen auch Polstersessel in Gebrauch, deren Schnitzwerk meist vergoldet war (Abb. oben).

Nach der Krönung Wilhelms III. (Beginn der Periode *William and Mary*) kam in England der holländisch-französische Stil nach Art des **Daniel Marot** in Mode. Der gebürtige Pariser Hugenotte, der schon in Holland für Wilhelm von Oranien tätig war, folgte diesem nach England und kehrte erst 1698 nach Holland zurück. Marots Ornamentstiche, ab 1702 veröffentlicht, trugen wesentlich zur Ausbreitung seines Stils bei.

Reiches, verschlungenes Schnitzwerk im Stil Marots zeigt der hübsche Hocker auf S. 40 (rechts). Wenn auch weniger gebräuchlich als in Frankreich, so ergänzte doch auch hier der Hocker das gängige Möbelrepertoire. Zum gepolsterten Hocker gehörte das passende Sitzkissen, wie es die beiden Beispiele aus den Jahren um 1690/95 zeigen. Der Hocker links im Bild wurde aus Walnußholz gefertigt, der reich geschnitzte rechts aus Buchenholz.

Mit der Thronbesteigung von Königin Anne (1702) begann sich der Einfluß des von der französischen Hofkunst bestimmten Prunkmöbels abzuschwächen. Ein neuer Wunsch nach Einfachheit prägt die *Queen-Anne-Periode*. Eine Vertraute der Königin, die Herzogin von Marlborough, wünschte sich „die Dinge einfach und klar, sei es das Stück einer Holztäfelung, sei es das Gesicht einer Dame.“ Die reinste Ausprägung fand der neue Stil in

Links: Walnußstuhl, Queen Anne, Anfang 18. Jh.

Rechts: Ohrenbackensessel, Queen Anne, um 1705.

Zwei Hocker, Stil William and Mary, um 1690/95.

der Silberschmiedekunst, doch auch das Möbelhandwerk lieferte zu Beginn des neuen Jahrhunderts außerordentlich edle, formschöne Stücke. Einfachheit bedeutete jedoch keineswegs Strenge, Kargheit oder gar Unbequemlichkeit. Bereits gegen Ende der Regierungszeit Charles' II. war der *gepolsterte Ohrenbackensessel* eingeführt worden. Auch die Queen-Anne-Periode bediente sich dieses komfortablen Sitzmöbels, wie das Beispiel auf S. 39 zeigt (um 1705). Neu sind nun die geschwungenen Cabriole-Beine, die *cabriole legs*. An ihrem oberen Ende erscheint ein geschnitztes Muschelmotiv, der Fuß ist in Form eines Geißfußes oder einer Klaue geschnitzt, die eine Kugel umgreift (*ball and claw foot*). Typisch für diese Stühle ist das vasenförmige Mittelbrett, dessen oberes Ende meist mit sparsamem Schnitzdekor versehen ist. Zu Beginn der Queen-Anne-Periode waren die Beine noch durch Stege verbunden, wie das Beispiel auf S. 38 zeigt.

Vorlage für eine Stuhllehne aus „Der architektonische Tischler", Marcus Nonnenmacher, Prag 1710.

Deutschland

Im Gegensatz zu Frankreich, wo die politische Zentralisation sich vereinheitlichend auf die Gesamtkultur auswirkte, sorgte in Deutschland die politische Dezentralisation für zahlreiche Sonderentwicklungen. Die vielen großen und kleinen Residenzen, die Reichsstädte und Hansestädte – jedes dieser Zentren folgte eigenen Gesetzen, auch auf dem Gebiet der Kunst und des Kunsthandwerks.

Die Barockkunst, die neue Stilrichtung aus dem Süden, fand erst langsam Eingang, vor allem im Norden des Landes. Auch die traditionsreichen süddeutschen Städte des Kunsthandwerks wie Augsburg, Nürnberg und Ulm, hielten noch lange an den überkommenen Formen fest. An den Höfen, die häufig Kunsthandwerker aus dem Ausland heranzogen, verhielt sich die Situation anders: Je nach politischen und geographischen Gegebenheiten wurden hier die barocken Strömungen aus Italien, Frankreich oder Holland maßgebend. Doch auch die bürgerlichen Möbel lassen einen deutlichen Einfluß des Auslands erkennen. So findet man im Norden starke Anklänge an die holländische Möbelkunst, im Rheinland begegnet man Entlehnungen aus Frankreich, und in Süddeutschland tauchen neben italienischen Formen auch flämische und französische Elemente auf.

Höfische Sitzmöbel

Das einflußreichste Kunstzentrum im Süden war München. Hier sorgte die Gemahlin von Kurfürst Ferdinand Maria (1651–1679), die savoyische Prinzessin Henriette Adelaide, für eine Förderung der italienischen Künstler. Die Wohnräume der Residenz wurden 1665–1667 von Agostino Barelli, dem Baumeister der Theatinerkirche St. Kajetan, umgebaut und von Antonio Pistorini eingerichtet. Henriette Adelaide empfand die einheimischen Baumeister als „più idioti nell' edificare" („zu dumm zum Bauen"), und so mag sie auch die Münchner Kunsthandwerker als zu unbegabt eingeschätzt haben, um die Räume der Residenz auszustatten.

Unter Kurfürst Max Emanuel (1679–1726) und aufgrund der Vermählung seiner Schwester mit dem Dauphin (1680) fand die französische Hofkunst in München Eingang. **Josef Effner** (1687–1745), ein Schüler von Germain Boffrand, führte den nach der Regentschaft Philipps von Orleans benannten spätbarocken Régence-Stil in München ein.

Charakteristisch für die erste italienische Barockphase ist ein Polsterstuhl aus der Münchner Residenz (2. Hälfte 17. Jahrhundert, Abb. S. 43). Der überreiche plastische Schnitzdekor (Akanthusblätter) erinnert an italienische Bildhauermöbel dieser Zeit. Allein die steife Rückenlehne und der Knorpelwerkdekor am vorderen Steg sind Zugeständnisse an einheimische Gepflogenheiten.

In ganz Norddeutschland und zum Teil auch in Mitteldeutschland überwog im 17. Jahrhundert der Einfluß Hollands. Am Hofe des Großen Kurfürsten (1640–1688) wurde diese Tendenz noch verstärkt durch die Gemahlin des Regenten, Louise Henriette von Oranien. Unter den beiden folgenden Königinnen aus dem Hause Hannover-Braunschweig gewann der englische Einfluß am Hofe an Bedeutung.

Polstersessel, München, 2. Hälfte 17. Jh.

Lehnstuhl, um 1700.

Der Lehnstuhl mit Rohrgeflecht aus dem einstigen Mobiliar des Schlosses Charlottenburg (Abb. oben) ist ohne holländische Vorbilder nicht vorstellbar. Dieser Sessel aus der Zeit um 1700 zeigt ähnliche Volutenbildungen wie das franko-flämische Beispiel (Abb. S. 33) aus der Zeit um 1685.

Nach Versailler Vorbild gehörten auch Garnituren von Silbermöbeln zur Ausstattung königlicher Schlösser. Als Lieferant fungierte in nahezu allen Fällen die Stadt Augsburg, deren Gold- und Silberschmiedehandwerk seit der Renaissancezeit florierte.

Das bürgerliche Mobiliar

Hier begegnen uns Möbeltypen, die bereits während der Renaissancezeit ausgebildet worden waren – jetzt allerdings mit verändertem dekorativem Beiwerk versehen. Die Sitzmöbel wurden nun bequemer, die Sitze und ebenso die Lehnen breiter. Aus Norditalien stammt der „Lombardische Stuhl", ein hochlehniges Möbel, geschmückt mit reichem Schnitzdekor (Rollwerk, Knorpelwerk, Ohrmuschelwerk). Dieses nicht sonderlich bequeme Gebrauchsmöbel, das um 1600 nach Süddeutschland kam, wurde nach der Jahrhundertmitte mit Polstern ausgestattet.

In Norddeutschland wurde zu Ende des Jahrhunderts nach englischem Vorbild der Stuhl mit hoher schmaler Lehne und Rohrgeflechtbespannung Mode.

Ein beliebtes, da sehr mobiles bürgerliches Gebrauchsmöbel war der *Brettschemel* mit vier schräg gestellten Beinen. Diese „Stabelle", ein Nachkomme des italienischen Sgabello der Renaissance, hielt sich im Bereich des bäuerlichen Mobiliars bis ins 19. Jahrhundert hinein. Der reiche Schnitzdekor beschränkt sich nur auf die Lehne – Sitzfläche und Beine sind schmucklos. In Süddeutschland kam dieser Möbeltyp schon im 16. Jahrhundert in Gebrauch. Das hier abgebildete Beispiel entstand um 1700 im süddeutschen Raum. Der schwungvolle Akanthusrankendekor ist in den meisten Fällen keine Erfindung des Handwerkers. Vorlagen für den Schnitzdekor der Lehnen standen

Brettstuhl, Süddeutschland, um 1700.

Armlehnsessel mit farbiger Stickerei, Norddeutschland, um 1700.

den Tischlern zur Verfügung, wie das phantasievolle Beispiel der Abbildung auf S. 41 zeigt.

Im übrigen folgte man beim bürgerlichen Mobiliar der gehobenen Stände gegen Ende des Jahrhunderts durchaus auch höfischen Vorbildern, vor allem, was die Bequemlichkeit betrifft. Der Armlehnsessel der Abbildung oben, in Nußholz massiv, stammt aus Norddeutschland und dürfte um 1700 entstanden sein. Der edle Gobelinbezug wurde wahrscheinlich in Brüssel gewirkt. Die gedrechselten Teile, auch der geschnitzte Akanthusdekor, zeugen von höchster Qualität.

Rechte Seite: Satz von zehn italienischen Eßzimmerstühlen nach englischem Geschmack, Mitte 18. Jh.

Régence
und
Rokoko

Frankreich

Die Regentschaft des Prinzen Philipp von Orleans (1715–1723) und König Ludwigs XV. (1725–1774) gab den Stilrichtungen des Spätbarock ihren Namen: *Style Régence* und *Style Louis-Quinze*. Doch wird diese Zeiteinteilung der Stilentwicklung nicht ganz gerecht. Bereits um 1680, mit dem Auftreten des einflußreichen Ornamentstechers **Jean-Louis Bérain** (1637–1711) und des Ebenisten **André Charles Boulle** (1642–1711), setzte auf dem Gebiet der Möbelkunst eine Entwicklung ein, die schließlich in den Style Régence (auch als Vor-Rokoko bezeichnet) mündete. Diese Epoche dauerte dann länger als die Regentschaft Philipps von Orleans. Das eigentliche Rokoko begann stilistisch erst gegen 1730, als sich das Ornamentelement der *Rocaille* mit ihren S-förmigen Schwüngen ausgebildet hatte.

Mit dem Zeitalter Ludwigs XIV. war der strenge, das Hofleben in eine steife Etikette zwängende Absolutismus zu Ende gegangen. „Im Beginn des 18. Jahrhunderts, als der alte und fromm gewordene Sonnenkönig sich mehr und mehr von dem zeremoniellen Prunk seines Hofes zurückzog, kam eine lebenslustigere Generation zur Herrschaft, die an Stelle der großen Gebärde und steifen Grandezza eine graziöse Galanterie und zierliche Koketterie als Ideal vornehm geselliger Umgangsformen aufstellte. Die Menschen mit solchen freieren Anschauungen konnten sich natürlich nicht in der kalten, würdevollen Pracht der Gemächer, die unter dem Einfluß des klassizistischen Le Brun entstanden waren, wohlfühlen; die Innenarchitektur sowohl wie das unzertrennlich mit ihr verbundene Mobiliar drängte nach leichteren, fröhlicheren Ausdrucksformen.“ (Robert Schmidt, siehe S. 315)

Das prunkvolle Schloß Versailles wurde 1715 als Residenz aufgegeben, der Hof wieder nach Paris verlegt. Als Innenarchitekt für die Ausstattung des Palais Royal wurde **Gilles-Marie Oppenordt** (1672–1742) berufen.

Schlafgemach der Princesse de Rohan, Paris, Hôtel de Soubise, um 1737. Stich aus Boffrands *Livre d'Architecture.*

In Paris begannen nun auch kulturell andere Kreise den Ton anzugeben: der Adel und das reichgewordene Bürgertum. Diese Gesellschaft huldigte in ihrer Wohnkultur zwar immer noch dem Luxus, fand jedoch keinen Gefallen mehr an dem würdevollen Prunk des Louis-Quatorze. Bevorzugt wurde nun eine weniger steife, leichtere, elegante und komfortable Raumausstattung. Neben den zahlreichen kleinen Landschlössern – zum Teil für die Mätressen des Hofes erbaut – entstanden in Paris eine Reihe vornehmer Stadthäuser, die neu ausgestattet werden mußten. diese Bauten enthielten nun nicht mehr große Repräsentationsräume, sondern verschiedene kleinere intime Räume, die mehr dem Alltagsleben dienten. So gehörten zu einem Adelspalais neben kleineren Gesellschaftsräumen und Empfangszimmern auch mehrere Salons, Vorzimmer, das Schreibkabinett, die Bibliothek, Schlafzimmer, Kabinette, Garderobe und eine Reihe von Dienerzimmern.

Die offiziellen Räume – darunter die Empfangsräume und Gesellschaftsräume –, ebenso auch die pri-

Zwei Fauteuils, Louis XV. Originalfassung und Aubusson-Bezüge.

vaten Salons, wurden in heiteren, zarten Farben ausgestattet, mit einer Vorliebe für Taubengrau, Weiß, Gold, Rosa und Hellblau. Die Wände waren vertäfelt oder mit Seidentapeten ausgekleidet. Papiertapeten blieben dem Bürgerhaus vorbehalten.

Zu den glanzvollsten Stadtresidenzen gehörte jene des Prince de Rohan, das Hôtel de Soubise. Germain Boffrand veröffentlichte in seinem *Livre d'Architecture* (1745) die 1732 von ihm geschaffenen Entwürfe für die Innenausstattung: Bezaubernde Leichtigkeit und Eleganz, besonders im Schlafgemach der Princesse de Rohan – hier herrschte bereits das spielerische Rokoko (Abb. S. 49).

Der Vielfalt und dem Komfort der Räume entsprachen auch die Möbel. Allein schon die Mode der weiten Röcke erforderte nun eine breitere Sitzfläche der Stühle. In einem Tagebuch des Franzosen Barbier aus dem Jahr 1728 ist zu lesen: „Die Röcke waren so breit, daß große und kräftige Damen sich beim Hinsetzen derartig stießen, daß man sich gezwungen sah, breitere Lehnstühle zu bauen."

Das Angebot an Sitzmöbeln war so groß wie niemals zuvor. Neben der einfachen *Chaise*, dem Stuhl mit Rückenlehne, und dem *Fauteuil* mit Armlehne und Rückenlehne erschien (ab etwa 1735) die *Bergère* (siehe Abb. S. 90), ein breiter, sehr bequemer, gepolsterter Fauteuil, meist mit aufgelegter Matratze und geschlossenen Armlehnen. Für den Gebrauch der Dame stand der *Fauteuil de toilette*, der Frisierstuhl, zur Verfügung, für den Herrn der *Fauteuil de bureau*, der Schreibtischstuhl. Ein merkwürdiges Möbelstück ist die *Voyeuse* (siehe Abb. S. 86), ein Fauteuil oder Stuhl mit Armpolstern auf der Rückenlehne. Dieses Möbel war speziell im Spielsalon sehr beliebt, denn man konnte – rittlings sitzend – das Geschehen an den Spieltischen beobachten. Als einfachere Sitzgelegen-

Zwei Régence-Fauteuils, Bezüge mit Gros- und Petit-Point-Stickerei.

heit war immer noch das *Taburett* in Gebrauch, der Schemel, und im Haus der weniger Begüterten der einfache Stuhl mit Rohrgeflecht, die *Chaise à la capucine*. Nach 1750 kam die *Chaise en cabriolet* in Mode, ein Stuhl mit geschwungener, sich dem Körper anpassender Rückenlehne.

An den Wänden der Repräsentationsräume waren die „Sièges meublants" zwar noch immer recht steif an der Wand entlang aufgestellt, die „Sièges courants" jedoch standen locker, gruppenweise verteilt im Salon oder waren um den Kamin angeordnet.

Dem luxuriösen Sitzkomfort entsprach auch die Kostbarkeit der für die Bezüge verwendeten Textilien, die nun immer hell und freundlich waren. Als Farbtöne herrschten Grün, Gelb, Karmesinrot und Blau vor. Damaststoffe, geriffelter, durchwirkter, bestickter Atlas, Seidentaft und Pekingstoffe mit bunten Blumen waren ebenso beliebt wie Gobelinbezüge aus Beauvais und Aubusson.

Zum anspruchsvollen Wohnstil des Rokoko gehörte auch die Unterscheidung von Sommer- und Wintermöbeln. Während man im Sommer die leichten Seidenstoffe bevorzugte, schätzte man im Winter Samt, Utrecht-Plüsch oder Velours aus Genua.

Die Holzteile der Régence- und Rokokomöbel beließ man selten in ihrer Naturfarbe, meist wurden sie farbig gefaßt oder vergoldet (Abb. S. 50). Bevorzugte Holzsorte war das Buchenholz.

Die Entwicklung vom Louis-Quatorze zur Régence und weiter zum Louis-Quinze ist am Sitzmöbel schwerer abzulesen als etwa bei den Kommoden.

Die Fauteuils auf S. 51 mit ihren hohen, steilen Lehnen und den X-förmigen Stegen wirken zunächst wie Möbel aus der Zeit von Louis-Quatorze, sie entstanden jedoch im frühen 18. Jahrhundert. An den geschweiften Beinen, vor allem aber am Schnitzdekor an der Zarge, erkennt man den neuen Stil. Bei diesen Fauteuils enden die Beine noch in einer kleinen Volute, in anderen Fällen jedoch schon in den typischen *pieds de biche*, den Geißfüßen. Das geschnitzte Muschelmotiv der Zarge

Zwei Régence-Armlehnstühle, Buchenholz, Stickerei in Gros- und Petit-Point, um 1720.

und das zarte Rankenwerk sind charakteristisch für den Ornamentstil der Régence, das *Bandelwerk*, das allerdings schon durch Bérain entwickelt wurde. Hin und wieder sehen wir an den Zargen auch geschnitztes Gitterwerk als Dekor – ebenfalls zum Ornamentvokabular Bérains gehörend (Abb. oben). Hier sind die Lehnen nun schon niedriger geworden, ein weiterer Schritt auf das Rokoko zu – wir befinden uns bereits in den Jahren um 1720. Die Bezüge sind in Gros- und Petit-Point-Stickerei (große bzw. kleine Stiche) gearbeitet. Neben großzügigen Blumenmotiven erscheinen oft auch figürliche Szenen, bevorzugt Themen aus den Fabeln von Jean de Lafontaine.

Die Fauteuils auf S. 50 sind mit Aubusson-Bezügen ausgestattet, denn die Wandteppich-Manufakturen von Aubusson und Beauvais belieferten auch das Möbelhandwerk. Bereits im frühen 16. Jahrhundert waren in Aubusson und dem nahen Felletin (zwischen Clermont-Ferrand und Limoges) mehrere Heimwerkstätten eingerichtet worden. Von anderen französischen Wandteppich-Manufakturen wie etwa Beauvais und Gobelins unterscheidet sich Aubusson dadurch, daß hier die Wirker zu Hause arbeiteten. 1665 avancierten die Werkstätten zur Hofmanufaktur, doch mußten die meisten Wirker nach der Aufhebung des Ediktes von Nantes (1685) auswandern, da sie Hugenotten waren. Nach 1732 jedoch setzte eine Wiederbelebung der Werkstätten ein.

Obwohl die Wirker von Beauvais bereits im 16. Jahrhundert arbeiteten, wurde die Manufaktur erst 1664 von Colbert gegründet. Vorrangig wurden hier kostbare Möbelbezüge produziert, im Genre häufig identisch mit bestimmten Bildteppichserien.

Zwei Fauteuils à la reine, Buchenholz, Stickerei in Gros Point, Pierre Nogaret zugeschrieben, Mitte 18. Jh.

Zwei Fauteuils en cabriolet, Buchenholz, Rohrgeflecht, Mitte 18. Jh.

Unter den Fauteuils wurde ab 1730 der Typ *à la reine* mit leicht eingezogener Stuhllehne bevorzugt – so genannt wegen der Vorliebe der Königin Marie Leczynska für diese gefälligen, bequemen Möbel. Gleichzeitig ist ein Zurücktreten der Armlehnstützen zu beobachten – nicht zuletzt, um den weiten, bauschigen Kleidern Platz zu machen (Abb. S. 54). Um 1750 entstand der *Fauteuil en cabriolet* mit ausgehöhlter Rückenlehne, die sich der Körperform anpaßt (Abb. oben). Die Beine zeigen sich nun – wie im fortgeschrittenen Rokoko üblich – S-förmig geschwungen, die Zarge ist geschweift und profiliert, die Beine stehen auf hohen „Stempeln".

Dem Ornament der Régence – symmetrisch geführte gekurvte Bänder, Rankenwerk und Gitterwerk – folgte um 1730 das Muschelwerk, die „Rocaille". Dieses Ornament wurde namengebend für die Stilepoche des Rokoko. In Verbindung mit Akanthus, Palmette, felsenartigen Gebilden (roc = Felsen), Blumen, Emblemen und Masken wird die neue Zierform meist asymmetrisch eingesetzt.

Beim französischen Möbel war vor allem der Architekt und Dekorateur **Nicolas Pineau** (1684–1754) für die Entwicklung des Stils Louis-Quinze richtungweisend. Pineau, dessen Entwürfe zum Teil schon zu seinen Lebzeiten gestochen wurden, schreibt man die Erfindung des asymmetrischen Rocailleornaments zu. Für die Gestaltung der Sitzmöbel allerdings waren Pineaus extreme Asymmetrien nicht maßgebend. Die der symmetrischen Körperform entsprechende Konstruktion sorgte fast immer dafür, daß es nicht zu exzentrischen Übertreibungen kam. Ausschweifende, nach den anti-funktionalen Entwürfen Pineaus entstandene Formen begegnen uns etwa bei den Möbeln des Ebenisten und Bildhauers Charles Cressent. Die Stühlentwürfe Pineaus zeigen sich im Umriß zwar sehr bewegt, doch wird die Rocaille gemäßigt eingesetzt (Abb. S. 57).

Der Ebenist, der Kunsttischler, spielte bei der Herstellung des glanzvollen französischen furnierten Rokokomöbels eine herausragende Rolle, nicht jedoch bei der Produktion des geschnitzten Möbels aus unfurniertem Holz. Dies war Sache des Möbelschreiners, des *Menuisier*.

Vor der Mitte des 17. Jahrhunderts wurden die Schreiner in Frankreich nur in zwei Klassen eingeteilt: die *Kastenmacher* („menuisiers de placage et de marqueterie“) und die *Stuhlmacher* („menuisiers d’assemblage“). Mit zunehmender Beliebtheit des furnierten Möbels begann man den *Ebenisten* („ébéniste“) als Hersteller marketierter Möbel vom *Menuisier* als Hersteller massiven Mobiliars zu unterscheiden.

Beim Sitzmöbel war der Menuisier für die Bearbeitung des rohen Holzes zuständig, für Profile und Holzverbindungen. Der Dekor wurde vom Schnitzer geliefert, die Fassung vom Faßmaler und Vergolder. Sitzmöbel aus Nußholz oder Buche, die im Naturzustand belassen wurden, hat dann anschließend der

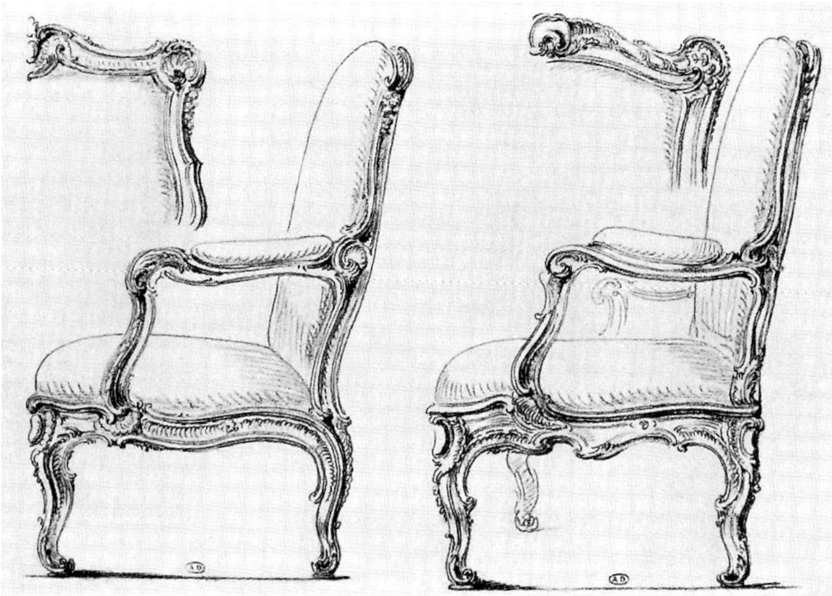

Nicolas Pineau, Entwürfe für Stühle.

Menuisier gewachst und poliert. Der Polsterer war für das Polstern und Beziehen des Möbels zuständig. Der entscheidende Anteil an dieser Gemeinschaftsproduktion kam jedoch dem Menuisier zu, der das Möbelstück entwarf und auch stempelte.

Über die vielfältigen Aufgaben der Menuisiers im allgemeinen informiert Michael Stürmer in *Handwerk und höfische Kultur* (siehe S. 315): „Die Arbeitsteilung unter den Menuisiers war noch stärker ausgeprägt als unter den Ebenisten. Allemal unterschieden sie sich von den Zimmerleuten dadurch, daß sie allein abgelagertes Holz in mittleren, meist wohl genormten Maßen und bereits gehobelt, verwendeten, jene aber ungehobeltes, feuchtes Holz in beliebigen Abmessungen. Im einzelnen gab es die *Menuiserie d'Assemblage ou des Bâtiments* (Bauschreinerei), unterteilt in *la Dormante*, die alles umfaßte, was an einer Stelle blieb – Parkett, *Lambris* etc. – und *la Mobile*, die Türen, Fenster, Kaminschirme etc. umfaßte. Es gab die *Menuisiers en Carosse*, die allein Wagenkästen herstellten, das übrige aber den Wagenmachern überlassen mußten.

Dann gab es die *Menuisiers en Meubles d'Assemblage*, die schlichte unfurnierte Schränke, Kommoden, Sekretäre für den Alltag der Bürger herstellten – im Hintergrund der Bilder von Chardin sind sie oft genug zu sehen, provinziell, anspruchslos und sehr stabil. Schließlich die *Menuisiers en Meubles*, die Sessel, Stühle, Kanapees, Betten und Bilderrahmen schnitzten und faßten."

Nach 1743 war es für jeden zünftigen Meister Pflicht geworden, seine Werke zu stempeln. Die Statuten der Pariser „Corporation de Menuisier-ébénistes" wurden bis 1751 revidiert, und fortan mußten die Handwerker, mit Ausnahme derjenigen, die für den Hof tätig waren, ihre Erzeugnisse mit Namen oder Initialen und den Buchstaben J. M. E. („juré des menuisiers et ébénistes") signieren.

Den Söhnen von Handwerksmeistern wurden manche Vorteile zugestanden, so daß ihnen daran gelegen war, das Geschäft des Vaters fortzuführen. Auf diese Weise entstanden ganze Dynastien von Schreinern und Ebenisten. Da Vater und Sohn oft den gleichen Vornamen trugen und daher den gleichen Stempel verwenden konnten, ist es bisweilen schwierig, die „Handschrift" zu unterscheiden.

Die bedeutendsten Pariser Menuisiers des Louis-Quinze waren Louis Delanois, Quinibert Foliot, Jean Baptiste I. Tilliard und dessen Sohn Jean Baptiste II. Tilliard.

Louis Delanois (1731–1792) wurde 1761 „maître" (Meister). In der Zeit von 1768–1770 schuf er Möbel für Madame Dubarry (Versailles und Louveciennes). Darüber hinaus arbeitete er für französische und ausländische Adelsfamilien. Er war vermutlich Lehrer des bedeutenden Georges Jacob. 1777 verkaufte Delanois sein Geschäft an Martin Julien.

Quinibert Foliot (1706–76) arbeitete ebenfalls für den Hof in Versailles und lieferte neben Stühlen auch andere Polstermöbel und Betten. In den siebziger Jahren noch tätig, verkörpert sein Werk auch den Style Louis-Seize. Die Entwicklung des typischen Louis-Seize-Stuhls ist nicht zuletzt Foliots Verdienst.

Zwei Fauteuils à la reine, signiert, Jean Baptiste Tilliard, Mitte 18. Jh.

Jean Baptiste Tilliard (1685–1766) war der führende Pariser Stuhlschreiner des Louis-Quinze und arbeitete ab 1730 meist für den Hof. Reiches, vergoldetes Schnitzwerk ist charakteristisch für seine prunkvollen Stühle (wobei Roumier die Schnitzarbeiten ausführte, die von Bardou vergoldet wurden). 1764 übernahm sein Sohn **Jean Baptiste II** die Werkstatt. Als typisches dekoratives Element verwendeten Vater und Sohn eine herzförmige *Kartusche* auf der Mitte des Sitzrahmens oder der oberen Quersprosse der Rückenlehne. 1752 wurde Jean Baptiste II Meister. Die Schönheit und Qualität seiner Sitzmöbel dokumentieren die beiden *Fauteuils à la reine* auf der Abbildung oben, entstanden in den Jahren um 1755.

Von den außerhalb von Paris tätigen Menuisiers ist vor allem **Pierre Nogaret** (1720–71) zu nennen. Nogaret wurde zwar in Paris geboren, hatte seine Werkstatt jedoch in Lyon. Er spezialisierte sich auf aus

Fauteuil, Buchenholz, Provence, Mitte 18. Jh.

Buchsbaum geschnitzte Ornamente sowie auf Buchenholzmöbel mit Wachspolitur. Die Abbildung auf S. 54 zeigt zwei Fauteuils à la reine aus der Mitte des 18. Jahrhunderts, die Nogaret zugeschrieben werden.

Wenn auch weniger kostbar und elegant als die Pariser Möbel, so sind die französischen **Sitzmöbel der Provinz** dennoch von ganz besonderem, durchaus nicht immer rustikalen Reiz.

Dem Pariser Möbel am ähnlichsten erweisen sich diejenigen der nahen Regionen wie Île-de-France,

Touraine, Orléans und Anjou. Eigene Stilrichtungen entstanden in den entfernteren Gebieten, darunter auch in der Provence. Hier vor allem hat man sich immer vor fremden Einflüssen bewahrt und konnte daher einen einheitlichen Möbelstil entwickeln. Während man in Nordfrankreich die Eiche für den Möbelbau bevorzugte, war es im Süden der Nußbaum.

Stühle und Sessel der **Provence** haben meist einen Sitz aus Strohgeflecht. Besonders auffallend ist die Gestaltung der Rückenlehne mit den geschwungenen symmetrischen Doppelbögen als charakteristischem Merkmal. Da die behaglichen, freundlich-einladenden Stühle und Sessel der Provence auch heute noch sehr beliebt sind und in den alten Formen weitergebaut werden, sollte man sich beim Kauf vor Fälschungen vorsehen. Der auf S. 60 abgebildete Armlehnsessel stammt aus der Mitte des 18. Jahrhunderts.

Italien

Vier große venezianische Fauteuils, um 1740, geschnitzt und gefaßt, in chinesischem Stil, Seidenbezüge in Graugrün.

Überladen wie das Barockmöbel zeigt sich in einigen Gegenden Italiens auch das Mobiliar des Rokoko. In Turin war es der Kabinettmacher des Königs von Savoyen, **Pietro Piffetti** (1700–1777), der sich von der neuen Formenwelt des Rokoko zu den gewagtesten Kreationen inspirieren ließ. Im Kabinett der Königin des Turiner Palazzo Reale sehen wir nicht nur Tische und Schränke mit raffinierten Marketerien, sondern auch die dazu passenden Sitzmöbel. Neben Intarsien aus seltenen Hölzern, Perlmutt und Elfenbein verwendete Piffetti auch Beschläge aus Goldbronze und vergoldete Holzappliken als Dekorelemente. Englische Besucher zeigten sich entsetzt ob soviel üppiger Verschwendung. Das Königliche Schloß in Turin sei die „Quintessenz von Vergoldetem und Spiegeln; intarsierte Böden, geschnitzte Wandtäfelungen und

Malereien, wo immer ein Pinsel angesetzt werden konnte." (Thomas Gray, 1739)

Weniger luxuriös und bedeutend geschmackvoller zeigt sich das italienische Rokokomöbel in Venetien, wenn auch vom aufwendig geschnitzten Bildhauermöbel noch nicht Abschied genommen wurde. In höchstem farblichen Raffinement präsentiert sich der unten abgebildete Fauteuil, der Mitte des 18. Jahrhunderts in Venedig entstand. Farblich brillant sind auch die vier venezianischen Fauteuils im damals in ganz Europa beliebten chinesischen Stil (Abb. S. 62).

Nicht nur in Venedig, auch in anderen italienischen Regionen war die *Lackmalerei* damals sehr beliebt. Die Kunst des Lackierens stammte aus China und Japan, und bereits im 17. Jahrhundert wurden auch Italien und England mit der Lackmalerei bekannt. In England war das Interesse an Lackmöbeln so groß, daß man in den achtziger Jahren dazu überging, die bis dahin über die „East India Company" importierte Ware nachzuahmen. Ein Werk aus dem Jahr 1688, A *Treatise of Japanning and Varnishing*, gibt genaue Anweisungen zur Technik des Lackierens. Der italienische Japan-Lack („Lacca") wurde im Unterschied zu anderen Ländern, vor allem England, bedeutend dünner aufgetragen.

Fauteuil, Venedig, Mitte 18. Jh.

In der zweiten Jahrhunderthälfte begann man in Italien – wie auch in Deutschland und Holland – Sitzmöbel nach Art der großen englischen Designer herzustellen. Ein reizvolles Zusammenwirken von chinesischen Motiven und Elementen aus dem *Chippendale*-Vokabular belegen die wunderschönen italienischen Rokokostühle auf S. 47. Die rot gefaßten, zum Teil vergoldeten Eßzimmerstühle entstanden in der Mitte des 18. Jahrhunderts.

Holland

Sitzgarnitur, Holland, Mitte 18. Jh.

Bereits Ende des 17. Jahrhunderts hatten verwandtschaftliche Verbindungen der beiden Königshäuser für eine enge Verknüpfung mit der englischen Kultur gesorgt. Das frühe und mittlere 18. Jahrhundert präsentiert sich auf dem Gebiet der Möbelkunst ganz und gar in Abhängigkeit vom englischen Vorbild. Bei den Stühlen zeigt sich die Mittelzunge in Vasenform, die Beine sind als *cabriole legs* ausgebildet, enden oft als *ball and claw foot*, die Knie sind geschnitzt. Charakteristisch für die holländischen Varianten sind die tief herabreichenden Zargen und die geschwungenen Sitzrahmen. Am Mittelbrett der Lehne werden gern dekorative Furniere angebracht. Interessant an den auf S. 65 abgebildeten Beispielen ist, daß die Stühle im Kunsthandel zunächst als „deutsch" angeboten wurden, in einer späteren Auktion dann als hollän-

Zwei Stühle mit reichem Marketerie-Dekor, Holland oder Deutschland, Mitte 18. Jh.

disch. Die außergewöhnlich reichen Marketerien lassen einen vermögenden Besteller vermuten. Die Vorliebe der niederländischen Möbelschreiner für diese Blumenmotive begann im frühen 18. Jahrhundert, als man sich am englischen Queen-Anne-Stuhl orientierte.

Wie in England, so sind auch in Holland Lackmöbel en vogue. Häufig findet man *Chinoiserien* in Gold auf schwarzem Grund. Das auf S. 64 abgebildete Beispiel beweist im übrigen wieder den englischen Einfluß. Nun, in der Mitte des 18. Jahrhunderts, erscheinen auch die ersten Rocaillen – der Einfluß Frankreichs macht sich bemerkbar.

Beim einfacheren Sitzmöbel ist immer noch der Stuhl mit Rohrgeflecht an Lehne und Sitz sehr verbreitet.

George I., Walnuß-Stuhl, erstes Viertel 18. Jh.

England

Der Dekorationsstil, der in England während der Regierungszeiten von George I., George II. und George III. bestimmend war, wird als *Georgian Style* bezeichnet. Man differenziert jedoch noch genauer zwischen dem *Early Georgian*, dem *Mid Georgian* und dem *Late Georgian*. Die beiden Stilperioden der ersten Jahrhunderthälfte, während der Regierungszeit von George I. (1714–1727) und George II. (1727–1760), sind also das *Early Georgian* und das *Mid Georgian*.

Die Möbel der frühgeorgianischen Epoche unterscheiden sich nur unwesentlich von denen der Queen-

Zwei Mahagoni-Stühle George I., um 1720.
Detail: „Ball and claw foot".

Anne-Zeit. Den einfachen, noblen Formen dieser Periode begegnen wir auch jetzt noch, und immer noch wird bevorzugt Nußholz verarbeitet.

Als Charakteristikum der Sitzmöbel des Early Georgian gelten – wie bereits zuvor – der geschwungene Umriß der Lehne, das balusterförmige Mittelbrett, geschwungene Beine, Klauen- oder Keulenfüße. Weitere Merkmale sind die Muschel- oder Akanthusmotive am Knie und – bei den Sesseln – die gewundenen Armlehnen in der Art eines „Hirtenstabes“. Die Abbildung auf S. 66 zeigt einen besonders formschönen Stuhl aus dem ersten Viertel des Jahrhunderts. Daß neben diesen Sitzmöbeln aus Walnußholz hin und wieder auch Exemplare aus Mahagoni gefertigt wurden, beweisen die Stühle auf S. 67. Die kunstvolle Schnitzarbeit gilt vor allem den Beinen – hier mit dem beliebten *ball and claw*-Fuß.

George I. Ohrenbackensessel mit Stickereibezug, um 1720.

Zwei Stühle, geschnitzt und vergoldet, George III., William Kent zugeschrieben.

Die Polsterstühle zeigen ebenfalls wenig Unterschiede zu den Beispielen der Queen-Anne-Periode, wie an dem reizvollen Ohrenbackenstuhl auf S. 68 zu beobachten ist.

Daß im England der Jahre um 1730 dennoch auch Prunk und üppiger Dekor möglich waren, zeigen die beiden oben abgebildeten Stühle. Die vergoldeten Schnitzereien und die Blumengirlanden unter der Zarge werden einem Entwurf von **William Kent** (1684–1748) zugeschrieben. Der Architekt, Innenausstatter und Möbelentwerfer begann als Maler, wurde aber unter dem Einfluß von Richard Boyle, dem dritten Earl of Burlington, zum Architekten. Burlington, ein Liebhaber der Architektur Palladios und Förderer des englischen palladianischen Stils, ließ sich von Kent prunkvolle, pompöse Interieurs entwerfen – dies im Kontrast zu den strengen Formen Palladios.

Unter den italienischen Architekten hat Andrea Palladio (1508–1580) den stärksten Einfluß auf die europäische Baukunst ausgeübt. Durch den englischen Architekten Inigo Jones (1573–1652), der sich besonders intensiv mit dem Werk Palladios auseinander-

Entwurf für einen Armlehnstuhl, William Kent, 1744.

setzte, geriet England für Jahrhunderte in die Abhängigkeit des palladianischen Klassizismus.

Kent, der zehn Jahre in Italien gelebt hatte, schuf Möbelentwürfe nach italienischem Vorbild, darunter Stühle mit reichem Schnitzdekor an Armlehnen und Beinen. Kents Entwürfe wurden in der Zeit zwischen 1730 und 1740 vielfach kopiert. Seine schönsten Möbel stehen im Londoner Kensington Palast, in Houghton Hall und Chatsworth. Aus dem Band *Some Designs of Mr. Inigo Jones and Mr. William Kent* (1744) stammt der Entwurf für den oben abgebildeten Armlehnstuhl. Wie auch die italienischen Bildhauermöbel, waren die Möbel nach Kents Entwürfen stets massiv und schwer. Kents Lieblingsornament, die Muschel, spielt zusammen mit dem Akanthusornament auch hier eine beherrschende Rolle.

Ab etwa 1730, mit der Vorliebe für prunkvollere Möbel, wurde das Nußbaumholz vom Mahagoniholz verdrängt, es begann das *Age of Mahogany*, das bis 1770 dauern sollte.

Zugleich kam nun das französische Rokoko auch in England „in Mode", obwohl sich die führenden Architekten zunächst gegen diese antiklassische Strömung sträubten. Den endgültigen Durchbruch bewirkte die Publikation einer Reihe neuer Stichwerke: 1736 *Sixty Different Sorts of Ornaments* von Gaetano Brunetti; 1739 *The Gentlemens or Builders Companion* von William Jones; ab 1740 mehrere Werke von Matthias Lock, darunter *A New Book of Ornaments in the Chinese Taste* und *The Principles of Ornament*. Asymmetrische C-Voluten, Kartuschen und Akanthusblätter gehören zu den wichtigsten ornamentalen Elementen dieses Möbelentwerfers und Holzschnitzers.

Nur kurze Zeit nach den ornamentalen Anregungen aus Frankreich, die in England zum Teil zu sehr exzentrischen Ausbildungen führten, wurden – ab 1740 – auch genuin englische Ideen aufgegriffen. Die Wiederbelebung der Gotik, das *Gothic Revival* – fast hundert Jahre vor der Ausbildung der Neogotik auf dem Kontinent – führte auch auf dem Gebiet des Möbelhandwerks zu originellen Schöpfungen. Geschmacksbildend wirkte hier die Ausstattung von Strawberry Hill für Horace Walpole. Der englische Kunstsammler und Schriftsteller

Armlehnstuhl und einfacher Stuhl, Mahagoni, um 1755. Von Chippendale geprägter Stil.

gab seinem Landhaus Strawberry Hill bei Twickenham das Aussehen einer gotischen Abtei und schuf damit eines der ersten Werke der Neugotik (ab 1750). Gotisches Maßwerk finden wir in den Möbeln des Georgian Style vermehrt ab 1760.

„Chinese chairs".

Es war der bedeutende, einflußreiche **Thomas Chippendale** (1718–1779), der in seinem Werk *The Gentleman and Cabinet Maker's Director* (1754) auch „Gothic chairs" zeigte und so für ihre Verbreitung sorgte.

Thomas Chippendale, Entwürfe für Stühle, 1753 und 1754.

Chippendale, in Yorkshire als Sohn eines Zimmermanns geboren, ließ sich 1748 in London nieder und gründete ein Ladengeschäft und eine Werkstatt. Seiner

„Ribband-back chairs".

„Gothic chairs".

Firma wurden die Ausstattung und Ausgestaltung großer Häuser übertragen. Sein Werk „Director" (s. o.), die erste umfangreiche Veröffentlichung von Möbelentwürfen, verbreitete sich so schnell, daß der Name Chippendale allgemein bekannt wurde. Die Vorlagen – vor allem im Stil des Rokoko, jedoch auch im Chinesischen und Gotischen Stil – entwarf Chippendale selbst. Als Kunsttischler erreichte er seine größte Vollkommenheit erst nach Einsetzen des Klassizismus, in Zusammenarbeit mit Robert Adam (siehe S. 114).

Die Abbildungen auf den Seiten 72 und 73 zeigen Entwürfe für Stühle aus den Jahren 1753 und 1754.

„Gothic chairs".

Zwei Mahagoni-Eßzimmerstühle, um 1755, Thomas Chippendale zugeschrieben.

Reizvoller als die „Gothic chairs“, die etwas abstrakt wirken, sind die „Ribband-back chairs“ mit französischen Bandelwerkmotiven. Der Einfluß einer dieser Vorlagen, wenn auch nicht genau kopiert, wird anhand der Abbildungen auf dieser Seite deutlich.

Unter den Landmöbeln ist seit etwa 1730 der *Windsor-Stuhl* sehr verbreitet (Abb. S. 75). Dieser Holzstuhl wurde schon im 17. Jahrhundert, vor allem im Zentrum der englischen Möbelindustrie, in Wy-

Entwurf für einen Eßzimmerstuhl, „The Gentleman and Cabinet-Maker's Director“, Thomas Chippendale, 1753.

combe (Buckinghamshire), hergestellt. Der Sitz, in den die Spindeln der Rückenlehne und die Beine verdübelt sind (nichts ist genagelt oder verleimt), ist dem Körper angepaßt. Die industrielle Herstellung dieses Stuhltyps seit dem frühen 19. Jahrhundert führte zu seiner weiten Verbreitung, auch in den Vereinigten Staaten.

Windsor-Stuhl, England, Anfang 18. Jh.

Der rustikale, in einigen Variationen jedoch auch sehr elegante Stuhl begann seine Karriere durchaus nicht in der englischen Mittelschicht – er wurde in vornehmen Häusern als Gartenmöbel eingesetzt. Bei den früheren Stücken besteht der Sitz meist aus Rüster, die Lehne aus Esche oder Eibe, die Beine aus Buche.

In den fünfziger und sechziger Jahren des 18. Jahrhunderts wurde auch dieser konservative Typ modischen Neuerungen unterworfen: Er erhielt ein durchbrochenes Mittelbrett in Vasenform, geschwungene Armstützen und *cabriole legs*.

„Voltaire-Zimmer" im Potsdamer Stadtschloß, Ausstattung von Johann Christian Hoppenhaupt, 1746.

Deutschland und Österreich

In den führenden europäischen Ländern präsentierten sich die Möbelformen im 18. Jahrhundert relativ homogen – nicht jedoch in Deutschland. Das Land war politisch nicht zentralisiert, es war zerteilt in viele große und kleine Fürstentümer, geistliche Kurfürstenhöfe und Bistümer, es gab die südlichen Reichsstädte und die Hansestädte im Norden. Inmitten Europas gelegen, drangen die kulturellen Einflüsse der Nachbarländer hier intensiver ein als anderswo. Verwandtschaftliche Verbindungen zum französischen Hof spielten eine nicht unerhebliche Rolle – so waren Bayern und die Pfalz kulturell deutlich nach Frankreich orientiert.

Allgemein läßt sich sagen, daß man sich an den Höfen von München, Dresden und Potsdam und im Bereich südlich des Mains vor allem am französischen Möbel orientierte; in Norddeutschland hingegen fand man mehr Geschmack am holländischen und englischen Möbelstil.

Eine der bezauberndsten Dekorationen des deutschen Rokoko finden wir in **Berlin**. Im Potsdamer Stadtschloß wurde 1746 das „Voltaire-Zimmer" von Johann Christian Hoppenhaupt für Friedrich den Großen eingerichtet (Abb. S. 76). Die zurückhaltende Eleganz und zarte Anmut dieses Raumes mit Wanddekorationen aus bemalten Holzschnitzereien will zu dem Bild, das die Allgemeinheit von dem kriegsmächtigen Preußenkönig hat, nicht recht passen. Hören wir hierzu Adolf Feulner (siehe S. 314): „In Deutschland sind die künstlerisch qualitätsvollsten Rokokomöbel in Berlin entstanden. Sie sind Früchte einer einzigartigen Blüte der Kunst unter Friedrich dem Großen. Wenn eine Periode der Kunst dieses absolutistischen Zeitalters nach dem Herrscher benannt werden darf, so ist es diese. Mehr als in Paris, in Wien oder anderswo hat hier der Wille eines Fürsten bestimmend, der überlegene persönliche Geschmack eines Herrschers fördernd eingewirkt. Der Geschmack eines genialen Mannes, der nicht nur als König, sondern auch als Denker und Genießer auf den Höhen der Menschheit wandelte, der die künstlerischen Leistungen seiner Zeit kannte und das Beste seinen Bedürfnissen dienstbar zu machen suchte. Friedrichs Neigung zur französischen Kunst und Kultur entsprang dem sicheren Empfinden für das geschmacklich Wertvolle. Trotz dieser Vorliebe für französische Kunst hat der Fürst, der Voltaire an seinen Hof berief, von einer Verpflanzung französischer Künstler nach Berlin abgesehen."

Der Oberintendant der Schlösser, **Georg Wenzeslaus von Knobelsdorff** (1699–1753), schuf zusammen mit den Dekorateuren Nahl und Hoppenhaupt das „Friderizianische Rokoko".

Franz Xaver Habermann, Entwürfe für Hocker, Augsburg, Mitte 18. Jh.

Während **Johann Michael Hoppenhaupt** (1709 bis 1769) als Kabinettbildhauer am Berliner Schloß begann, wurde sein jüngerer Bruder **Johann Christian Hoppenhaupt** 1746 als Nachfolger von Johann August Nahl zum „directeur des ornements" ernannt. Ihm unterstand die Ausstattung des Berliner Schlosses, von Schloß Sanssouci, des Potsdamer Stadtschlosses und des neuen Palais' in Potsdam. Die Ornamentstiche von Johann Michael Hoppenhaupt, darunter auch Entwürfe von Sitzmöbeln, werden als „Höhepunkte des deutschen Ornamentstichs" (Peter Jessen, siehe S. 314) angesehen und zeigen im Gegensatz zum gleichzeitigen süddeutschen, besonders zum Augsburger Ornamentstich, immer maßvolle Zurückhaltung. Eine Beeinflussung durch die Entwürfe des großen Anregers des „Bayerischen Rokoko", **François de Cuvilliés** (1695–1768), wird jedoch angenommen.

Cuvilliés, ein gebürtiger Flame, lebte zunächst als Hofzwerg an der Münchner Residenz des Kurfürsten Max Emanuel von Bayern, kam dann 1720 nach Paris, um bei J.-F. Blondel Architektur zu studieren. 1725 ernannte ihn der Kurfürst zum Hofarchitekten.

Auch **Josef Effner** (1687–1745), Gärtnersohn aus Dachau, wurde zum Studium der Architektur nach Paris geschickt und 1715 zum Hofbaumeister des Kurfürsten Max Emanuel ernannt. Mit Effner zog der französische Geschmack des Vor-Rokoko in München ein (Preysing-Palais, Schloß Schleißheim, Schloß Nymphenburg); nach seinen Entwürfen entstanden kostbare Prunkmöbel im Stil der Régence.

Stuhl mit hoher Lehne, bespannt mit Rohrgeflecht, Braunschweig, um 1730.

Cuvilliés, der Effner verdrängte, führte das Ornament des französischen Rokoko in München ein. Sprühende, asymmetrische Rocaillen, wie man sie aus seinem Hauptwerk, der Nymphenburger Amalienburg (1736) kennt, enthalten auch seine Ornamentstiche. Ab 1738 in regelmäßigen Abständen veröffentlicht, wurden sie zum bevorzugten Vorlagenschatz nicht nur des süddeutschen Kunsthandwerks. Viele hundert gestochene Entwürfe – auch für Boiserien und Möbel –, die an Anmut, Leichtigkeit und Phantasie nirgendwo übertroffen wurden, begeisterten nicht nur die deutsche, sondern ebenso die französische Kunstwelt.

Auch in **Augsburg**, dem Zentrum des süddeutschen Kupferstecherhandwerks, konnte man die neuen modischen Entwicklungen nicht übergehen. Allerdings wurde das Rokoko hier sehr exzentrisch ausgelegt, meist fand man nicht das rechte Maß. Dennoch gab es auch reizvolle, verspielte Möbelentwürfe, wie die Abbildung auf S. 78 beweist. Die drei Hockerentwürfe von Franz Xaver Habermann zeigen das Rokoko in seiner reifsten Ausprägung. Habermanns Vorlagen, darunter Entwürfe für Sitze, Tische und Kommoden, erschienen in mehreren Folgen und waren von großem Einfluß auf das Kunsthandwerk.

Wien war als Hauptstadt des Reiches auch ein Zentrum der Künste. Hier orientierte man sich allerdings nicht am Pariser Geschmack, sondern am üppigen italienischen Prunk. Nach 1744, unter der Herrschaft der Kaiserin Maria Theresia, entstanden die Prunkräume des Schlosses Schönbrunn, darunter das „Millionenzimmer“ und der „Gobelinsalon“. Das „Millionenzimmer“, mit Rosenholz getäfelt und mit indischen Pergamentminiaturen geschmückt, war Maria Theresias Privatsalon und soll angeblich eine Million Gulden gekostet haben. In dem anschließenden „Gobelinsalon“ dominieren die großen Brüsseler Gobelins mit niederländischen Volksszenen.

Die *bürgerlichen Möbel* dieser Zeit zeigen sich bedeutend ruhiger im Umriß; man legte zwar Wert auf solide Arbeit, verzichtete aber meist auf reichen Schnitzdekor. Zentren der bürgerlichen Möbelkunst

Stuhl und Sessel, wohl Lübeck, um 1760.

Eichenholz-Lehnsessel, Lüttich, Mitte 18. Jh.

waren im Norden, wie schon in der Barockzeit, immer noch die *Hansestädte*, im 18. Jahrhundert kam Braunschweig noch hinzu. Nach englischem und holländischem Vorbild war der Stuhl mit Rohrgeflecht sehr verbreitet (Abb. S. 79). Englische Einflüsse der Chippendalezeit beweisen auch die beiden Exemplare der Abbildung auf S. 80, die zur Mitte des Jahrhunderts wohl in Lübeck entstanden. Der durchbrochene und geschnitzte Dekor, das verschlungene Bandwerk – alles ist hier wohlabgestimmt.

Zu den reizvollsten bürgerlichen Möbeln im 18. Jahrhundert gehören diejenigen aus dem Aachener und Lütticher Raum, die man als *Aachen-Lütticher-*Möbel bezeichnet. Aachen war freie Reichsstadt, das Bistum Lüttich bis 1815 Teil des deutschen Reiches. Beide Städte waren künstlerisch Grenzgebiet – im 17. Jahrhundert nach Deutschland, im 18. Jahrhundert nach Frankreich orientiert, ebenso auch nach Holland. Hier hatte das ungefaßte Möbel mit Schnitzdekor Tradition. Die feinen Schnitzereien im Régence- und Rokokostil zeigen sich ausdrucksvoll, doch niemals überladen. Bevorzugt wird in dieser Gegend das Eichenholz (siehe Abbildung oben).

Nicht uninteressant ist die Frage: Wie saß man auf den oft ungepolsterten, bisweilen hochlehnigen Möbeln dieser Zeit? Für das Pariser Sitzmöbel des Rokoko zog man die Polsterung vor, doch in England, ebenso in Holland, machte man es sich oft auch ohne weiche Unterlagen bequem. Der Stuhl mit Rohrgeflecht, wegen seiner hohen, geraden Lehne recht spartanisch wirkend, scheint jedoch auch vergnügtem, geselligem

Gesellschaft bei Tee und Kartenspiel, Leipzig, 1744.

Beisammensein keinen Widerstand entgegengesetzt zu haben. Erstaunlich, wie leicht und anmutig es sich mit bauschigen Gewändern auf diesen würdigen Möbeln sitzen ließ: Die „Gesellschaft bei Tee und Kartenspiel" (Leipzig 1744) beweist es.

Rechte Seite: Zwei Louis XVI. Mahagoni-Fauteuils à la reine, signiert Claude Sené, letztes Viertel 18. Jh.

Klassizismus und Historismus

Frankreich

Den historischen Gegebenheiten folgend, werden die französischen Stilperioden des späten 18. Jahrhunderts und des 19. Jahrhunderts bis zum Beginn des Art Nouveau bezeichnet als:

Louis XVI. (1774–1792)
Directoire (1795–1799)
Consulat (1799–1804)
Empire (1804–1815)
Restauration (1815–1830)
Louis-Philippe (1830–1852)
Napoleon III. (1852–1870)

Louis-Seize

Der „Style Louis-Seize" setzte bereits in den fünfziger Jahren ein und war 1774, im Jahr der Thronbesteigung Ludwigs XVI., voll ausgebildet.

Der *Correspondance* (1763) von Baron Grimm, eines Freundes des französischen Schriftstellers und Philosophen Diderot, ist zu entnehmen, daß man zu dieser Zeit in Paris bereits Abschied vom Rokoko genommen hatte: „Seit mehreren Jahren hat man wieder auf die antiken Ornamente und die antiken Formen zurückgegriffen. Der Geschmack hat dadurch bedeutend gewonnen, und die Mode ist so allgemein geworden, daß man heutzutage alles à la grecque macht. Die Innen- und Außendekoration der Bauten, die Möbel, die Stoffe, die bijoux jeder Art, alles ist in Paris griechisch. Der Geschmack ist von der Architektur in die Modeläden gekommen. Unsere Damen sind griechisch frisiert. Die Galanteriewaren, die man heute in Paris fertigt, zeigen sehr guten Geschmack; ihre Formen sind schön, vornehm und angenehm, während sie vorher, vor zehn oder zwölf Jahren, willkürlich, verdreht und absurd waren."

Pariser Abendgesellschaft, J. M. Moreau, 1781.

Als „willkürlich, verdreht und absurd“ erschien den Literaten der Jahrhundertmitte alles, was mit dem Rokoko zu tun hatte, vor allem aber das Rocaille-Ornament selbst, dessen Asymmetrie man als zu kompliziert, zu unübersichtlich empfand. Bereits im Jahr 1745 äußerte der Abbé Leblanc seinen Unmut über die „Verderbtheit des Stiles“, und 1754 konnte man in einer Bittschrift an die Goldschmiede, Ziseleure und Holzschnitzer (Nicolas Cochin) noch wesentlich deutlichere Worte lesen. Cochin forderte, daß die Auswüchse einer ungezügelten Phantasie in der Ornamentik, wie Kräuterwerk und Fledermausflügel, verschwinden sollten; an ihre Stelle sollten die „regulären Formen“ wie Rechteck, Kreis und Oval treten, um die verschnörkelten S-förmigen Linien zu verbannen.

Voyeuse, signiert, George Jacob, letztes Viertel 18. Jh.

Was war geschehen? Diesmal gingen die neuen Anregungen von der Archäologie aus. Schon 1738 hatte man mit den ersten organisierten Ausgrabungen der Ruinen von Herculaneum begonnen, 1748 dann folgte der Beginn der Ausgrabung von Pompeji. 1755 wurde ein reich illustrierter Band über die *Antichità d'Ercolano* veröffentlicht, im gleichen Jahr auch das Werk des Comte de Caylus: *Recueil des antiquités égyptiennes, étrusques, grecques et gauloises.*

Die Studienreisen junger Aristokraten und Künstler nach Rom taten das Ihre, um die Kunst der Antike wieder in den Vordergrund zu rücken.

Das Kunsthandwerk griff die neuen Anregungen bereitwillig auf, zumal einige Vorlagenwerke zur Verfügung standen, die sich mit den veränderten Kunstidealen befaßten. **Jean-François Neufforge** (1714–1791), ein flämischer Entwerfer, der sich 1738 in Paris niedergelassen hatte, veröffentlichte ab 1756 (bis 1780) sein Vorlagenwerk *Receuil élémentaire d'Architecture* in 8 Bänden. Die Bände der Jahre 1765 und 1768 enthielten die frühesten in Frankreich veröffentlichten Möbelentwürfe im klassizistischen Stil. **Jean-Charles Delafosse** (1734–1791), ein französischer Architekt, brachte ab 1768 in seiner *Nouvelle Iconologie Historique* Ornamententwürfe heraus, darunter auch Möbelentwürfe „à la grecque".

Als dann einige dem Hof nahestehende Damen ihre Räume im neuen Stil möblierten (Madame Pompadour, Madame Dubarry), war der Bann gebrochen, und der „Style Louis-Seize" begann nicht nur Frankreich, sondern allmählich ganz Europa zu erobern. Wie man sich in der vornehmen Pariser Welt nun einrichtete, zeigt der Stich auf S. 85, der ein Abendessen in kleinem Kreis darstellt. Wir befinden uns im Jahr 1781, der „Style Louis-Seize" war bereits voll ausgebildet. Der Wandel ist hier an den Stuhlbeinen zu erkennen: Sie sind nicht mehr geschwungen, sondern gerade, die Lehnen sind oval.

Die meisten Ornamente, die der neue Dekor aufweist, sind der klassischen Kunst entnommen: Rosette, Eierstab, Akanthusranke, Flechtband, Wellenranke, Mäander, Palmette. Daneben gibt es aber auch Ornamentelemente, die noch während der Barock- und Rokokozeit entwickelt wurden, wie Blütenzweige, Girlanden, Ranken und Schleifchen.

Als bedeutendste Menuisiers auf dem Gebiet der Sitzmöbel des Louis-Seize betätigen sich die bereits erwähnten Louis Delanois und Quinibert Foliot sowie Georges Jacob, dessen Kreationen bis weit ins Empire hinein bestimmend waren.

Georges Jacob (1739–1814), ein Bauernsohn aus Burgund, kam als junger Mann nach Paris und wurde wohl von Louis Delanois ausgebildet. 1765 wurde Jacob „maître menuisier" (Meister). Zunächst im Stil des Rokoko arbeitend, fand er den Übergang zum Geschmack des Louis-Seize ohne Bruch und entwickelte sich bis zum Beginn der achtziger Jahre zum führenden Sitzmöbelhersteller in Paris. Der Louis-Seize-Sessel mit rechteckiger Lehne und reichem Schnitzdekor nach klassischer Art ist vermutlich Jacob zu verdanken. An seinen frühen Armsesseln zeigen sich dreieckige Blattmotive an der Verbindung von Arm- und Rückenlehne, bei den späteren Sesseln Rosetten im Quadrat am oberen Abschluß der Beine. Die für das Empire charakteristischen säbelförmigen Beine gehen ebenfalls auf seine gestalterische Phantasie zurück. Auch die Stühle mit lyraförmiger Rückenlehne (kurz vor dem Revolutionsjahr 1779) sind eine Erfindung Jacobs.

An der *Voyeuse* auf S. 86, ein Stuhl, der Jacobs Stempel trägt, erkennen wir die Lyraform der Lehne, ebenso das Quadrat mit der eingeschlossenen Rosette. Nach Vorlagen von Chippendale übernahm Jacob auch englische Stilelemente und war der erste Menuisier in Paris, der Möbel aus Mahagoni herstellte. Die sechs Mahagoni-Stühle der Abbildung auf S. 89 werden Georges Jacob zugeschrieben.

Zu den Pariser Konkurrenten Jacobs zählte auch **Jean-Baptiste-Claude Sené** (1748–1803). Er war einer der bedeutendsten Stuhlschreiner seiner Zeit, entwarf seine Möbel jedoch meist nicht selbst. 1769 wurde Sené „maître". In den Jahren um 1784 gehörte er – wie auch Q. Foliot und J. B. Boulard – zu den Lieferanten des Hofes. Zu seinen wichtigsten Aufträgen gehören die Arbeiten für das Schlafgemach Marie-Antoinettes in Fontainebleau (1787). Wie Jacob folgte auch Sené bisweilen englischen Vorbildern. Die beiden eleganten Mahagoni-Fauteuils auf S. 83 tragen seinen Stempel.

Die Sitzmöbeltypen dieser Epoche bleiben die gleichen wie in der Zeit des Rokoko, denn auf Bequemlichkeit und Vielfalt wurde immer noch großer Wert gelegt. Die Abbildung auf S. 90 zeigt zwei üppig gepolsterte *Bergères à la reine* – sie tragen den Stempel von Jean-Baptiste Gourdin, der 1752 zum „maître" ernannt wurde.

Nach 1780 kam zum *Style à la grecque* der *Style étrusque* hinzu; beide Stilrichtungen waren maßgebend.

Sechs Louis XVI. Mahagoni-Stühle, Georges Jacob zugeschrieben, um 1790.

Erfinder des Style étrusque war der englische Architekt Robert Adam (1728–1792). Das „etruskische Zimmer“ in Osterley Park (1775) läßt zum ersten Mal die neuen ornamentalen Stilelemente erkennen, zu denen Palmetten, Anthemion und figürliche Szenen gehörten. In Frankreich entwickelte der Architekt und Innenausstatter **François-Joseph Bélanger** (1744–1818) eine eigene Variante des etruskischen Stils. Die Innenausstattung der von ihm entworfenen und gebauten „Bagatelle“ im Bois de Boulogne von Paris ist ebenfalls sein Werk. Bélanger stand – nach einem Besuch in England 1766/67 – unter dem Einfluß von Robert Adam. Zusammen mit seinem Schwager *J.-D. Dugourc* war er entscheidend beteiligt an der Entwicklung des etruskischen Stils, ebenfalls des späten Louis-Seize.

Interessant, wenn auch nicht unbedingt ansprechend, ist eine Möbelgarnitur im neuen etruskischen Stil, die Georges Jacob für die Meierei (laiterie) von Marie-Antoinette in Rambouillet schuf. Diese Maha-

Zwei Bergères à la reine, signiert Gourdin.

Mahagoni-Sessel, Georges Jacob nach einem Entwurf des Malers Hubert Robert für die Meierei der Königin Marie-Antoinette in Rambouillet.

goni-Garnitur entstand nach Entwürfen des Malers Hubert Robert (Abb. oben). Hier wurde bereits das spätere Möbel des Directoire vorweggenommen. Als Vorbild diente der alte Faltstuhl der Römer. Im oberen Teil der Lehne erkennt man die Palmette als beherrschendes Ornamentmotiv. Beeinflußt wurde der „etruskische Stil“ nicht zuletzt durch Objekte der griechischen Vasenmalerei, die man damals für etruskisch hielt.

Jacques-Louis David, „Die Lictoren bringen Brutus die Leichen seiner Söhne“, 1789.

Directoire und Consulat

Die Übergangsstile zum voll ausgebildeten Klassizismus, dem Empire, nennt man in Frankreich „Directoire“ und „Consulat“. Diese Bezeichnung folgt den politischen Gegebenheiten: „Directoire“ hieß die oberste französische Regierungsbehörde nach der Verfassung vom 23.9.1795, die aus fünf Direktoren bestand. Diese Epoche endete am 9.11.1799 mit dem Staatsstreich Bonapartes, und nun begann das „Consulat“, das bis zum 18.5.1804 dauerte, der Proklamation Napoleons zum Kaiser.

Diese politische Einteilung entspricht jedoch wiederum nicht genau der stilistischen Entwicklung, denn einige Merkmale des Directoire treten schon während des späten Louis-Seize in Erscheinung.

Was die Revolution für die Kultur Frankreichs bedeutete, charakterisiert Robert Schmidt (siehe S. 315): „Die Revolution knickte unbarmherzig die wundervolle Blüte des aristokratischen Klassizismus, die unter Ludwig XVI. und Marie Antoinette sich entfaltet hatte. Die kostbaren Einrichtungsgegenstände der Königsschlösser und der Adelspaläste, diese Zeugen einer über-vornehmen Kultur, wurden auf Auktionen verschleudert, zu denen sich manchmal kaum Käufer einfanden; die Grazien wurden von der Göttin der Vernunft vertrieben. Ein öder Nützlichkeitssinn, eine reine Verstandeskunst machte sich breit als Ergebnis einer allzu streng betonten demokratischen Kultur oder Kulturlosigkeit. Erst in der Zeit des Directoire und des Consulates begann man wieder höhere Ansprüche an eine komfortable Lebensführung zu stellen. Und nun entwickelte sich der Stil, den man als besondere Ausdrucksform der napoleonischen Ära als Empirestil zu bezeichnen pflegt.“

Zu den Wegbereitern des neuen Stils gehörte der Maler **Jacques-Louis David** (1748–1825), der sich 1788 für sein Atelier im Louvre Möbel von Georges Jacob anfertigen ließ, die er nach antiken Vorbildern selbst entworfen hatte. Diese Möbel gehören zu den

Malerei auf einer Henkelschale, Mitte 4. Jh. v. Chr. Links die Darstellung eines Klismos, ein griechischer Stuhltyp, der zum Vorbild für die Stühle des Directoire und Empire wurde.

ersten für den Hausgebrauch geeigneten Nachahmungen griechischer und römischer Sitzmöbel. Leider sind diese Stücke nicht mehr erhalten, doch ihr Aussehen läßt sich anhand von zwei Gemälden Davids aus dem Jahr 1789 („Paris und Helena", „Brutus") rekonstruieren (Abb. S. 92), darüber hinaus nach einem zeitgenössischen Bericht, in dem es heißt: „Das Mobiliar seines Ateliers im Louvre mit den olivgrünen Wänden war in seiner Art eine Sehenswürdigkeit, etwas Pikantes. Die gefälligen Stühle aus dunklem Mahagoniholz, bedeckt mit Polstern aus rotem Wollstoff mit Palmblattstickereien, waren kopiert von denen, die man häufig auf etruskischen Vasen abgebildet sieht."

Der *Klismos*, ein sehr leichter, anmutiger Stuhl mit geschwungener Rückenlehne und nach außen geschwungenen Beinen, den wir auf vielen antiken Vasen erkennen können (Abb. S. 93), wurde zum Vorbild für die Stühle des Directoire, Empire und dann auch des Regency. Der Stuhl *en gondole* – ein Armlehnstuhl mit gerundeter Rückenlehne in Gondelform –, der um 1760 aufkam, geht ebenfalls auf antike Vorbilder zurück.

Polstersessel mit Beauvais-Tapisserie, Paris, um 1795.

Georges Jacob, der bedeutendste Pariser Möbelkünstler des Louis-Seize, war nach den Revolutionsjahren, durch die er seine besten Kunden verloren hatte, dem Ruin nahe. Aufgrund der Vermittlung des Malers J.-L. David fand er jedoch in den Architekten P.-F. L. Fontaine und C. Percier neue Förderer und führte im Auftrag des „Comité de salut publique"

Zwei Polstersessel, Directoire, spätes 18. Jh.

deren Möbelentwürfe durch. 1796 zog sich Jacob aus dem Berufsleben zurück und überließ die Firma seinen Söhnen **Georges II.** und **François-Honoré-Georges**, der sich später Jacob-Desmalter nannte. Im Jahr 1800 kehrte er vorübergehend in die Werkstatt zurück, um seine Söhne bei der Ausstattung der Tuilerien-Appartements des Konsuls zu unterstützen. 1813 zog sich Georges Jacob endgültig aus dem Geschäft zurück und starb im folgenden Jahr.

Der Vetter von Georges, **Henri Jacob** (1753–1824), imitierte den Stil seines berühmten Verwandten. 1779 zum maître avanciert, sonnte er sich im Glanz seines Namens und machte gute Geschäfte.

Ein Polstersessel mit Beauvais-Tapisseriebezug zeigt, wie wir uns das Sitzmöbel des Directoire vorzustellen haben (Abb. S. 94): Die Lehnen der Stühle sind jetzt meist volutenförmig zurückgebogen, die hinteren Beine säbelförmig geschwungen. Der Schnitzdekor folgt in diesem Fall noch der Tradition des

Louis-Seize. Die Rosette im Quadrat, die Georges Jacob erfand, erkennen wir auch bei den beiden reizvollen Fauteuils der Abbildung auf S. 95, der Dekor der Lehne jedoch folgt schon neuen Vorbildern. Beide Beispiele stammen aus den Jahren um 1795. Die Abbildung unten zeigt eine zwar schlichte, jedoch formschöne *Chauffeuse en gondole* in noblem Mahagoni, entstanden in den Jahren des Consulats (um 1800).

Leichtigkeit und Eleganz unterscheiden das Möbel des Directoire vom Empiremöbel. Zu den Merkmalen des Stils gehören auch die durchbrochenen Lehnen – hier deutet sich eine Entwicklung an, die noch weit bis ins 19. Jahrhundert – etwa beim Biedermeiermöbel – nachwirken sollte. Die beiden bemalten Stühle à la reine auf der Abbildung S. 97 veranschaulichen in exzellenter Weise die neuen Stilelemente.

Empire

War schon durch die Ernennung Napoleon Bonapartes zum Ersten Konsul ein erster Anstoß gegeben, um dem Kunsthandwerk durch offizielle Förderung zum erneuten Aufschwung zu verhelfen, begann mit der Kaiserkrönung 1804 eine neue Ära – vor allem für das Möbelhandwerk. Der prunkliebende Herrscher, beeinflußt durch die ehrgeizige Joséphine de Beauharnais, ließ nun seine Residenzen glanzvoll ausstatten. Madame Bonaparte hatte 1799 das Schloß

Chauffeuse en gondole, Consulat, um 1800.

Zwei Chaises à la reine, Directoire, Ende 18. Jh.

Malmaison erworben, für das die Firma Jacob-Desmalter die Möbel lieferte. Die Entwürfe für die Innendekoration stammten von den Architekten **Pierre F. L. Fontaine** (1762–1853) und **Charles Percier** (1764 bis 1838). Die Maler Jacques-Louis David und Jean-Baptiste Isabey führten die beiden Architekten bei Joséphine Bonaparte ein, die sie mit dem Umbau des Schlosses Malmaison beauftragte. Bereits während des Consulats für Bonaparte tätig, avancierten sie dank seiner und der Kaiserin Förderung zu den maßgeblichen Gestaltern im Empire, dessen Stil sie im wesentlichen prägten. In Paris als Architekten ausgebildet, hatten sich Fontaine und Percier dann in Rom dem Studium der antiken und der Renaissancearchitektur gewidmet. 1791 wieder nach Frankreich zurückgekehrt, entwarfen sie Möbel für die „Convention Nationale“ (Nationalkonvent), ab 1798 Möbel im Stil der Antike für den „Rat der Fünfhundert“. In ihrem Werk *Recueil de Décorations inte-*

rieurs (1801 und 1812) zeigten sie Möbel, die nun schon alle Merkmale des Empirestils trugen – eine Mischung von antiken Formen und Ornamenten, dazu napoleonische Motive wie Bienen, das „N" im Lorbeerkranz, Adler und Motive der Ägyptenmode (diese in Erinnerung an Napoleons Ägyptenfeldzug 1798). Bis 1814 waren Fontaine und Percier für Napoleon beschäftigt – als Architekten, Festausstatter und Innenarchitekten (Malmaison, Tuilerien, Louvre, St.-Cloud, Versailles), ebenso als Entwerfer von Möbeln, Textilien und Silber. Der Entwurf für Sitzmöbel aus dem „Recueil" (siehe S. 99) zeigt monumentale Schwere und ornamentale Überladenheit – im Gegensatz zur graziösen Leichtigkeit der Möbel des Directoire. In der Ausführung konnten Entwürfe von Fontaine und Percier jedoch sehr reizvoll sein, wie die beiden oben abgebildeten Sessel *en gondole* beweisen. Jacob-Desmalter hat diese Möbel für die kaiserlichen Gemächer von Saint-Cloud geliefert, heute gehören sie zur Ausstattung von Schloß Malmaison. Die geschnitzten Armlehnen in Gestalt von Schwänen sind keine Neuerungen. Dieses Motiv tauchte immer wieder auf, seit die Firma Jacob das Schlafgemach von

Jacob-Desmalter, zwei Sessel en gondole mit Schwanendekor, Empire, Entwurf von Percier.

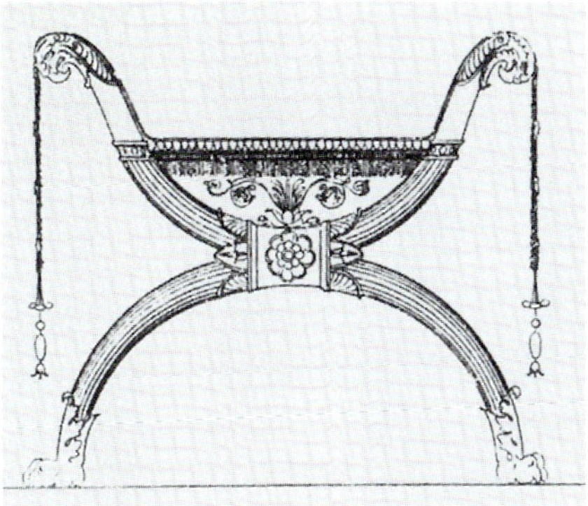

Juliette Récamier, einer führenden Dame der Pariser Gesellschaft, ausstattete (Directoire).

Das Vorwort zum Stichwerk von Fontaine und Percier dokumentiert, wie dezidiert man sich zu Beginn des 19. Jahrhunderts von den „Verirrungen" der Rokokozeit distanzierte. Die Verfasser betonen: „Absicht ihrer Publikation ist es nicht, Vorbilder zu schaffen, sondern die Grundsätze des Geschmacks aufzuzeigen, die sie aus dem Altertum geschöpft haben, die nach ihrer Ansicht mit den allgemeinen Gesetzen der Wahrheit, Einfachheit und Schönheit verknüpft sind, den Gesetzen, die ewig in den Schöpfungen der Kunst herrschen sollten. Gegen diese Gesetze haben die vorhergehenden Epochen gesündigt. Nur das 16. Jahrhundert, das gewissermaßen ein Nachkomme des Altertums war, bildet eine Ausnahme. Die folgenden drei oder vier Geschmacksperioden haben das Gute verdorben, und am meisten hat das 18. Jahrhundert gefehlt, das seinen erbärmlichen Geschmack in der Vergoldung der Boiserien, in der Kontur der Spiegel, in der Schweifung der Supraporten, der Wagen, in den gemischten Linien der Grundrisse, in der manirierten Komposition der Gemälde gezeigt

Entwurf aus *Recueil de décorations interieurs,* Percier & Fontaine, Paris 1812.

Entwurf für zwei Sitzmöbel und einen Tisch aus *Collection des meubles et objets de goût,* 1807–1818.

Zwei Mahagoni-Fauteuils mit Bronzebeschlägen, Empire, erstes Viertel 19. Jh.

hat. Am Ende dieses Jahrhunderts begann die Rückkehr zur Einfachheit des antiken Geschmacks. Die wissenschaftliche Rekonstruktion des Altertums gewann Einfluß auf das Kunstgewerbe, und bald ersetzten einfache Linien, reine Konturen, korrekte Formen das Gemischtlinige, das Geschweifte, das Unregelrechte. Die griechische Mode gewann Verbreitung. Nun ist zu erwägen, daß nur die monumentalen Kunstwerke die Zeit überdauert haben, nicht das Kunsthandwerk und was dazugehört. Da will die Publikation einsetzen. Sie will erreichen, daß wenigstens die Prin-

Mahagoni-Bergère, erstes Viertel 19. Jh.

zipien nicht durch die Neuerungssucht und die Macht der Mode zerstört werden."

Das Werk von Fontaine und Percier diente vor allem den Kunsthandwerkern zum Vorbild, die Napoleon, seine Familie und die Emporkömmlinge seiner Umgebung zu beliefern hatten. Für die Menusiers, die für einen traditionellen bürgerlichen Kundenkreis arbeiteten, standen andere Werke zur Verfügung. Dazu gehört vor allem Pierre de La Mésangères *Collection des meubles et objets de goût*, das 1802 erschien und von 1803 bis 1835 auch im weit verbreiteten *Journal des Dames et des Modes* veröffentlicht wurde (siehe Abb. S. 98/99).

Prunkvolle Bronzebeschläge auf glänzendem Mahagoni sowie kostbare Seidenbezüge gehören zum Empire-Mobiliar der neuen Oberschicht (Abb. S. 100 oben). Für diesen Kreis arbeitete auch die Firma Jacob-Desmalter, wie man den beiden unten abgebildeten prunkvollen Fauteuils abliest. Einer der beiden Sessel trägt den Stempel JACOB JME. Immer noch

Zwei Fauteuils à la reine, Empire, erstes Viertel 19. Jh., signiert JACOB JME.

Zwei Mahagoni-Armlehnsessel, Charles X., zweites Viertel 19. Jh.

erkennt man die charakteristische Jacob-Rosette im Quadrat, doch neu sind die Palmetten und das Anthemion (Schmuckfries mit stilisierten Palmetten und Lotosblüten).

An den Armlehnstützen erscheinen nun häufig vollplastische Schnitzereien, die der Mythologie und Tierwelt entnommen sind: Chimären, Sphingen, geflügelte Löwen, Schwäne, aber auch Frauenbüsten. Die Armlehnen, die meist gerade verlaufen, enden oft in einer Kugel, einer Volute oder einem Knauf. Die vornehmen Sitzmöbel sind mit Beauvaisbezügen (Blumen- und Vogelmotive) ausgestattet, daneben sieht man auch Velours, karmesinroten Damast, grauen und weißen Brokat und grüne, bestickte Seide.

Wie elegant auch die einfacheren Empiremöbel sein können, zeigt die Abbildung auf S. 100 unten. Die beiden Widderköpfe sind der einzige Schnitzdekor dieser schönen Mahagoni-Bergère.

Restauration

Nach Einsetzung der konstitutionellen Monarchie und Thronbesteigung Ludwigs XVIII. (1814) begann die Zeit der bourbonischen Restauration, die bis 1830 dauerte, als der Herzog von Orléans als Louis-Philippe I. „König der Franzosen" wurde.

Der neue Monarch, der zur Sparsamkeit neigte, begnügte sich mit den alten kaiserlichen Schlössern als Wohnsitz, ohne ihre Einrichtung zu verändern. Neue Aufträge vom Hof blieben also aus, und so herrschte auch weiterhin noch der Style Empire. Allein die charakteristisch napoleonischen Motive – das „N", der Adler und die Bienen – wurden von den Möbeln entfernt.

Das Möbelhandwerk lieferte seinen Kunden um 1820 Sitzmöbel, die zunächst noch alle Merkmale des Empire-Stils zeigen. Der Bronzedekor allerdings wird sparsamer eingesetzt, wie der besonders fein mit Schnitzwerk ausgestattete Fauteuil links unten beweist (wohl Gaston Brion, um 1820). Charakteristisch für die Möbel der Restaurationszeit ist der feine lineare Intarsienschmuck – meist Ranken, Palmetten und Girlanden –, der nach und nach den Dekor aus vergoldeter Bronze vollkommen verdrängt (Abb. S. 102). Die bequemen Sessel in Gondelform sind immer noch beliebt, ebenso wird häufig noch der vollplastische Schnitzdekor am Ende der Armlehnen eingesetzt, etwa in Form von Löwenköpfen (siehe Abb. S. 104 oben).

Mahagoni-Armlehnsessel, Gaston Brion zugeschrieben, Restauration, um 1820.

Nach der Thronbesteigung Charles' X. (1824) machte sich ein Umschwung im Möbelhandwerk bemerkbar. Angeblich war es die Schwiegertochter Charles' X., die Herzogin von Berry, die mit ihrer Vorliebe für helle Hölzer eine kleine Revolution in Gang setzte. Neben dem Ahornholz, das die Herzogin bevorzugte, kamen nun auch andere helle Hölzer – *bois clairs* – in Mode, beispiels-

Mahagoni-Bürosessel, Restauration, um 1825.

weise Eschen-, Ulmen- und Zitronenholz. Mahagoni wurde kaum noch von den Tischlern verwendet – erst nach 1840 fand man wieder Gefallen an den dunklen Hölzern.

Nahezu hundert Jahre später als in England setzten in Frankreich gotisierende Tendenzen ein. Nach den Krönungsfeierlichkeiten für Charles X. in der alten französischen Königskathedrale Reims regte sich in Frankreich erneut das Interesse an gotischen Formen. Interessant in diesem Zusammenhang ist, daß bereits Georges Jacob für die Comtesse d'Osmond, eine Freundin der Herzogin de Berry, zwischen 1803 und 1813 Stühle im Stil der Neugotik geliefert hat.

In den Jahren um 1825 hält in Frankreich der *Style à la cathédrale* (oder Troubadourstil) Einzug, was sich bei den Sitzmöbeln durch Dekormotive wie Spitzbögen, Zinnen und Maßwerk bemerkbar macht. Das hier abgebildete Beispiel zeigt die neuen Tendenzen sehr deutlich: ein Stuhl aus geflammtem Ahorn mit linienförmigen Intarsien, durchbrochener Lehne, am Lehnenende das gotische Spitzbogenmotiv. Der Style à la cathédrale war der erste der historisierenden Stile, die das weitere 19. Jahrhundert bestimmten. Der *Historismus* – bisweilen auch als Eklektizismus bezeichnet – hatte eingesetzt.

Stuhl im „Troubadourstil", geflammter Ahorn mit Intarsien aus Purpurholz, Frankreich, um 1820–25.

Zwei Lehnsessel, gezeigt auf der Pariser Weltausstellung 1855. Aus Victor Quetin, *Le Magasin de Meubles.*

Louis-Philippe und Napoleon III.

„An Stelle der schöpferischen Kraft tritt die Bildung, die Anschauung wird durch die Theorie ersetzt. Der Weltanschauungshorizont wird zum Atelierhorizont. Fragen der Technik und des artistischen Geschmäcklertums bestimmen das Kunstwerk. Zeugt die Geschichte der Malerei dieser Zeit, der einzigen Kunst von allgemeinem Interesse, von einer bestimmten Logik der Entwicklung, die Geschichte des Möbels ist das Bild einer unheilvollen Verwirrung. Vollkommen entwurzelt, gibt man sich einer leeren Stil-Imitation hin. Eine Mode löst die andere ab. Zunächst scheint noch ein gewisser Kausalnexus vorhanden. Das Neurokoko der Restaurationszeit in Frankreich, der Stil Louis Philippe, holt seine Legitimierung aus einer politischen Reaktion. Man greift auf die Kunst der rechtmäßigen Vorfahren des Königs im 18. Jahrhundert zurück und gibt damit dem inneren Widerstand gegen die Alleinherrschaft des Klassizismus die Sanktionierung. Von Frankreich aus hat dieses Neurokoko

auf die übrigen Länder des Kontinents übergegriffen. In der Kaiserstadt Wien ist der Stil zu einer virtuosen Spezialität entwickelt worden." (Adolf Feulner, siehe S. 314).

Polstermöbel mit tief eingezogenen Knöpfen aus *Modèles de Meubles et Décorations intérieurs*, 1841.

Betrachtet man die französischen Möbelvorlagen aus der Jahrhundertmitte, so zeigt sich allerdings das „Bild einer unheilvollen Verwirrung". Zunächst, unter der Herrschaft des Königs Louis Philippe (1830–48), setzen sich die Tendenzen des bürgerlichen Restaurationsstils fort, auch war der Troubadourstil noch eine Weile in Mode. Imitationen von Renaissance- und gotischen Möbeln folgen als nächster Schritt. Mit der Herrschaft Napoleons III. (1848 Präsident, 1852 Kaiser) setzt dann eine Wiederaufnahme der Rokokodekoration ein. Gleichzeitig kommen bequeme Polstermöbel in Mode, denn die neue, wohlhabende Gesellschaft sucht den Luxus und die Bequemlichkeit.

Wie die Abbildung auf S. 105 bestätigt, scheuten sich die führenden

Möbelschöpfer nicht, ihren Kunden neben Sesseln im Stil des Rokoko gleichzeitig auch solche nach Art des Louis-Quatorze anzubieten. Beide Lehnsessel, die von dem namhaften Pariser Tapezierer Langlois stammen, wurden 1855 auf der Pariser Weltausstellung gezeigt. Die Polstermöbel waren nun mit Sprungfedern versehen, anstelle der klassischen Polsterung mit Pferdehaar. Zusätzlich bediente man sich der „Capitonné-Technik", d. h. das Gewebe wurde mit Hilfe von tiefgesteppten Knöpfen fixiert. Wie solche Sitzmöbel mit Knöpfen aussahen, zeigt die Abbildung auf S. 106 oben.

Crapaud – ein niedriger, dick gepolsterter Sessel, der in der Mitte des 19. Jh. in Mode kam.

Während des Zweiten Kaiserreichs kamen eine Reihe neuer Möbeltypen in Mode, darunter der *Crapaud* (Kröte), ein niederer Lehnsessel, weit geformt und dick gepolstert (Abbildung oben), und der *Pouffe*, ein kleiner gepolsterter Hocker.

Das Nebeneinander der Stile war im Zweiten Kaiserreich so selbstverständlich geworden, daß man es sich zur Gewohnheit gemacht hatte, jeden Raum in einem anderen Stil einzurichten. Der Salon des vornehmen Hauses wurde mit nachgeahmten Boulle- oder Rokokomöbeln ausgestattet, im Speisezimmer bevorzugte man den Stil Henri II., in der Bibliothek die strengen Möbel aus dunklem Palisanderholz, und im Schlafzimmer und Boudoir herrschte das weiche, runde Polstermöbel. Ein Salonmöbel der Zeit um 1860, einen Fauteuil im Stil des späten Rokoko, zeigt die Abbildung Seite 106 unten. Bezeichnend für die Möbel des „Zweiten Rokoko" war, daß man die Beine auf Röllchen stellte, um das Verschieben zu erleichtern.

Linke Seite: Sessel aus einer Salongarnitur, Napoleon III., um 1860.

Speisezimmerstühle, Mahagoni, Genua, um 1825.

Italien

Die italienische Möbellandschaft des späten 18. und frühen 19. Jahrhunderts zeigt divergierende Tendenzen. Während sich in den Hafenstädten Neapel, Livorno und Genua der englische Einfluß ausprägte (Abb. oben), richtete man sich in den übrigen Landesteilen nach dem Vorbild des französischen Louis-Seize. In Mailand etwa entwarf **Giocondo Albertolli** (1742–1839) mehrere Interieurs für den habsburgischen Gouverneur der Lombardei und richtete sich dabei nach Pariser Vorbildern, unter anderem Jean-François Neufforge.

Größten Einfluß auf die Möbelkunst des Klassizismus hatte **Giovanni Battista Piranesi** (1720–1778). Piranesi wurde in Venedig geboren, ließ sich dort zum Architekten ausbilden und ging 1740 nach Rom. 1756 veröffentlichte er seine heute berühmte Serie von Radierungen „le antichità Romane“. Im Auftrag des Kardinals G. B. Rezzonico entwarf Piranesi 1764 Möbel für einen Raum des Quirinalpalastes. Diese Einrichtung wurde zerstört, doch vermittelt der 1769 veröffentliche Band *Diverse maniere d'adornare i cammini ed ogni altra parte degli edifici* einen Eindruck von ihrer Schönheit. Zwar wird in dieser Vorlagensammlung auch das Rokoko noch berücksichtigt, doch im wesentlichen herrscht der neue klassizistische Stil mit antikisierenden Motiven wie Sphingen, Löwen, Palmetten vor. Auch ägyptische Ornamente gehörten zu Piranesis Repertoire. Nach seinem Entwurf entstanden die großartigen Mahagoni-Armlehnstühle der Abbildung unten mit dem auch in Italien beliebten Schwanenmotiv.

In **Giuseppe Maria Bonzanigo** (1745–1820) besaß Italien – auf dem Gebiet des Bildhauermöbels immer noch führend – einen genialen Künstler. Bonzanigo wurde in Asti geboren, ließ sich um 1773 in Turin nieder und schuf im Laufe von zwanzig Jahren eine große Anzahl Möbel für die königlichen Paläste. 1778 wurde er zum Hof-Holzschnitzer ernannt. Im Palazzo Reale in Turin und in der Casa di Caccia in Stupinigi sind Bonzanigos Arbeiten noch heute zu bewundern. Die kunstvoll geschnitzten Möbel Bonzanigos sind stilistisch deutlich dem Louis-Seize verpflichtet, doch las-

Zwei Mahagoni-Armlehnsessel nach einem Entwurf von Giovanni B. Piranesi, Italien, letztes Viertel 18. Jh.

sen sie dessen klassische Einfachheit vermissen. Der oft überreiche Schnitzdekor des Italieners wurde besonders in Frankreich heftig kritisiert. So vermerkte ein französischer Reisender, A. L. Millin, nach einem Aufenthalt in Turin, daß der Italiener „in seinen Werken oft mehr Geschick als Geschmack" zeige.

Die Machtergreifung Napoleons brachte auch für Italien einen Triumph des Stils Empire, denn die Familie des Korsen hielt nun Einzug in einigen großen Palästen. Französische Kunsthandwerker wie Jacob-Desmalter wurden herangezogen, um die Gemächer zu möblieren. So erteilte Napoleons Schwester Elisa Bonaparte, zur Prinzessin Baciocchi und Großherzogin der Toscana avanciert, den Auftrag, die Räume des Palazzo Pitti in prunkvollem Empire auszustatten. Auch in Neapel herrschte nun der französische Geschmack (Palazzo Reale, Reggia di Caserta).

Die letzte Phase des Klassizismus prägte vor allem der Maler, Bildhauer, Architekt und Entwerfer **Pelagio Palagi** (1775–1860). Nach seiner Ausbildung in Rom wirkte er für Napoleon in der Neuausstattung des Quirinalpalastes (1812) mit. 1815 ging Palagi nach Mailand, 1832 nach Turin, wo er mit der Innenausstattung der königlichen Residenzen beauftragt wurde. Charakteristisch für den Dekor seiner Möbel – ausgeführt von Gabriele Capello – sind reich geschnitzte Figuren aus dem Bereich der Mythologie.

Eßraum in Saltram House, ausgestattet von Robert Adam.

England

Die Auseinandersetzung mit dem Klassizismus fällt hier in die Regierungszeit George's III. (1760–1811), der diesem Stil der zweiten Jahrhunderthälfte auch den Namen gab. Es ist aber auch üblich, vom *Late Georgian*, der spätgeorgianischen Zeit, zu sprechen. Die Zeit der Regentschaft des Prinzen von Wales, des späteren George IV. (1811–1820), gab dem Stil dieser Periode den Namen *Regency*. Auch die Regierungszeit von George IV. (1820–30) fällt noch unter den Begriff des Regency. Der kurzen Herrschaft Williams IV. (1830–1837) folgte die lange dauernde Regierungszeit der Queen Victoria (1837–1901), nach der man den Stil dieser Zeit als *Victorian* bezeichnet. Wie schon bei der georgianischen Zeit ist es auch hier üblich, von drei Phasen zu sprechen, dem *Early Victorian* (bis um

1850), dem *Mid Victorian* (1850–1870) und dem *Late Victorian* (1870–1901).

Stilprägend für den englischen Klassizismus auf dem Gebiet der Innenarchitektur war das Werk von **Robert Adam** (1728–1792). Seine architektonische Grundausbildung erhielt Robert Adam bei seinem Vater in Edinburgh. Anschließend studierte er in Rom (1754–1758), wo er auch Piranesi begegnete. Während seine ersten Möbel (1759 für Kedleston Hall, Derbyshire) noch von der Wucht des Neopalladianismus gezeichnet sind, wird sein Stil nach 1760 anmutiger, leichter und eleganter. Der Import französischer Möbel im Stil Louis-Seize in diesen Jahren hatte sein Werk inspiriert. Er führt nun etruskische und römische Motive in die englische Möbelgestaltung ein – Girlanden, Festons, Mäander, Sphinge, Greife, Karyatiden, Ochsenschädel, Widderköpfe, Urnen. „Die antikischen Motive sind von einem Wissenden, der an der Quelle geschöpft hatte, der von der italienischen Renaissance und der römischen Antike gelernt hatte, aufgenommen, geläutert, verfeinert. Diese Atmosphäre einer letzten Verfeinerung, diese spröde Grazie ist für uns Ausdruck englischen Temperaments geworden.“ (Adolf Feulner, siehe S. 314)

Zu den großen Landhäusern, die Adam ausstattete, gehört auch Saltram bei Plymouth (Abb. S. 111). Auffallend im Eßraum dieses vornehmen Hauses ist die einheitliche Durchgestaltung; selbst der Dekor des Teppichs stimmt mit dem Deckendekor überein. Diese Angleichung und Durchformung bis ins letzte Detail – für Robert Adam charakteristisch – hatte jedoch auch ihre Nachteile. Vor allem Adams Spätwerk, Osterley Park, wurde wegen der „Überdekoration“ der Räume kritisiert. Bilder nach freier Wahl konnten in diesen stilisierten Räumen nicht mehr aufgehängt werden.

Robert Adam, Stuhlentwurf mit Lyra-Motiv für Osterley Park, um 1775.

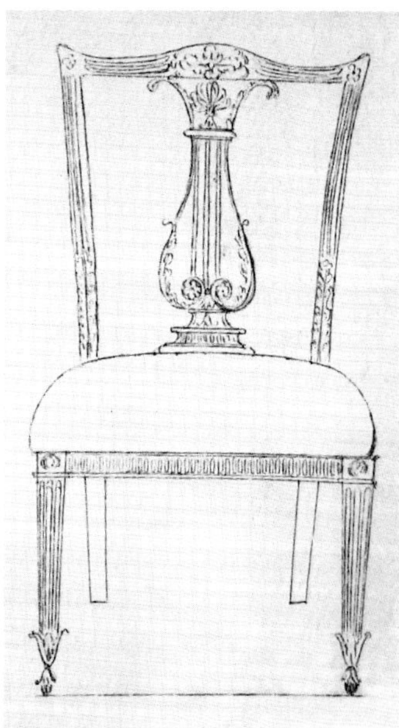

Mahagoni-Armlehnstuhl, George III., Thomas Chippendale zugeschrieben, um 1775.

Für den Eßraum von Saltram House entwarf Adam Stühle mit durchbrochenen Lehnen, wie sie ähnlich auch das Directoire kannte. Der Stuhl mit Lyra-Motiv (Abb. S. 112) gehört ebenfalls zu Adams Repertoire. Diese *Lyre-back-chairs*, wie man sie in England nannte, wurden dort sehr bald heimisch – eine Variante davon in Frankreich und eine weitere Entwicklungsform dann auch in Deutschland und Österreich der Biedermeierzeit. Adams dreibändige Publikation *Works in Architecture* (1773–1822) sorgte für eine Verbreitung seines Stils. Mit Adam zusammen arbeiteten bekannte Künst-

Mahagoni-Armlehnstuhl mit dem Motiv der „Prinz-von-Wales-Federn“, George III., um 1770.

ler, Ebenisten und auch Kunsttischler. Zu ihnen gehörte auch **Thomas Chippendale** (1718–1779), der ab 1765 im Stil des Klassizismus arbeitete. Chippendale lieferte Möbel für Häuser, die Robert Adam erbaut oder renoviert hatte, beispielsweise Nostell Priory oder Harewood House. Der überaus noble, fein geschnitzte Armlehnstuhl der Periode George III. auf S. 113 wird Thomas Chippendale zugeschrieben (um 1775).

Die ländlichen Möbelschreiner jedoch, Lieferanten für ein weniger anspruchsvolles Publikum, orientierten sich an anderen Vorlagen. Seit 1788 stand das Werk *The Cabinet-Maker and Upholsterer's Guide* von **George Hepplewhite** zur Verfügung. Nach einer Lehrzeit bei Gillow in Lancaster ließ sich der Möbelschreiner um 1760 in London nieder. In seinem Buch, das ein Jahr nach seinem Tod erschien, stellte er die zwischen 1770 und 1785 allgemein gebräuchlichen Möbel vor – etwa 300 Entwürfe für alle Möbelarten. Auch die von Adam für seine Interieurs entworfenen Möbeltypen wurden gezeigt. Die Stilrichtungen Louis-Quinze und Louis-Seize lebten in diesen Entwürfen fort. Charakteristisch für Hepplewhite waren Stühle mit ovaler, schildförmiger oder herzförmiger Rückenlehne, meist mit sich verjüngenden Beinen. Die mittlere Sprosse der Rückenlehne ist oft mit den „Prinz-von-Wales-Federn" oder Weizenähren geschmückt. Der Armlehnstuhl auf S. 114, entstanden in den Jahren um 1770, zeigt ein solches Federmotiv innerhalb einer schildförmigen Rückenlehne. Die Abbildungen auf Seite 116 veranschaulichen die an Adam geschulte Eleganz – vier Stühle aus Hepplewhites Werk.

Mahagoni-Eßzimmerstuhl, George III., um 1790, nach einem Entwurf von George Hepplewhite.

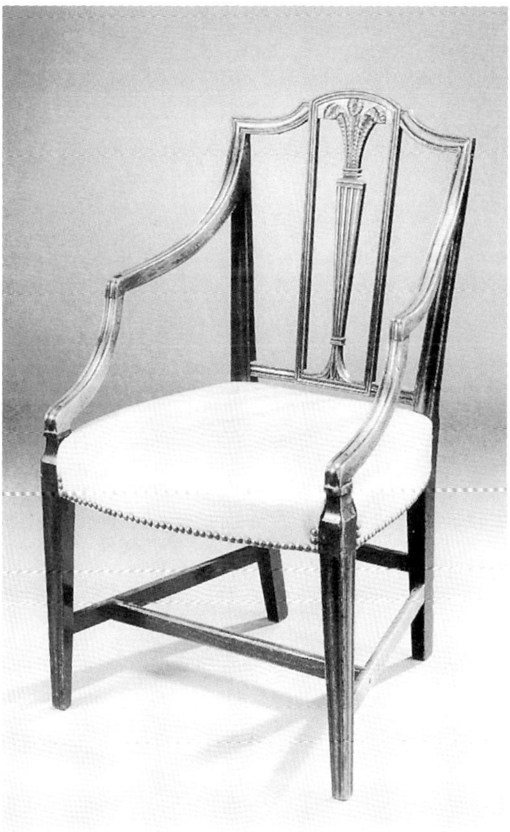

Wenige Jahre später erschien ein weiteres Vorlagenwerk, das die Möbelkultur der neunziger Jahre nachhaltig beeinflussen sollte: *The Cabinet-Maker and Upholsterer's Drawing-Book* (1791–1794) von **Thomas Sheraton** (1751 bis 1806).

Sheraton, in Stockton-on-Tees geboren, ließ sich um 1790 in London nieder. Er war zwar Möbelschreiner, hat aber wohl keine eigene Werkstatt besessen, so daß von ihm kein einziges Möbelstück bekannt ist, das er selbst gefertigt hat. Seinen Ruf hat er einzig und allein seinen Veröffentlichungen zu verdanken. Hepplewhites Entwürfe bezeichnete er selbstbewußt als veraltet.

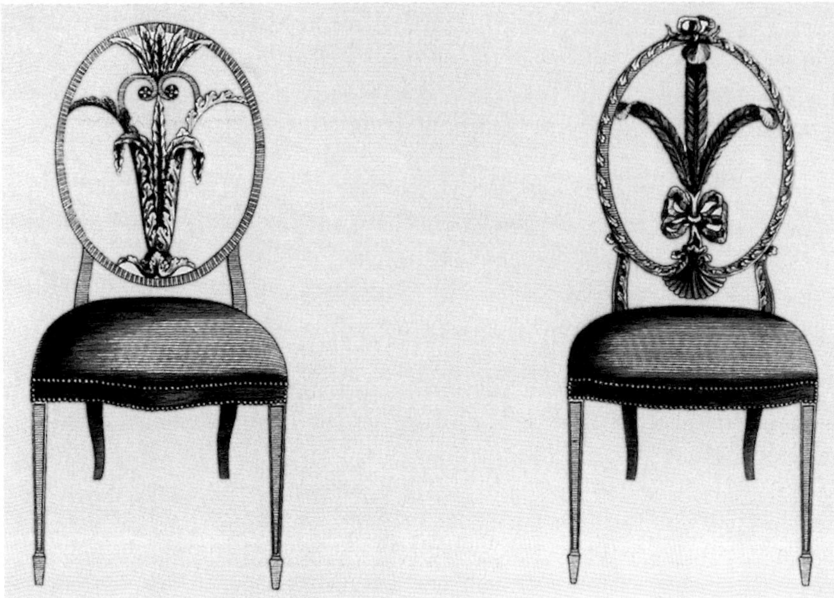

George Hepplewhite, Entwürfe für Stühle aus *The Cabinet-Maker and Upholsterer's Guide*, 1787.

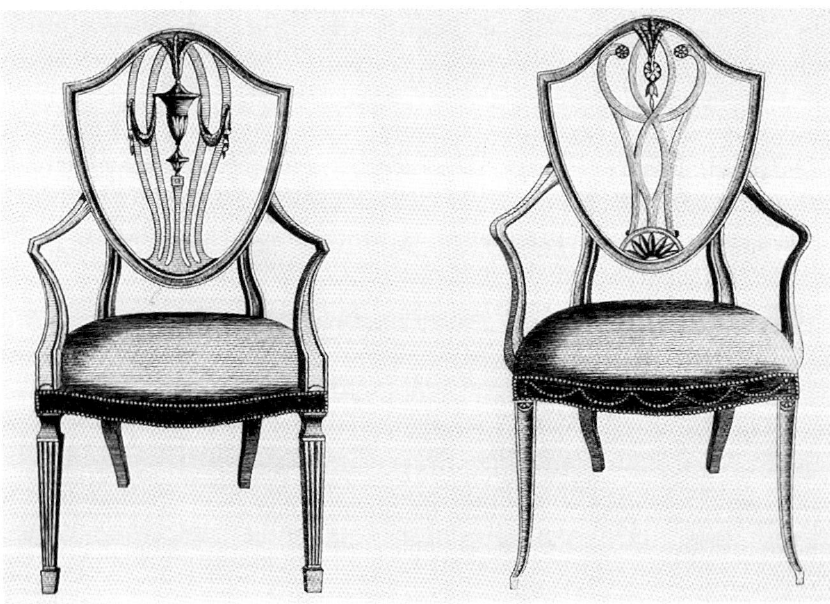

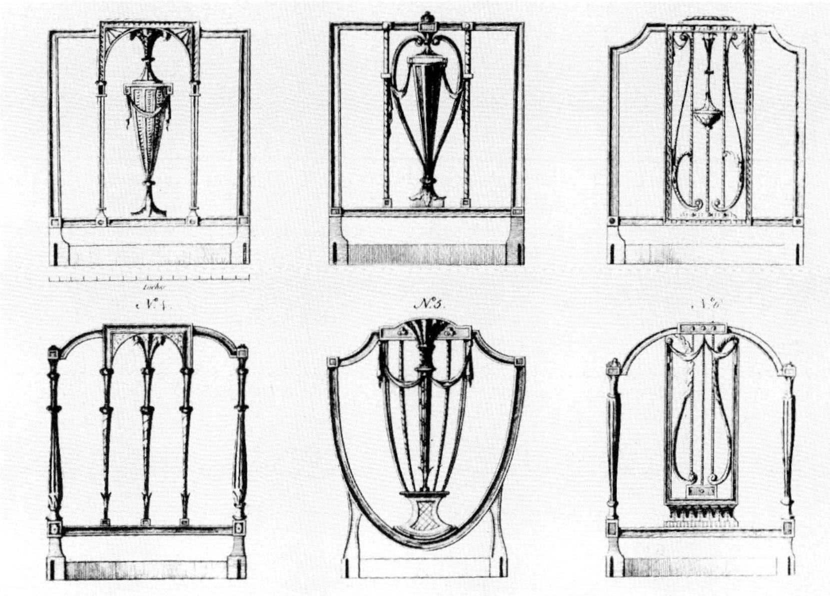

Thomas Sheraton, Entwürfe für Rückenlehnen aus *The Cabinet-Maker and Upholsterer's Drawing-Book*, 1792.

Robert Manwaring, Entwürfe für „Gotische Stühle", 1766.

Mahagoni-Eßzimmerstühle, George III., um 1765.

Der charakteristische Sheraton-Stuhl besticht durch klare Linien. Die Rückenlehne ist quadratisch, die Mittelzunge filigran gearbeitet, bevorzugt wurde Mahagoniholz. Manchmal sind diese Möbel auch lackiert oder bemalt, die Sitze häufig geflochten. 1803 erschien Sheratons zweites Vorlagenwerk, *The Cabinet Dictionary*, 1805 dann *The Cabinet-Maker, Upholsterer and General Artist's Encyclopaedia*. Bei diesen Entwürfen macht sich bereits der Einfluß der französischen Möbel nach der Jahrhundertwende bemerkbar, die in England dann den Regency-Stil mitprägten. Sheratons Entwürfe waren so populär, daß nach seinem Tod unter dem Titel *Designs for Household Furniture* noch eine Auswahl von Blättern aus seinen drei Vorlagenwerken veröffentlicht wurde (1812).

Seite 117 oben zeigt sechs Rückenlehnen aus dem *Cabinet-Maker* des Jahres 1792 – elegant, jedoch fast erschreckend fragil. Interessant ist in diesem Zusammenhang der Mahagoni-Eßzimmerstuhl auf Seite 115. Der Entwurf für dieses formschöne Möbel erschien in George Hepplewhites Werk, jedoch nicht in der

George Hepplewhite, Entwurf für ein Fenstersofa, 1787.

ersten Auflage von 1787, sondern erst in der dritten, die 1794 erschien, als Sheraton bereits seine neuartigen Stühle mit quadratischer Rükkenlehne vorgestellt hatte.

Doch nicht nur die klassizistischen Tendenzen beeinflußten das Möbelhandwerk, auch das Interesse an mittelalterlichen Motiven lebte weiter. Nicht nur im Werk von Chippendale, auch bei Robert Adam finden wir Zinnen, Krabben und gotisches Maßwerk an Stühlen, Kabinett- und Bücherschränken.

Mahagoni Hall chair, George III., um 1805.

Das Vorlagenwerk des Londoner Möbelschreiners **Robert Manwaring** (tätig 1760–1770) enthält eine Reihe von Stuhlentwürfen im Stil des „Gothic Revival" (Abb. S. 117 unten). Ziemlich bizarr, wenn auch nicht ohne Reiz, zeigen sich solche Entwürfe dann in der Ausführung. Die beiden Eßzimmerstühle auf S. 118 entstanden in den Jahren um 1765, zehn Jahre, nachdem Chippendale seine „Gothic chairs" veröffentlicht hatte.

Nicht nur die Schmuckmotive, auch die Möbeltypen als solche wurden von Frankreich übernommen. Neu im Repertoire der Sitzmöbel – und in England sehr beliebt – ist das *Fenstersofa*, der *Window-Seat* oder *Window-Stool.* Der lange, meist gepolsterte Hocker mit Seitenlehnen hatte seinen Platz in der Fensternische des vornehmen Hauses. Ein Ent-

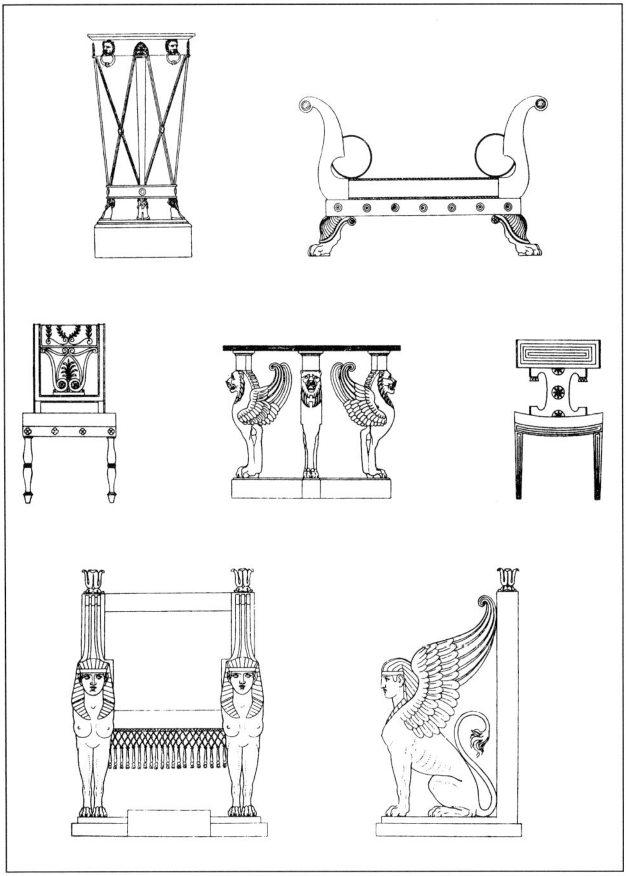

Vorlagen aus *Household Furniture and Interior Decoration* von Thomas Hope, 1807.

wurf für so ein elegantes Möbel im Stil Louis-Seize findet sich auch im Werk von George Hepplewhite (Abb. S. 119 oben). Noch immer sehr beliebt ist der *Hall chair*, der schon im frühen 18. Jahrhundert im Katalog der Sitzmöbel auftauchte. Diese Stühle mit massivem Sitz und Rücken wurden in England bis in die Mitte des 19. Jahrhunderts hergestellt und hatten ihren Platz in der Eingangshalle oder im Flur der großen Häuser. Auf der Rückenlehne erscheint oft ein gemaltes oder geschnitztes Wappenschild. Der schöne Mahagoni Hall chair auf S. 119 entstand in den Jahren um 1805 (Late George III.), als die Säbelbeine nach französischem Vorbild bereits Schule machten.

Regency

Im Jahr 1811 wurde der Prinz von Wales Regent, und 1820 bestieg er als George IV. den Thron. Obgleich die Bezeichnung „Regency Style" dem Zeitraum dieser Regentschaft vorbehalten sein sollte, dauerte er jedoch bedeutend länger: von den 1790er Jahren bis etwa zum Jahr der Krönung von Königin Victoria, 1837.

Diese Zeit, die in Frankreich dem Directoire, Empire und der Restauration entspricht, hegt eine besondere Vorliebe für die Antike – mehr noch als die Periode des Adam-Stiles. Schmuckmotive der Antike werden naturgetreu kopiert, seien es griechische, römische oder ägyptische. Ein erster Vorstoß zeigt sich bereits im Spätwerk Sheratons, vor allem aber in den Werken von Holland und Tatham.

Der Architekt **Henry Holland** (1745–1806) erhielt vom Prinzen von Wales den Auftrag, seine Residenz Carlton House auszubauen und neu auszustatten (1783–1785) und den Marine-Pavillon in Brighton zu errichten (1786/87). Angeregt vom französischen Klassizismus entwarf Holland prunkvolles Mobiliar nach Art des etruskischen Stils, der damals in Frankreich en vogue war. Seine ornamental über-

Hocker geschnitzt und vergoldet, Regency, um 1810, nach einem Entwurf von Thomas Hope.

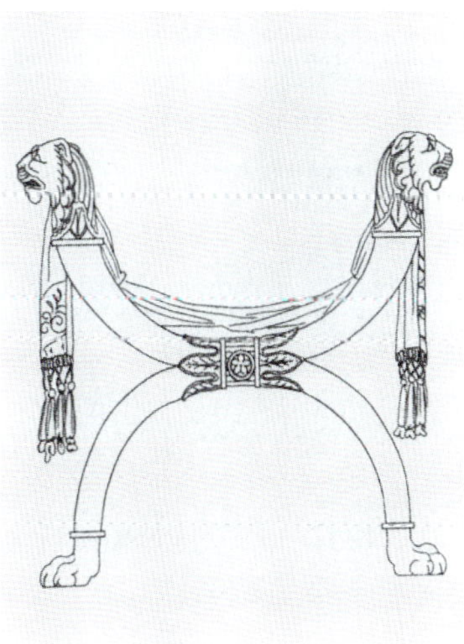

ladenen Entwürfe nahmen Stilelemente des Regency vorweg.

Auch der Architekt **Charles Heathcote Tatham** (1772–1842) trug zur Entwicklung des Regency-Stiles bei. 1799 und 1806 veröffentlichte er – im Anschluß an einen Studienaufenthalt in Rom – Stiche von römischen Architekturornamenten sowie 1806 die *Designs for Ornamental Plate*, Entwürfe im klassizistischen Stil.

Nirgendwo kommen die archäologisierenden Tendenzen des Regency-Stiles jedoch deutlicher zum Ausdruck als im Werk von **Thomas Hope** (1769–1831). Nach ausgedehnten Reisen in den östlichen Mittelmeerländern und in Griechenland begann Hope in London mit dem Entwurf von Möbeln für sein Haus. Der Kunstsammler und Mäzen wollte seiner Antikensammlung einen ihr angemessenen Rahmen geben – dazu mußten die entsprechenden Interieurs geschaffen werden. Vorbilder von Percier und Fontaine standen bereits zur Verfügung, doch vor allem in dem Werk von Dominique Vivant Denon – Direktor des Musée Napoléon – über seine Ägyptenreise (*Voyage dans la*

Bergère der Firma Tatham & Co., in Anlehnung an einen Entwurf von Percier und Fontaine, 1812.

basse et al haute Egypte, 1802) fand er Anregungen für seine Entwürfe. Hopes Möbel im Ägyptischen Geschmack beeinflußten die zeitgenössische Möbelkunst nach 1807, als seine Vorlagen unter dem Titel *Household Furniture and Interior Decoration* veröffentlicht worden waren. Die Abbildung auf S. 120 zeigt ein Vorlagenblatt aus diesem Werk – auffallend die Vorliebe für das Sphinx-Motiv. Nach einem Entwurf von Thomas Hope entstand der prächtige Hocker mit Adlerköpfen und Klauenfüßen aus vergoldetem Holz auf S. 121. Angeregt durch die Faltstühle der griechischen und römischen Antike, zeigt dieses elegante Sitzmöbel den Regency-Stil in seiner höchsten Vollendung (um 1810).

Armlehnstuhl in ägyptischem Stil nach einem Entwurf von George Smith, Regency.

Der Bruder von Charles Heathcote Tatham, **Thomas Tatham** (1763–1817), war Mitinhaber der Möbelfirma Ewald Marsh & Tatham, die Möbel im griechischen und chinesischen Stil für die großen Adelshäuser lieferte. Nicht selten kamen – leicht abgeändert – Vorlagen aus dem Werk von Percier und Fontaine zur Ausführung, wie die prächtige Bergère beweist, die einst ihren Platz im „Blue Velvet Room" von Carlton House hatte (Abb. S. 122). Der Prunksessel nach Vorbild des Empire entstand um 1812.

Zu den bedeutenden englischen Möbelentwerfern des Regency zählt auch **George Smith** (tätig 1804 bis 1828). In seiner Londoner Kunsttischlerwerkstatt fertigte er Möbel im Stil von Thomas Hope. Der Sessel der Abbildung oben, entstanden nach einem Entwurf von George Smith, zeigt deutliche Anlehnung an ägyptische Vorbilder – auf den ersten Blick hält man dieses wuchtige Möbel sogar für einen ägyptischen Thronsessel. Im Werk von Smith ist eine Vorliebe für Monopodien (Kopf und Körper eines Tieres mit einem einzigen Bein und Fuß), Klauenfüße und säbelförmig geschwungene Beine zu erkennen. 1808 erschien sein erstes Vorlagenwerk *A Collection of Designs for Household Furniture and Interior Decoration*, das den Einfluß von Hope deutlich macht. Dieses Werk enthält neben den ägyptisierenden, massiven Stühlen auch Entwürfe für leichtere, elegante Stücke, die sich – wie in Frankreich – vom griechischen Klismos ableiten. Auch die zweite Publikation, *A Collection of Ornamental Designs after the Antique* (1812), steht noch ganz im Bann des großen Vorbildes. Erst 1826, als *The Cabinet Maker and Upholsterer's Guide* erschien, zeigen sich ganz neue

Eßzimmerstuhl (Detail) in der Art von George Bullock, George IV., um 1820.

Sechs Stühle mit Messingdekor, Regency, erstes Viertel 19. Jh.

Ansätze, die das viktorianische Möbel bereits vorwegnehmen.

Die Marketerie, im Frankreich des 18. Jahrhunderts bis zur Perfektion ausgebildet, hatte auch in England ihre Liebhaber. Wenngleich beim Kastenmöbel, vor allem bei Kommoden, mehr Platz für verschwenderischen Marketerie-Dekor vorhanden war, so verzichteten die Kunsttischler auch beim Sitzmöbel keineswegs auf eingelegten Ornamentdekor.

Zu den Möbelkünstlern des Regency, die bevorzugt Marketerie einsetzten, gehörte **George Bullock** (gest. 1819). Bullock stammte aus Liverpool und arbeitete dort zunächst als Bildhauer. Mit einem Mr. Stokes gründete er um 1805 eine Firma und bezeichnete sich als „Kunstschreiner, Innenausstatter und Marmorkünstler". Um 1814 ließ er sich in London nieder, wo er eine Möbelwerkstatt betrieb und sich als Antiquitätenhändler betätigte. Er spezialisierte sich auf Möbel mit reicher Holz- und Messingmarketerie, wobei er

Mäandermuster, Palmetten- und Geißblattmotive als Ornamente einsetzte. Zur Erweiterung seines Ornamentenschatzes zog Bullock jedoch auch die heimische Pflanzenwelt heran: Efeu- und Eichenblätter, Glockenblume und Pimpernelle. Einlegearbeiten aus englischen Hölzern wie zum Beispiel Ulme, Lärche und Sumpfeiche gehörten zu seinen Besonderheiten. Auch nach seinem Tod setzte die Werkstatt die Arbeit im Stil des Meisters fort. Etwa im Jahr 1820 entstand eine Reihe bezaubernder Eßzimmerstühle, die den Nachfolgern von George Bullock zugeschrieben werden (Abb. S. 124). Im Marketeriedekor der Lehne erkennen wir das Palmettenmotiv in Verbindung mit Blüten heimischer Provenienz.

Zwei Armlehnstühle mit antikisierendem Dekor, Regency, um 1815.

Typisch für den Stuhl des Regency: die säbelförmig geschwungenen Hinterbeine. Die Vorderbeine zeigen in ihrer Kannelierung allerdings immer noch den Einfluß des Louis-Seize.

Überaus reizvoll erweisen sich auch Einlegearbeiten mit Metall, wie der Satz Eßzimmerstühle auf S. 125 zeigt. Hier

Mahagoni-Eßzimmerstuhl mit Schiffstaumotiv, um 1810.

wurde Messing zur Gestaltung der antikisierenden Ornamente verwendet, das sich vom warmen Braun des Rosenholzes (Palisander) sehr effektvoll abhebt.

Nicht immer blieb das Holz unbehandelt. Zuweilen wurde die seit dem 17. Jahrhundert in England beliebte Lackmalerei eingesetzt, um dem Möbel mehr farblichen Glanz zu verleihen – oft hat man das Holz auch dunkel gebeizt und vergoldet, um die gewünschte Brillanz zu erzeugen. Manchmal hat man das Holz auch behandelt, um kostbarere Materialien vorzutäuschen, etwa Palisander. Die beiden eleganten Sessel links mit ihrem gemalten figürlichen Dekor im Oval der Rückenlehne sind charakteristisch für das fortgeschrittene Regency der Jahre um 1815. Raffiniert die zusätzliche Verwendung von Rohrgeflecht, das die filigrane Kostbarkeit des Möbels noch unterstreicht.

Der charakteristische Regency-Stuhl zeigt, ebenso wie der Stuhl des Empire und der Restauration, volutenförmig eingerollte Armlehnen. Eine nur in England erscheinende Variante ist das gedrehte Kordelmotiv in der Mitte oder am Abschluß der Lehne, wie wir es bei dem Eßzimmerstuhl links unten sehen. Dieses Schiffstaumotiv sollte an Lord Nelsons Seesieg in Trafalgar (1805) erinnern. Manche dieser leichten, grazilen Stühle mit Säbelbeinen werden bisweilen auch als „Trafalgar-Stühle" bezeichnet.

Bibliotheksstuhl, Mahagoni, mit eingebauter Leiter, Regency, um 1810.

Im übrigen zeigt sich diese Zeit sehr erfinderisch und man findet Gefallen an technischen Spielereien. Einige Firmen, darunter Morgan and Sanders, spezialisierten sich auf „Patentmöbel", die meist mehreren Zwecken

dienten. So erfand man den *Metamorphic Library Armchair*, der als Bibliotheksleiter zu verwenden war (Abb. S. 127 unten). Verwandlungsleitern dieser Art hat man bisweilen auch in einen Tisch eingebaut.

Zwei Bibliotheksstühle, links mit beweglicher Buchstütze, George Minter, um 1830.

Bequeme Lehnsessel mit ausklappbarem Fußteil oder Lesepult wurden für den verwöhnten Bibliotheksbenutzer der Regency-Zeit ebenfalls geliefert. Die Firma George Minter in Soho entwarf in den Jahren um 1830 die beiden oben abgebildeten luxuriösen Mahagoni-Ledersessel. Bequemlichkeit ging auch in den Bibliotheksräumen der Landsitze über alles. Wie man sich einen solch ehrwürdigen Raum vorzustellen hat, zeigt die Abbildung rechts. Dargestellt ist die Bibliothek von Cassiobury (Hertfordshire). Das Aquatintablatt entstand um 1837 nach einer Zeichnung von Augustus Pugin. Mit diesem großen Neuerer befinden wir uns schon am Beginn der viktorianischen Zeit.

Der viktorianische Stil

Die lange Regierungszeit von Königin Victoria (1837–1901) zeigt stilistisch gesehen wenig Homogenität. Bereits in den Jahren um 1830 begannen sich die historisierenden Tendenzen nicht nur auf die Antike zu beschränken, auf dem Gebiet des Möbels kam nun fast alles wieder in Mode, was die vergangenen Jahrhunderte hervorgebracht hatten. In seiner *Encyclopaedia of Cottage, Farm and Villa Architecture and Furniture* stellte John Claudius Loudon bereits 1833 fest: „Die Hauptstilrichtungen in den zur Zeit ausgeführten Möbelentwürfen lassen sich auf vier Spielarten reduzieren: Der gräzisierende oder Modern Style, der am weitesten verbreitet ist; der gotische Stil oder Perpendicular Style, der die Linienführung und die Ecken der Tudor-Architektur nachahmt; der Elisabethanische Stil, der die Gotik mit römischen oder italienischen Elementen kombiniert; und der Louis-Quatorze – oder der überladene italienische Stil, der durch gekurvte

Die Große Bibliothek in Cassiobury, Hertfordshire, nach einer Zeichnung von Augustus Pugin, 1837.

Stuhl im *Elisabethanischen Stil*, um 1860.

Linien und eine Überfülle an bewegten Ornamenten gekennzeichnet ist."

In den dreißiger und vierziger Jahren beginnt sich das herkömmliche Regency-Möbel zu verändern: der ornamentale Dekor wird reicher, das Holzgestell stärker gebogen, die Polsterung nimmt an Üppigkeit zu. Besonders beliebt ist der *Elisabethanische Stil*, der „die Gotik mit römischen oder italienischen Elementen kombiniert". Nicht zuletzt waren es die historischen Romane des Romantikers Sir Walter Scott, die diesen Stil populär machten.

Man begeistert sich nun wieder an den Drechselformen des Frühbarock, wie der *Elisabethanische Stuhl* oben beweist. Zu den charakteristischen Möbeln jener Zeit gehört auch der *Prié-Dieu* oder *Devotional Chair*, ein Betstuhl mit hoher Rückenlehne und niedrigem Sitz, der erstaunlicherweise seinen Platz im Salon hatte. Das Exemplar auf S. 131 vereint drei Stilarten miteinander. Die gedrechselten Pfosten der Lehne sind Frühbarock, die hinteren Beine Regency und das Ornament der Zarge und der Knie Rokoko. Beide Stühle stammen aus den Jahren um 1860, als es üblich war, jeden Raum in dem seiner Verwendung entsprechenden Stil zu möblieren: Für das Speisezimmer bevorzugte man die Renaissance, für den Salon das Rokoko, für die Halle den Elisabethanischen und für das Billardzimmer den Maurischen Stil. Mehrteilige Möbelgarnituren in sich ergänzenden Stilrichtungen wurden von den großen

Einrichtungshäusern dem zahlungskräftigen Publikum angeboten. Mehr und mehr hat sich nun die Industrie der Möbelherstellung angenommen. Es werden zwar immer noch qualitativ hochstehende Stücke hergestellt, doch erlauben es die neuen mechanischen Verfahren, die Möbel massenweise und daher billiger zu produzieren. Die Designer, die für die Industrie arbeiteten, entwarfen Möbel in jedem gewünschten Stil.

Einer der wenigen Entwerfer jener Zeit, die versuchten, die Herstellung und den Stil des englischen Möbels zu reformieren, war **Augustus Welby Northmore Pugin** (1812–1852). Pugins Vater, **Augustus Charles Pugin** (1762–1823), ein französischer Emigrant und Verfechter der Neugotik, hatte sich 1792 in London niedergelassen. Seine Entwürfe in der Art des „Troubadour-Stils" scheinen seinen Sohn schon als Fünfzehnjährigen beeindruckt zu haben, denn er entwarf damals bereits eine Reihe von Stühlen im gotisierenden Stil für Schloß Windsor. Während Pugins Vorgänger im „Gothic Revival" sich darauf beschränkten, zeitgenössische Möbelformen mit gotischem Ornament zu dekorieren, bestand Pugin seit den dreißiger Jahren auf genauen Nachahmungen mittelalterlicher Möbel. Im übrigen habe der Dekor nur der Verschönerung zu dienen, die Struktur müsse in jedem Fall respektiert werden. Nach 1835 veröffentlichte Pugin diverse Vorlagenbücher, darunter *Gothic Furniture in the Style of the 15th Century* (1835) und *The True Principle of Pointed or Christian Architecture* (1841). Das von Pugin entworfene Mobiliar war fast immer für die von ihm entworfenen Häuser vorgesehen. Größten Wert legte der

Devotional Chair (Betstuhl), England um 1860.

Architekt auf die fachgerechte Ausführung des Schnitzdekors. Nach Pugins Tod im Jahr 1852 wurden noch bis in die achtziger Jahre hinein Möbel nach seinen Entwürfen angefertigt.

Zu den Designern neugotischer Möbel gehörten auch William Burges und Bruce Talbert. **William Burges** (1827–1881) schuf phantasievolles, oft reich mit Malereien nach gotischem Vorbild dekoriertes Mobiliar. Bekannte Praeraffaeliten, unter anderem Edward Burne-Jones, arbeiteten für Burges.

Als Gegenreaktion auf die anspruchsvolle Neugotik von Pugin und Burges ist das Werk von **Bruce James Talbert** (1838–1881) zu sehen. Der Architekt und Entwerfer arbeitete nach 1866 für die Londoner Möbelfirma Holland & Sons und entwarf in deren Auftrag Objekte für die Pariser Ausstellung von 1867. Seinen Erfolg als Entwerfer belegte Talbert mit seinem Vorlagenwerk *Gothic Form Applied to Furniture, Metal Work and Decoration for Domestic Purposes* (1867).

Die viktorianischen Stilverwirrungen vereinten sich 1851 im prunkvollen Ambiente der Londoner Weltausstellung. Diese „Große Ausstellung für die Industrie aller Nationen" wurde zum Zwecke „des Ausstellens, des Wettbewerbs und der Förderung" organisiert, und zwar unter der Leitung des Prinzgemahls Albert. Wie weit sich der viktorianische Naturalismus des Schnitzdekors zu dieser Zeit entwickelt hatte, zeigt ein Sessel von **Henry Eales** aus geschnitztem Nußbaum (Abb. S. 133). Eichenlaub und Rosen bekränzen das große Porzellanmedaillon der Rücklehne, das den Schirmherrn in ganzer Gestalt zeigt. Die Ausstellung – im Kristallpalast aus Glas und Gußeisen – war ein Triumph des Industrie-Designs, das sich hier allerdings nicht von seiner besten Seite zeigte. Der englische Industrie-Designer **Sir Henry Cole** (1808–82), einer der Organisatoren der Ausstellung, hatte mehr erwartet. Sein Ziel war es, den Geschmack des Publikums zu bilden, doch war die Zeit offenbar noch nicht reif für seine Vorstellungen. Cole, der sich der Industrie gegenüber optimistisch zeigte, fand bei den Künstlern

Sessel aus geschnitztem Nußbaum mit Porzellanmedaillon des Prinzen Albert, Henry Eales, 1851.

und Denkern, die das Kunsthandwerk der siebziger und achtziger Jahre revolutionieren sollten, wenig Gegenliebe. Mitten in der viktorianischen Epoche begann sich die Moderne anzukündigen – ihr Prophet war *William Morris*. Er fand Gehör, als er mahnte, daß sich „alles Kunstgewerbe im Zustand völliger Entartung befand“. Und er machte sich an die Arbeit: „Und folglich ging ich 1861 mit dem Hochmut des jungen Mannes daran, all das zu reformieren: ich gründete eine Art von Firma, um Einrichtungsgegenstände herzustellen.“

Deutschland, Österreich und die Schweiz

In Deutschland erfolgte die Reaktion gegen das Rokoko mit unterschiedlicher Intensität. Erstaunlich früh gab es im Norden Stimmen, die sich gegen die „Extravaganzen“ dieses Geschmackes aussprachen. Anders als im Süden fand das Rokoko in Norddeutschland niemals begeisterte Aufnahme. Mit dem Auftreten Winckelmanns machte sich in den sechziger Jahren allgemein ein Interesse an der klassischen Kunst bemerkbar.

Johann Joachim Winckelmann (1717–1768) hatte als Bibliothekar des Grafen von Bünau in Nöthnitz bei Dresden den Klassizismus kennengelernt. Der Maler und Bildhauer Adam Friedrich Oeser, der in Wien bei Raphael Donner gelernt hatte, machte Winckelmann um 1740 mit Donners Gedanken über die Antike vertraut. 1755 veröffentliche Winckelmann seine erste, für die klassizistische Kunst Deutschlands einflußreiche Schrift *Gedanken über die Nachahmung der griechischen Werke in der Malerei und Bildhauerkunst*. Um die römischen Altertümer an der Quelle zu studieren, ging der Gelehrte im gleichen Jahr nach Rom. 1763 ernannte man ihn zum Präsidenten der Altertümer und Skriptor der Vatikanischen Bibliothek, ein Jahr später erschien sein Hauptwerk, die *Geschichte der Kunst des Altertums*. Mit dieser Schrift wurde Winckelmann zum Begründer der klassischen Archäologie und der neueren Kunstwissenschaft.

Die Abwendung vom Rokoko machte sich in der Architektur, den Dekorationskünsten und im Möbelhandwerk erst in den späten sechziger Jahren bemerkbar. Der französische Klassizismus drang vom Westen her in Deutschland ein, wo er bereitwillig Aufnahme fand. In Süddeutschland allerdings, vor allem in München, wo Cuvilliés d. Ä. das „Bayerische Rokoko" initiiert hatte, begegnete man den neuen Vorstellungen mit Distanz.

„Gegenüber der vorhergehenden ungemein produktiven und künstlerisch hochstehenden Zeit macht sich jetzt eine Ermüdung, ein Nachlassen der Gesinnung bemerkbar. Geschmackvolle Leistungen gibt es genug. Die bedeutenden Werke, die großen Ideen sind dünn gesät. Sie zehren meistens von der barocken Tradition. Äußere Gründe mögen von Einfluß gewesen sein, die Unruhe der Zeiten, die politische Gärung. Ausschlaggebend waren innere Gründe. Für die bildenden Künstler, die in der starken barocken Tradition erwachsen waren, denen die Freiheit des Barock von jeher Lebenselement gewesen, denen der ekstatische Überschwang des Gefühls zur zweiten Natur geworden war, war der Übergang zu schroff, war die neue Geistesrichtung zu konträr. In der strengen Zucht, in der Vereinfachung zugleich Verinnerlichung und Vertiefung zu suchen, war auf dem Gebiete der bildenden Kunst viel schwerer als auf anderen Gebieten. Nur zu leicht verfällt der deutsche Künstler in Nüchternheit und Plumpheit, wo er sich klar und einfach ausdrücken will. Ein spießbürgerlicher Unterton klingt meist durch. Die pedantische Nüchternheit hat dem Stil den spöttelnden Namen Zopf eingetragen." (Adolf Feulner, siehe S. 314)

Stuhl, Köln, um 1790.

Vergleichen wir die Sitzmöbel des frühen Klassizismus in Deutschland mit zeitgleichen französischen oder gar englischen Stücken, so muß man sie – von Ausnahmen abgesehen – allerdings als „nüchtern und plump" bezeichnen. Am ehesten noch zeigt sich **Norddeutschland** auf der Höhe des Geschmacks.

Englische Möbelkataloge oder direkte Möbelimporte, Vorlagenbücher und Modejournale hatten für die Bekanntschaft mit den englischen Sitzmöbeln des Frühklassizismus gesorgt – insbesondere den Entwürfen Sheratons. Die Tischler rühmten sich als „englische Stuhlmacher“ und fertigten Nachahmungen der begehrten Möbel. Auch im Westen, etwa in Köln, entstanden in den Jahren um 1790 Stühle im englischen Geschmack – nicht ohne Reiz, wie die Abbildung auf S. 135 zeigt.

Im Bereich des höfischen Mobiliars ist der große Einfluß Englands ebenfalls zu beobachten, vor allem in **Berlin**. Der Berliner Architekt David Gilly sprach von einer „Anglomanie“, die nun ausgebrochen sei. Gilly und auch der Architekt Friedrich Wilhelms II., Friedrich Wilhelm von Erdmannsdorf, haben in England gelernt. Vorbild für den Wohnstil des angehenden Jahrhunderts waren englische Publikationen, vor allem Adams *Works in Architecture*. In den ehemaligen Berliner Residenzen wie dem königlichen Schloß, dem Marmorpalast in Potsdam, im Schloß Belvedere und dem Schloß Pfaueninsel sah – und sieht – man zahllose Sitzmöbel in der Art von Hepplewhite.

Hannover hatte eine besonders intensive Beziehung zu England, seit der hannoverschen Kurfürstin Sophie aus dem Hause Stuart 1701 die Anwartschaft auf den englischen Thron zugesprochen worden war und ihrem Sohn 1714 die englische Königswürde in Personalunion mit dem hannoverschen Kurfürstentum zufiel. Im benachbarten Braunschweig schließlich heiratete Karl Friedrich Wilhelm 1764 eine englische Prinzessin, die ihr gesamtes Hochzeitsgut aus London mitbrachte.

In **Süddeutschland** hingegen ließ man sich vom französischen Frühklassizismus, dem Stil Louis-Seize, inspirieren.

In **München** wählte man für die Möblierung mehrerer Räume in der Residenz und im Schloß Nymphenburg genaue Kopien französischer Möbel. 1799 ließ Kurfürst Max IV. Josef – der spätere König Max I. Josef – die Hofgartenzimmer der Residenz umbauen, wobei sein Hofarchitekt Charles Pierre Puille sich die

Satz klassizistischer Stühle, wohl Werkstatt Roentgen, Neuwied, um 1785.

Dekorationen der kleinen Appartements von Marie Antoinette zum Vorbild nahm. 1781 entstanden, waren sie jetzt, am Ende des Jahrhunderts, schon recht „rückständig“ im Stil.

Die Anregungen für die Wohnkultur im gesamten süddeutschen Raum holte man sich aus Frankreich. Der bedeutendste deutsche Ebenist dieser Zeit, **David Roentgen** (1743–1807), bildete in dieser Hinsicht keine Ausnahme. Wenn auch dieser große Möbelkünstler in erster Linie Sekretäre, Kommoden und Schränke lieferte, sollte man ihn dennoch im Zusammenhang mit dem Sitzmöbel nicht übergehen. In Feulners *Kunstgeschichte des Möbels* (siehe S. 314) lesen wir darüber: „In seiner ausgedehnten Werkstatt wurden auch Stühle gefertigt. Bisher sind wenige, nicht gerade wertvolle Möbel nachgewiesen. Sonst ist diese Gattung nach wie vor den Spezialisten überlassen worden.“ Zu den nachgewiesenen Möbeln gehört auch ein Fauteuil in Privatbesitz, der im letzten Viertel des

18. Jahrhunderts entstand, als Röntgen sich bereits dem Klassizismus zugewandt hatte. Mit diesem Stück ist ein Satz Sitzmöbel vergleichbar, der aus Schweizer Schloßbesitz stammt (Abb. S. 137). Die Stühle aus massivem Kirschholz, geschnitzt, kanneliert und mit Messingeinlagen verziert, entstanden um 1785. Wenngleich von schönster Qualität, ist auch an diesen Stücken die „pedantische Nüchternheit" des deutschen Zopfstils durchaus ablesbar.

„Visitenstube" im Museum Kirschgarten, Basel, 1790.

In **Wien** zeigte sich der Klassizismus in einer vornehm-strengen Art. Wie in Deutschland wurden sowohl englische als auch französische Anregungen aufgenommen. Die charakteristische, für das spätere Wiener Möbel des Biedermeier so bezeichnende Gefälligkeit der Formen ist noch nicht zu erkennen, doch bewies man hier mehr Eleganz und vermied die massivere Ausprägung des Zopfstiles der deutschen Nachbarn.

Wie in Süddeutschland ist auch in der **Schweiz** der Einfluß des westlichen Nachbarn auf die Möbelkunst deutlich spürbar. Eines der schönsten, reizvollsten Schweizer Museen, der „Kirschgarten" in Basel, versammelt eine Reihe erstklassig ausgestatteter Wohnräume des 18. und 19. Jahrhunderts. Der einstige „Segerhof" der bedeutenden Basler Familie Burckhardt, 1787–1790 errichtet, wurde 1923 in ein Wohnmuseum umgewandelt. Der Rahmen ist klassizistisch, doch entdeckt man auch Möbel aus der Rokokozeit. Interessant für uns ist vor allem die „Visitenstube" im zweiten Obergeschoß (Abb. S. 138). Christoph Burckhardt-Merian ließ die Tapisserien 1790 zusammen mit den Bezügen der Sitzmöbel direkt aus Aubusson kommen. Sitzmöbel und Supraporten jedoch sind Arbeiten eines nicht genannten Basler Handwerkers. Die beiden Fauteuils folgen den zeitgenössischen Pariser Vorbildern von Georges Jacob.

Empire

Die frühklassizistische Stilphase der Jahre 1770–1800 wird in Deutschland als *Zopfstil* bezeichnet, benannt nach der Haartracht der damaligen Zeit, dem Zopf. Der spätklassizistische Stil, das *Empire*, wurde ebenso wie das Vorbild für den Zopfstil, das Louis-Seize, mit einiger Verzögerung aus Frankreich übernommen. Den Anfang machten wie immer die Fürstenhöfe – diesmal waren es die Rheinbundfürsten, die sich zuerst der neuen Mode zuwandten: Verwandte Napoleons.

Galten für das höfische Mobiliar die Stiche von Percier-Fontaine als vorbildlich (zum Beispiel Berlin, 1803, Zimmer der Königin Louise im Kronprinzenpalais), so folgte man in den gehobenen Bürgerkreisen den Anregungen, die einige Modejournale lieferten. Von größtem Einfluß auf die Geschmacksbildung waren das *Journal des Luxus und der Moden*, das *Magazin für Freunde eines guten Geschmacks* und das *Magazin für Freunde eines geschmackvollen Ameublements*. Hier wurden allerdings nicht französische, sondern englische Stichwerke zum Vorbild genommen. Wie bezaubernd sich solche Entwürfe nach antiken Vorbildern ausnehmen, zeigt ein Blatt aus dem *Magazin für Freunde eines guten Geschmacks* aus dem Jahr 1796, das neben zwei Betten mit duftigen Draperien auch einen Hocker und zwei Schemel zeigt (Abb. S. 141).

In **Berlin** bewahrte man sich die Freude an englischen Formen bis in die Zeit des großen Architekten Schinkel. **Karl Friedrich Schinkel** (1781–1841) wurde in Neuruppin geboren. 1798 begann er sein Architekturstudium bei Friedrich Gilly und setzte es nach dessen Tod im Jahr 1800 an der Berliner Akademie fort. Die Wanderjahre führten ihn nach Italien und Frankreich, ebenso nach Österreich. 1805 ließ sich Schinkel in Berlin nieder, wo er zunächst als Maler arbeitete, aber auch Möbelentwürfe entstanden. Nach seiner Ernennung zum „Geheimen Oberbaurat der preußischen Verwaltung für Öffentliche Arbeiten" begann Schinkels Karriere als Architekt. Was seine Möbelentwürfe anbetraf, hielt sich der malende Architekt keineswegs sklavisch an die ausländischen Vorbilder des Empire, sondern schuf eine eigene Variante. Schinkels Empire nimmt bereits nachnapoleonische Entwicklungen vorweg – der Stil des frühen Biedermeier kündigt sich an (siehe Abb. unten).

In **München** war es **Leo von Klenze** (1784–1864), dem der Bau und die Einrichtung des „Königsbaues"

Karl Friedrich Schinkel, Stühle mit gepolsterten Sitzen und Lehnen für die Residenz des Prinzen Friedrich von Preußen, 1817.

Betten, Hocker und Schemel aus *Leos Magazin für Freunde eines guten Geschmacks,* Leipzig 1796.

der Residenz anvertraut wurden. Der Architekt und Entwurfszeichner war in Berlin ausgebildet worden, hatte aber auch kurzzeitig in Paris gearbeitet, und zwar im Büro von Percier und Fontaine. König Ludwig I. von Bayern ernannte ihn noch vor seinem Regierungsantritt zu seinem Architekten und ließ sich 1824 Pläne für einen königlichen Residenzbau entwerfen. 1835 war der Bau vollendet, die Möbel für die königlichen Appartements hatte Klenze selbst entworfen (Abb. S. 143). Anders als Schinkel, der einen eigenen Stil verfolgte, hielt Klenze sich weitgehend an die Vorbilder des französischen Empire. Er entwarf auch Möbel für Eugen Beauharnais, den Herzog von Leuchtenberg, für Herzog Max in Bayern und den russischen Zaren.

In **Wien** orientierte man sich bereits kurz nach der Vermählung Napoleons mit Josephine am Pariser Geschmack, fand jedoch bald mehr Gefallen an englischen Vorbildern. So entwickelte sich ein spezifisch österreichisches Empiremöbel, das vom kühlen Prunk des französischen Empire weit entfernt war. Das Biedermeiermöbel, das in Wien zu seiner höchsten Vollendung fand, entwickelte sich fast übergangslos aus dem Möbel der Empirezeit. „Ein Einschlag von weichlicher Anmut, von biedermeierhafter Heiterkeit bei aller Steifheit der Allüren, und, wenn man will, von dekorativer Sinnlichkeit im verfeinerten Kult der Farbe (nach englischem Vorbild) bilden die speziell wienerische Note, die so gut harmoniert mit der bürgerlichen Vornehmheit in den Bildnissen von Füger bis Waldmüller." (Adolf Feulner, siehe S. 314)

Biedermeier

Was „Biedermeier" in der Wohnkultur bedeutet, vermitteln am schönsten die literarischen Zeugnisse dieser Zeit. Texte etwa von Fontane, Stifter oder auch dem heute weniger bekannten Romancier Karl Gutzkow. „Aus der Knabenzeit" betitelt Gutzkow die Erinnerungen an sein Elternhaus, und dort lesen wir: „In der traulichen Geselligkeit eines gebildeten Hauses liegt ein unendlicher Reiz. Kein Patschouli ist dafür nötig, kein strahlender Lüster. Duft und Glanz liegt schon allein in der ganzen Weise eines solchen Hauses selbst. Die Ordnung und die Pflege verbreiten eine Behaglichkeit, die ebenso das Gemüt wie die äußeren Sinne ergreift. Die kleinen Arbeitstische der Frauen am Fenster, die Nähkörbchen mit den Zwirnrollen, mit den blauen englischen Nadelpapieren, mit den buntlackierten Sternchen zum Aufwickeln der Seide, die Fingerhüte, die Scheren, das aufgeschlagene Nähkissen des Tischchens, nebenan das Piano mit den Noten, Hyazinthen in Treibgläsern am Fenster, der gelbe Vogel in schönem

Leo Klenze, Zimmer aus dem Königsbau der Münchener Residenz.

Messingbauer, ein Teppich im Zimmer, der jedes Auftreten mildert, an den Wänden Kupferstiche, das Verweisen alles nur vorübergehend Notwendigen auf entfernte Räume, die Begegnungen der Familie unter sich voll Maß und Ehrerbietung, kein Schreien, kein Rennen und Laufen, die Besuche mit Sammlung empfangen,

abends der runde, von der Lampe erhellte Tisch, das siedende Teewasser, die Ordnung des Gebens und Nehmens, das Bedürfnis der geistigen Mitteilung – in dem Zusammenklang aller dieser einzelnen Akkorde liegt eine Harmonie, ein Etwas, das jeden Menschen sittlich ergreift, bildet und veredelt.“

Interieur Schloß Messelhausen, 1850.

Die „trauliche Geselligkeit“, die „Behaglichkeit“ und „Harmonie“ des biedermeierlichen Wohnens vermitteln auch die zeitgenössischen „Zimmerbilder“ – Darstellungen von Interieurs des 19. Jahrhunderts. Als Erinnerungsbilder entstanden – gezeichnet, gemalt oder gestochen – werden sie heute von Liebhabern dieser Epoche gesammelt und haben sogar in bedeutende Museen Eingang gefunden. So verfügt etwa die Graphische Sammlung des Germanischen Nationalmuseums über einen Bestand von mehr als 80 Zimmerbildern. Wie reizvoll Darstellungen dieser Art sein können, zeigt die Abbildung oben. Das Interieur-

Aquarell zeigt den Salon eines fränkischen Landschlosses – im Muster des mittleren Vorhangs erkennt man das Monogramm des Malers, G. S., und darunter die Jahreszahl 1850.

Mit dieser Zeitangabe befinden wir uns bereits am Ende der Biedermeierepoche, deren Beginn man allgemein auf das Ende der Napoleonischen Kriege und den Wiener Kongreß (1814/1815) datiert und deren Ende man mit den Revolutionen der Jahre 1848/49 ansetzt. Allerdings wird mit der Stilbezeichnung „Biedermeier" nur ausgezeichnet, was in den Jahren von 1815 bis etwa 1830 entstand, bevor der Historismus den Klassizismus verdrängte.

Leider ist auf den meisten Zimmerbildern nur der Salon dargestellt, das „Paradezimmer", das nur zu besonderen Anlässen benutzt wurde. Für den Alltag diente der Familie das „Wohnzimmer", möbliert mit einem Eß- und Arbeitstisch, einem Kanapee (Sofa), einer Kommode und verschiedenen mobilen Sitzmöbeln. Wenn auch das Kanapee *das* Parademöbel des Biedermeier war, müssen wir es hier außer acht lassen, denn unser Thema ist der Stuhl. Er aber wurde in keiner Landschaft des deutschen Sprachraums zu solcher Vollendung entwickelt wie in Wien. Beginnen wir also unsere Reise zu den Zentren des Biedermeiermöbels mit der Hauptstadt der Donaumonarchie.

Wien

Anders als in Deutschland, wo das Empire immer ein französischer Stil blieb, verhielt man sich in Österreich den prunkvollen, kühlen Empiremöbeln gegenüber von Anfang an reserviert und suchte eigene Wege. Was die Wiener Lebensart auszeichnet – Gefälligkeit, Charme und Weichheit –, mußte auch in den Wiener Möbelformen zum Ausdruck kommen. So finden wir schon zu Beginn der Epoche, als man sich anderswo noch von der Strenge und Vornehmheit des Empire beeindrucken ließ, Möbel, die den charakteristischen Wiener „Schmelz" zeigen. Was man von einem den österreichischen Verhältnissen angemessenen Möbel forderte, zeigen eine Reihe zeitgenössischer Texte, darunter ein Artikel im *Wiener Kunst- und Gewerbsfreund oder der neueste Wiener Geschmack* aus dem Jahr 1825. Eindeutig distanziert man sich von den französischen Vorlagen: „Wenn die französischen Journale Zeichnungen von Tischler-Arbeiten liefern, welche mit Verzierungen überladen sind, und daher sehr hoch im Preis zu stehen kommen müssen, so fehlt es ihnen dagegen an Meubeln, welche, von überflüssigem Zierrath frey, durch Einfachheit, Regelmässigkeit, Schönheit und Solidität sich auszeichnen und daher eben sowohl für den Mittelstand, als auch für die höheren Stände Anwendung finden können." Und daß man mit den Möbeln nach Wiener Art beim Publikum Erfolg hatte, beweist ein weiterer Text aus dem Jahr 1820. Stephan Edler von Keese vermerkt: „Im Allgemeinen behaupten Sachverständige, daß die Wiener Möbel an Geschmack der Arbeit und Schönheit der Formen mit den französischen den strengsten Vergleich aushalten, den englischen in Ansehung der Solidität aus den meisten Werkstätten nachstehen, in Ansehung der zierlichen Arbeit aber selben den Rang abgewinnen."

„Einfachheit", „Regelmäßigkeit", „Schönheit" und „Solidität" – hiermit sind schon nahezu alle Merkmale genannt, die das Biedermeiermöbel auszeichnen. Hinzuzufügen wären noch die Attribute „Bequemlichkeit" und die „freundliche, helle Färbung der Hölzer". Die Vorliebe für Mahagoni gehört zum Empire – das Biedermeier wählte helle Furnierhölzer wie Kirsche, Birke, Ahorn oder Walnuß.

Was die Bequemlichkeit betrifft, so zeigen schon allein die hohen Polster der Sitzmöbel, daß in dieser Zeit sehr viel Wert auf Komfort gelegt wurde. An die Stelle des Polsters konnte aber auch seit den zwanziger Jahren das elastische Strohgeflecht treten. Die Rückenlehne blieb meist ungepolstert, was in erster Linie mit der damals eher steifen Sitzhaltung zusammenhängt. Als Füllmaterial diente Roßhaar, und als Georg Junigl aus Wien 1822 sein Patent angemeldet

Nächste Doppelseite: Vorlagen für Stühle aus dem Musterkatalog der Danhauserschen Möbelfabrik, Wien, 1820–1840.

hatte, wurden mehr und mehr auch Sprungfedern eingearbeitet. Der Text aus dem Jahr 1825 weist ebenso darauf hin, daß die Biedermeiermöbel „von überflüssigem Zierrat frei" seien. Tatsächlich finden wir bei Möbeln dieser Zeit wenig ornamentalen Dekor, und wenn er angebracht wurde, dann sehr zurückhaltend. Auf den Rückenlehnen finden sich bisweilen Ornamente in Schwarzlotmalerei, hin und wieder auch florale Intarsien.

Insbesondere ein Name verbindet sich mit dem Begriff des Wiener Biedermeiermöbels: **Josef Ulrich Danhauser** (1780–1829). Nicht Schreiner, sondern Bildhauer von Beruf, studierte Danhauser an der Wiener Akademie. Die Hinwendung zur Möbelkunst jedoch erfolgte früh, denn am Anfang seines Wirkens stand bereits die Herstellung geschnitzter Ornamente als Ersatz für Beschläge aus Bronze. Schon 1804 – mit 24 Jahren – gründete Danhauser das „Etablissement für alle Gegenstände des Ameublements", in dem neben Möbeln eigener Produktion auch Polsterwaren, Teppiche, Gardinen und Bronzen entstanden. Für alle Kundenwünsche offen, stellte Danhauser nicht nur Möbel für bürgerliche Wohnungen her, er fertigte auch Möbel im Empirestil für den Hochadel. Erzherzog Karl von Österreich und der Herzog Albert von Sachsen-Teschen zählten zu seinen Kunden. 1807, drei Jahre nach der Firmengründung, beschäftigte Danhauser bereits 80 Arbeiter,

Mahagoni-Stuhl, Wien, um 1835.

Mahagoni-Stuhl, Wien, um 1825.

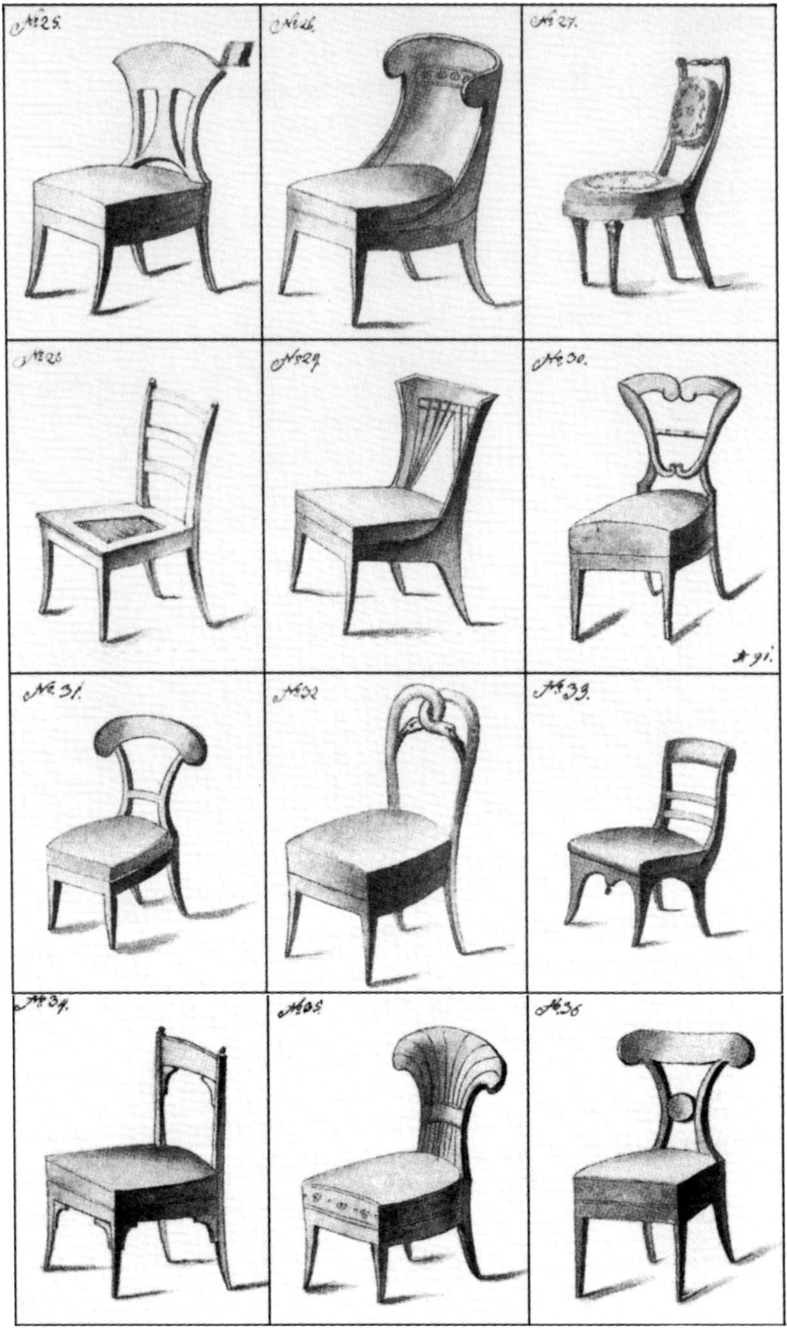

№ 25.
№ 26.
№ 27.
№ 28
№ 29
№ 30.
№ 31.
№ 32
№ 33.
№ 34.
№ 35
№ 36

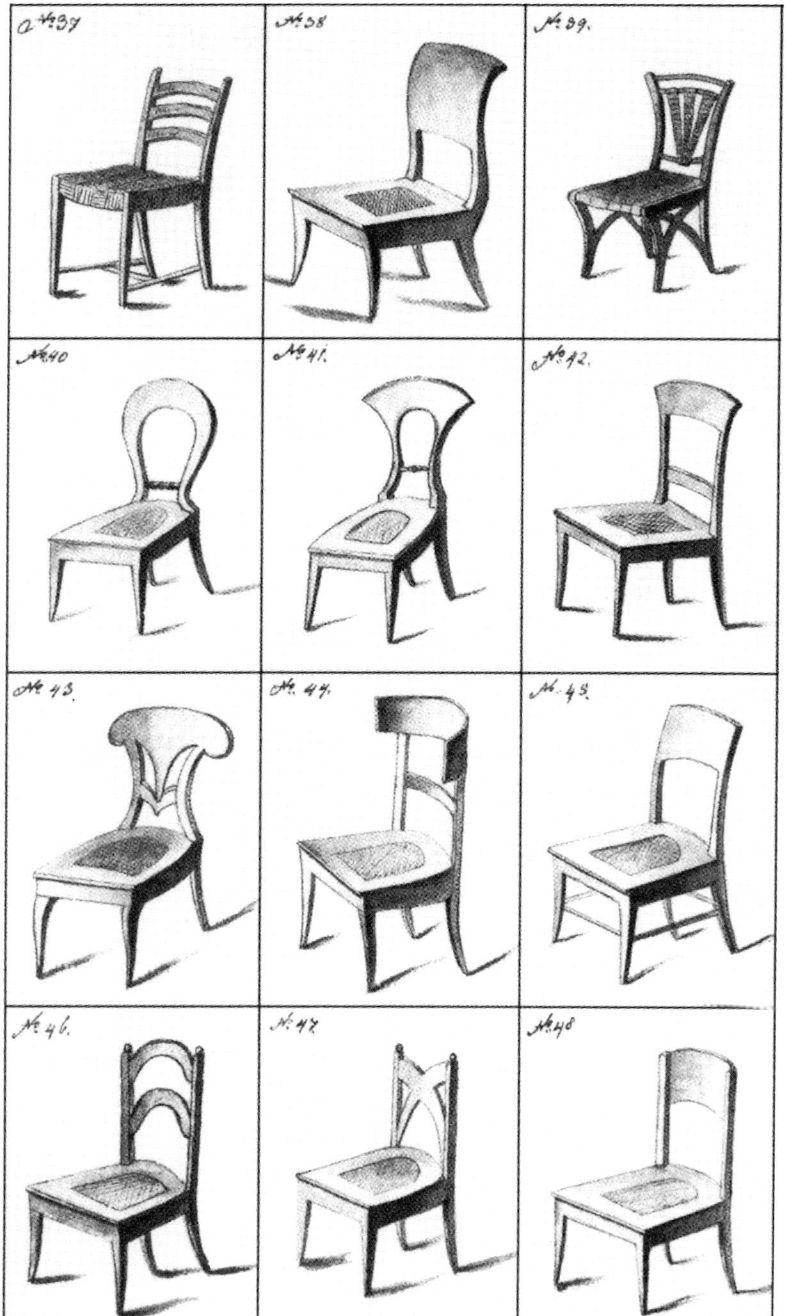
№ 37
№ 38
№ 39.
№ 40
№ 41.
№ 42.
№ 43.
№ 44.
№ 45.
№ 46.
№ 47
№ 48

1808 waren es bereits 130. Alle Produkte wurden in Katalogen angeboten, die zum größten Teil noch erhalten sind. Im Österreichischen Museum für angewandte Kunst in Wien lagern allein 2500 Entwürfe aus Danhausers Fabrik. In den letzten Jahren ihres Bestehens offerierte die Fabrik eine erstaunliche Produktpalette: neben Möbeln aller Typen vom Spucknapf bis zum Tafelaufsatz alles, was ein Haushalt benötigte. Die Seiten 148/149 zeigen Beispiele aus einem Musterkatalog mit verschiedenen Stuhlformen. Allein die Sesselmodelle umfassen 153 Nummern!

Fabrikbetriebe wie der von Danhauser waren jedoch die Ausnahme, meist arbeiteten die Tischler in ihren herkömmlichen Werkstätten. Im Jahr 1816 zählte man in Wien 875 selbständige Tischlermeister, im Jahr 1823 sogar 951.

Wie sah der charakteristische Wiener Stuhl der Jahre zwischen 1815 und 1830 aus? Mit dem Katalog des Londoner Victoria and Albert Museums vom Jahr 1979, *Vienna in the Age of Schubert*, erfolgt bereits ein kleiner Hinweis: Die melodiösen Schwingungen der Rückenlehnen, die den Wiener Stuhl der Biedermeierzeit auszeichnen, können nur aus einer Stadt kommen, in der die Musik Lebenselement war. Die beiden Stühle auf S. 147 stammen aus der Zeit um 1825 und 1835. Der rechts abgebildete Stuhl mit Lehne in Fächerform dürfte um 1825 entstanden sein. Lederpolster, wie in diesem Fall, hat man dann gewählt, wenn ein Möbel viel benutzt wurde. Interieuraquarelle bringen uns zur Kenntnis, daß man im mitteleuropäischen Biedermeier ungemusterte Wollripsstoffe bevorzugt hat, daneben ein- oder zweifarbige Baumwoll-

Stuhl, Nußbaum massiv, auf Fichte furniert, Österreich, um 1825.

Armlehnsessel, Eschenholz, Ungarn, um 1825.

oder Wolldamaste. Die Ränder der Bezüge wurden – passend zu den Tapeten und Raumtextilien – mit einer farbigen Borte oder einem gewebten Band eingefaßt. Lederbespannungen erhielten eine Reihe vergoldeter Nägel.

Wien war das Zentrum des Biedermeierstils, von hier aus wurden in großem Umfang Möbel exportiert, vor allem in die Länder der Donaumonarchie. In enger Verbindung mit Wien stand **Ungarn**, doch sorgte hier ein eigenes Schreinerhandwerk für Sonderentwicklungen. In Pest gab es im Jahr 1828 83 Meister mit etwa 180 Gesellen, in Buda zur gleichen Zeit 36 Meister mit 76 Gesellen. Ein Pendant zu Danhausers Möbelfabrik war der fabrikähnliche Betrieb des **Sebastian Vogel** in Pest, in dem 100 Leute beschäftigt waren. Wie reizvoll sich das ungarische Biedermeier ausnahm, zeigt der Armlehnsessel aus Eschenholz auf S. 151, der um 1825 entstanden sein dürfte.

Süddeutschland

In **München** erwies sich **Leo von Klenze**, der für den klassizistisch gesonnenen König Ludwig I. tätig war, als getreuer Anhänger des Empire. Auch in der süddeutschen Provinz erleben wir in den Jahren vor 1810 eine Vorliebe für die französische Stilrichtung. Der hier abgebildete furnierte Mahagonistuhl mit vergoldetem Dekor, der um 1805 in Eichstätt entstand, mag als Beispiel für diese Tendenz dienen.

Das bürgerliche Handwerk in München wurde nicht vom Staat gefördert, sondern von einem polytechnischen Verein, begründet 1816 von dem Kaufmann Karl Zeller. Im Verhältnis zu Wien war die Anzahl der selbständigen Meister in München eher bescheiden: Im Jahr 1822 zählte man hier nur 44 Meister – in Wien im gleichen Jahr über 900. Namentlich bekannt ist der Kunstschreinermeister **Franz Xaver Fortner** (1798–1877), der in München tätig war und in den dreißiger und vierziger Jahren auch für den königlichen Hof arbeitete. Mit kompletten Sitzgarnituren im Biedermeierstil belieferte Fortner auch den bayerischen Adel. Franz Xaver Ritter von Gietel, der Leibarzt König Ludwigs I. und Max' II., erwarb um 1835 eine Salongarnitur (Abb. S. 153), bestehend aus einem Sofa, einem Tisch, zwei Arm-

Stuhl, Mahgoni furniert, Füße Birnbaum massiv, Franken/Eichstätt, um 1805.

Sitzgarnitur, Esche und Palisander auf Buche und Fichte furniert, Franz Xaver Fortner, München, um 1835.

lehnsesseln und vier Gondelstühlen. Das Material: Esche und Palisander auf Buche und Fichte furniert. Charakteristisch für das Münchener Biedermeier war eine vornehme Schlichtheit, die sich an klassizistischen Idealen orientierte. Ein Stuhl aus Schloß Possenhofen, dem Sitz der Herzöge in Bayern, zeigt sich ebenso einfach wie nobel (Abb. S. 154 links). Dieser Stuhl gehört zu einem Satz von sechs Stühlen aus massivem und furniertem Kirschbaum, entstanden um 1820.

Münchens schwäbische Nachbarstadt **Augsburg** besaß eine lange Tradition im Möbelhandwerk, jedoch vor allem in der Herstellung von Prunkmöbeln. Zur Biedermeierzeit gab es in Augsburg 52 selbständige Tischlermeister. Die städtische Kunst- und Zeichnungsanstalt bereicherte ihre Jahresausstellung ab 1818 um Erzeugnisse der Kunstindustrie.

In **Nürnberg,** ebenfalls ein traditionsreicher Ort des Kunsthandwerks, existierten 1822 79 selbständige Schreinermeister. Die Firma Bestelmeier, bekannt für ihre Spielzeugproduktion, unterhielt ein Warenhaus für Gegenstände der Inneneinrichtung.

Wenn auch nicht unbedingt im schwäbischen Raum entstanden, besitzt der Stuhl rechts oben aus Kirschbaum und Birnbaum (massiv und auf Eiche furniert) dennoch alle Merkmale Augsburger Kunstart. Er stammt aus Schloß Hohenaltheim (Fürsten Oettingen-Wallerstein) im Ries, einer Landschaft, in der sich schwäbische und fränkische Kultur verbindet. Erstaunlicherweise wird der Stuhl seit 1807 in den Inventaren erwähnt, stellt also ein sehr frühes Beispiel für ein bereits voll ausgereiftes Biedermeiermöbel dar.

Ein weiteres ungewöhnliches Exemplar führt uns nach **Frankfurt,** gleichzeitig auch ins schwäbische Waal (Abb. S. 155). Hier, im Schloß der Fürsten von der Leyen und zu Hohengeroldseck, hatte der Satz von 12 Stühlen (Kirschbaum massiv und Kirschbaum auf Buche furniert) seinen Platz. Der Schlagstempel weist auf den Meister hin: **Johann Valentin Raab**, der wohl in Würzburg geboren wurde, sich als Meister aber in Frankfurt ansiedelte. Dieser Stuhl, um 1810 entstanden, ist ebenso wie der Hohenaltheimer eine Inkunabel des Biedermeiermöbels.

Links:
Stuhl, Kirschbaum furniert, aus Schloß Possenhofen, um 1820.

Rechts:
Stuhl, Süddeutschland, Kirschbaum und Birnbaum, massiv und auf Eiche furniert. Aus Schloß Hohenaltheim (Ries), in den Inventaren bereits 1807 erwähnt.

Ganz anders geartet als die Biedermeiermöbel des süddeutschen Raumes, die stets bürgerliche Behaglichkeit ausstrahlen, zeigen sich diejenigen der norddeutschen Küstenstädte.

Die Hansestädte, Schleswig-Holstein und Oldenburg
Im Gegensatz zu Süddeutschland, wo man sich an französischen Vorbildern orientierte, war im Norden der englische Geschmack maßgebend. Vornehm, kühl und gediegen – hanseatischer Art entsprechend – präsentieren sich auch die Möbel dieser Region. Die Tafelwerke von George Hepplewhite und Thomas Sheraton hatten hier zu Ende des Jahrhunderts mehr Wirkung ausgeübt als anderswo – ausgenommen Berlin. Einen interessanten Überblick über die norddeutsche Sitzmöbelproduktion der ersten Hälfte des 19. Jahrhunderts bieten die Museen in Lübeck (Museum für Kunst- und Kulturgeschichte), Schleswig (Schleswig-Holsteinisches Landesmuseum, siehe S. 307), Hamburg (Museum für Kunst und Gewerbe) und Flensburg (Städtisches Museum, siehe S. 306) Der durchbrochene Dekor der Rückenlehnen orientiert sich immer noch an englischen Vorbildern, der ganze Korpus ist steifer, als wir es aus Süddeutschland gewohnt sind, der Sitzkomfort weniger ausgeprägt. Noch immer wird mit Vorliebe Mahagoniholz verwendet, wenn auch nicht mehr so ausschließlich wie zur Jahrhundertwende.

Stuhl, Kirschbaum massiv und Kirschbaum auf Buche furniert, Johann Valentin Raab, um 1810.

Zentrum der Möbelherstellung im norddeutschen Raum war Hamburg. Da Schleswig-Holstein mit Dänemark in Personalunion verbunden war, unterscheiden sich die Möbel in Flensburg oder Schleswig nicht von den zeitgleichen dänischen. Auch Oldenburg zeigt Anklänge an die Produktion Schleswig-Holsteins. (Beispiele für norddeutsche Empire- und Biedermeierstühle zeigen die Abbildungen auf S. 156/157.)

Historismus

In der Mitte der dreißiger Jahre verliert das Biedermeiermöbel seine klassische Schlichtheit, man beginnt sich – wie auch in England und Frankreich – an historischen Stilen zu orientieren. Die Mittelalterseligkeit der Romantik macht sich auch im Möbelbau bemerkbar – gotisierende Formen vermischen sich mehr und mehr mit den klassischen. Bereits 1835 setzt auch eine neue Vorliebe für das Barock und Rokoko ein. Ein Blick auf die Vorlagenwerke dieser Zeit beweist, daß man sich bereits in den frühen dreißiger Jahren einem stilistischen Verfallsprozeß ausgesetzt sah. Im Nürnberger Vorlagenwerk von Carl A. Heideloff, *Der Bau- und Möbel-Schreiner oder Ebenist*, kann man bereits in der

Links:
Schreibtischsessel, Ahorn und Pappelmaser, teilweise auf Eiche furniert, Norddeutschland oder Dänemark, um 1820.

Rechts:
Stuhl, Mahagoni, Ahorn, Olive und Zitrone, teilweise auf Buche furniert, Norddeutschland oder Dänemark, um 1810.

Folge von 1832 bis 1837 eine unerquickliche Vermischung von Ornamentformen des Hochbarock und der Renaissance bei der Gestaltung der Stuhl-Rückenlehnen erkennen.

Inmitten dieser „Stilmischung" zeigt sich das Werk eines der großen Neuerer der Möbelkunst als kühn und zukunftsträchtig:

Armlehnstuhl mit charakteristischem englischem Schiffstaumotiv, Lübeck, um 1830.

Michael Thonet

Michael Thonet, 1796 in Boppard am Rhein geboren, erlernte dort das Tischlerhandwerk und gründete 1819 eine Bau- und Möbeltischlerei. In der Jubiläumsschrift zum hundertsten Geburtstag von Thonet ist über die Entwicklung des Betriebes zu lesen: „Anfangs des Jahres 1830 machte Michael Thonet die ersten Versuche, Möbelbestandteile aus dicken Fournieren zu biegen. Die ersten Proben wurden mit Sesselbestandteilen gemacht, und zwar mit Kopf- und Mittellehnschwingen, welche die Seitenteile verbanden und demnach Teile der Sesselrücklehnen bildeten. Der Vorgang war folgender: Anstatt die Kopfschwinge, wie es früher immer geschah, aus massivem Holze herauszuschneiden und dann in die richtige Form auszuarbeiten, wurde sie von Michael Thonet aus dikken Fournieren in einer Holzform zusammengeleimt und gepresst, welche Form der zu erzielenden Biegung entsprechend ausgearbeitet war. Diese gepressten Kopfschwingen erforderten deshalb eine geringere Holzmasse, wurden leichter und trotzdem viel dauerhafter."

Thonet-Fauteuil Nr. 22, Großserienform aus früherer Herstellung, ca. 1865.

Die ersten nach diesem neuen Verfahren entstandenen Sessel zeigen mit ihren volutenförmigen Armlehnen noch Anklänge an den Klassizismus, die Stühle an das Biedermeier. Thonets Erfindung, Möbel aus gebogenem Holz herzustellen, wurde ab 1841 patentiert. Zu seinen Förderern in früher Zeit gehörte auch Fürst Clemens Metternich, der ihm den Rat gab, seine Werkstatt nach Wien zu verlegen: „In Boppard werden Sie immer ein armer Mann bleiben, gehen Sie nach Wien, ich werde Sie dort bei Hofe empfehlen.“ Durch die Erwerbung von Patenten in verschiedenen Ländern verschuldet, blieb Thonet nur die Flucht nach Wien. In der

Donaumetropole widmete sich der Tischler zunächst der Herstellung von Parketten für das Palais Liechtenstein – wiederum unter Verwendung von gebogenen Holzstreifen. Sein Ziel sah er jedoch auch hier in der Fabrikation von Möbeln aus gebogenem Holz. Der erste große Schritt war 1850 erreicht, als der berühmte „Sessel Nr. 4" (Abb. S. 160 rechts oben) im Niederösterreichischen Gewerbeverein ausgestellt werden konnte.

Über die Herstellung dieses ungemein erfolgreichen Modells erfahren wir: „Bei diesem Sessel wurde die Rücklehne aus vier und der Sitzrahmen aus fünf Holzdicken gebogen. Das Verfahren war hierbei folgendes: Die Holzteile wurden in siedendem Wasser gekocht, in Formen gebogen und getrocknet; schließlich wurden die einzelnen Fourniere zu completen Sesselteilen zusammengeleimt."

Mit dem Modell Nr. 14 (Abb. S. 160 rechts unten) gelang 1859 die erste vollmechanische Herstellung eines Stuhls ohne dekorative Elemente. Der Stuhl aus fünf Hauptbestandteilen konnte in diese Teile zerlegt

Detail des frühen, in Schichtholztechnik hergestellten Thonet-Sessels Nr. 2.

Linke Seite:

Oben links:Thonet-Sessel Nr. 56, ab 1885.

Oben rechts: Thonet-Sessel Nr. 4, seit 1850 hergestellt.

Unten links: Frühes Thonet-Möbel aus den Jahren um 1835.

Unten rechts: Thonet-Sessel Nr. 14, seit 1870 in Großserie hergestellt.

Rechte Seite:

Oben: Thonet-Kaminsessel Nr. 1, zusammenlegbar, ca. 1880.

Rechts: Schaukelstuhl Nr. 824, von 1905.

transportiert und an Ort und Stelle zusammengeschraubt werden. Dieser Sessel war ein gewaltiger Erfolg, wie wir erfahren: „Die Gesamtproduktion von Sesseln Nr. 14 in sämtlichen Fabriken von Möbeln aus gebogenem Holze bis zum heutigen Tag dürfte mit etwa vierzig Millionen Stück nicht zu hoch gegriffen sein.“

Hier war nun ein Stuhl entstanden, der keinerlei Anklänge mehr an irgendeinen historischen Stil zeigte. Thonet-Stühle, Archetypen des modernen Möbels, haben auch den Architekten Le Corbusier begeistert, der bekannte: „Noch nie ist Eleganteres und Besseres in der Konzeption, Exakteres in der Ausführung und Gebrauchstüchtigeres geschaffen worden.“

Mit dem Stuhl Nr. 4, Prototyp des Wiener Caféhausstuhls, setzte der Erfolg ein. Um der Nachfrage zu genügen, mußten neue Produktionsstätten geschaffen werden. So wurden zwischen 1850 und 1860 bei den ungarischen Buchenwäldern neue Fabriken eröffnet. In den größten Städten Österreichs und Deutschlands, in Mailand, Rom, Brüssel, Marseille, ja sogar in Moskau und St. Petersburg standen Verkaufsräume zur Verfügung.

Nach Michaels Thonets Tod (1871) wurden die Geschäfte von seinen Söhnen weitergeführt – um die Jahrhundertwende beschäftigten die Thonet-Werke 6000 Mitarbeiter. Nach dem Ersten Weltkrieg wurde das Hauptwerk nach Brünn verlegt, 1923 erfolgte die Fusionierung mit der Firma Mundus. Vom „Stuhl Nr. 14“ allein, dem „Drei-Guldenstuhl“ (Thonet konnte den Preis für dieses Modell über eine Zeitspanne von mehr als 50 Jahren unverändert beibehalten), wurden bis zum Jahr 1930 weltweit etwa 50 Millionen Exemplare hergestellt, denn auch die Konkurrenz hatte sich dieses Thonetklassikers bedient.

Stuhl, Nußbaum mit Lederpolster, Eugène Gaillard, um 1890.

Art Nouveau und Jugendstil

Auf dem Weg zur Moderne

William Morris und die Arts-and-Crafts-Bewegung
England, hinsichtlich der Industrialisierung am weitesten fortgeschritten, war der natürliche Ausgangspunkt für eine Bewegung, die ihre Orientierung wieder in den alten handwerklichen Traditionen suchte. Mehr und mehr künstlerische Menschen begannen der Maschine zu mißtrauen, die schon zur Mitte der Biedermeierzeit ihren Siegeszug begonnen hatte. Bereits im Jahr 1821 klagt Goethes Lenardo in *Wilhelm Meisters Wanderjahre*: „Das überhandnehmende Maschinenwesen quält und ängstigt mich: es wälzt sich heran wie ein Gewitter, langsam, langsam; aber es hat seine Richtung genommen, es wird kommen und treffen ..."

Die Londoner Weltausstellung von 1851, auf der die „industriellen Erzeugnisse aller Nationen" gezeigt wurden – auch technisch bearbeitete Möbel –, hatte neben vielen euphorischen auch kritische Stimmen hervorgerufen. Deutlich ist aus einem Bericht des deutschen Architekten Gottfried Semper das Unbehagen über die Technisierung im künstlerischen Bereich herauszuhören: „Das Schwierigste und Mühsamste erreicht sie (die Maschine) spielend mit ihren von der Wissenschaft erborgten Mitteln; der härteste Porphyr und Granit schneidet sich wie Kreide, poliert sich wie Wachs, das Elfenbein wird weich gemacht und in Formen gedrückt, Kautschuk und Guttapercha wird vulkanisiert und zu täuschenden Nachahmungen der Schnitzwerke in Holz, Metall und Stein benutzt, bei denen der natürliche Bereich der fingierten Stoffe weit überschritten wird. Metall wird nicht mehr gegossen oder getrieben, sondern mit jüngst unbekannten Naturkräften auf galvanoplastischem Weg deponiert ... Die Maschine näht, strickt, schnitzt, malt, greift tief ein in das Gebiet der menschlichen Kunst und beschämt jede menschliche Geschicklichkeit."

Stuhlmodelle aus einem Katalog der Firma Morris.

Ziel der Arts-and-Crafts-Bewegung war die Wiederbelebung des Handwerks, ihr einflußreichster Geist **William Morris** (1834–96). Morris begann seine Laufbahn als Architekt, wandte sich bald jedoch der Malerei zu. Eng mit ihm zusammen arbeitete von Anfang an der Architekt und Designer Philip Webb, der 1860 für Morris das „Red House“ baute. Überzeugt davon, daß „alles Kunstgewerbe sich im Zustand völliger Entartung befand, ging ich 1861 mit dem Hochmut des jungen Mannes daran, all das zu reformieren: ich gründete eine Art von Firma, um Einrichtungsgegenstände herzustellen“. Die Firma, zusammen mit Freunden gegründet, hieß *Morris, Marshall, Faulkner & Company* und war von Anfang an ein Erfolg. Bald wurde Morris Alleineigentümer und erwarb 1881 Werkstätten in Merton Abbey. Nach Morris' Tod wurde die Firma weitergeführt und existierte noch bis 1940.

Zunächst begann die Firma mit Stickereien, die unter anderem auch von Morris selbst entworfen und ausgeführt wurden. Dann wandte er sich der Herstellung von Tapeten (1862), buntem Glas, verschiedensten Textilien und Möbeln zu. Zur Neubelebung der Buchdruckerkunst wurde 1890 die „Kelmscott Press" gegründet. Morris, ein linksgerichteter Sozialreformer, plante „eine Gemeinschaft historischer Künstler zu bilden, die ihre Arbeit auf wahrhaft künstlerische und billige Weise durchführen und Entwürfe für alle Arten von Manufakturen mit künstlerischem Charakter herstellen". Nach seiner Überzeugung mußte „wahre Kunst vom Volk und für das Volk" gemacht sein – eine Utopie, wie sich herausstellen sollte. Gerade die Handarbeit brachte große Produktionskosten mit sich – das einfache Volk konnte sich Einrichtungsgegenstände der Firma Morris niemals leisten.

Morris selbst entwarf für seine eigene Firma keine Möbel, dies besorgten in erster Linie Ford Madox Brown, Philip Webb und (ab 1890) George Jack. Neben „notwendigen Alltagsmöbeln" stellte die Firma Morris auch „Parade-Möbel" her, kunstvoll geschnitzt, mit Einlegearbeiten oder bemalt. Die Stuhlmodelle aus einem Katalog der Firma Morris (Abb. S. 165) sind für den täglichen Gebrauch im ländlichen Haus gedacht. Aufwendiger zeigt sich der „Saville"-Sessel (George Jack, um 1890) mit dem für die Textilkunst der Firma charakteristischen Blüten- und Blattdekor.

Nach dem Vorbild der Morris-Werkstätten entstand in den achtziger Jahren eine Reihe ähnlicher Unternehmen, die sich 1888 in der *Arts and Crafts Exhibition Society* vereinigten. Im Zusammenhang mit Sitzmöbeln sind die Namen

Stuhl, gedrechselt, mit Binsensitz, nach einem Entwurf von Ernest Gimson, um 1890.

Lehnstuhl, geschnitztes, bemaltes Holz, William Morris, um 1858.

Ernest Gimson, Sidney Barnsley und Ernest Barnsley von Bedeutung. **Ernest Gimson** (1864–1919), Architekt und Designer, wurde ab etwa 1885 stark von William Morris beeinflußt, der ihn lehrte, Stühle aus Eschenholz mit gedrechseltem Ornament zu fertigen. Seine erste Möbelwerkstatt eröffnete Gimson 1890, eine zweite, erfolgreichere, 1900 – zusammen mit Ernest Barnsley. Nach Gimsons Entwürfen entstanden einfache gedrechselte Stühle mit Binsensitz, ähnlich wie sie auch Morris herstellte (Abb. S. 166).

England und Schottland

Im Jahr 1875 eröffnete **Arthur Lasenby Liberty** (1843–1917) in der Londoner Regent Street ein Geschäft, das er „East India House“ benannte. Zunächst wurde nur mit Japonerie-Artikeln und orientalischen Waren gehandelt. Doch bald schon verkaufte Liberty, der sich der Ästhetik dieser Strömung sehr verbunden fühlte, auch Erzeugnisse der Arts-and-Crafts-Bewegung, darunter auch Möbel. Da es sein Ziel war „nützliche und schöne Dinge zu einem Preise herzustellen, der sie für alle Klassen erschwinglich machte“, mußte die Handarbeit auf ein Minimum reduziert werden. Dadurch gelang es, die Erzeugnisse des Arts-and-Crafts-Movement auch einem breiteren Publikum zugänglich zu machen.

Arthur Lasenby Liberty war ein Vorläufer von **Samuel Bing** (1838–1905), der 1895 in Paris eine Galerie mit dem Namen „Art Nouveau“ eröffnete, die später der ganzen Richtung ihren Namen gab. In Italien wird Art Nouveau als „Stile Liberty“ bezeichnet, in Deutschland und Skandinavien als „Jugendstil“.

Speisezimmerstuhl mit geschnitzter Rückenlehne, Arthur H. Mackmurdo, 1882/83.

Treffend charakterisierte Robert Schmutzler (siehe S. 315) das Wesen dieses Stils: „Art Nouveau ist der Name jenes Stils um 1900, dessen ‚Leitmotiv‘ die lange, sensitive Schwingung ist. Dieser wellige Kurvenzug, der an Algen und Lianen erinnert, in Pantherflecken und im Zucken einer Peitschenschnur erscheinen kann, treibt fließend oder flammend, moderato oder furioso sein selbstgenießerisches Spiel. Im Umriß von Tapetenschwänen lebt seine Schwingung, versetzt Haarbahnen nymphenhafter Mädchen in Wallen und Wehen und sendet aus Metallstützen, zart wie Lilienstämme, elektrische Lichtdolden in den Raum."

Stuhl für die Essex and Suffolk Equitable Insurance Company, Charles Francis Voysey, 1906–10.

Als erster Repräsentant der neuen Richtung gilt in England der Architekt und Formgestalter **Arthur Heygate Mackmurdo** (1851–1942), dessen geradlinige, funktionelle Möbel manches vorwegnahmen, was auf dem Kontinent erst in den zwanziger Jahren realisiert wurde. Zusammen mit dem Kunstkritiker John Ruskin bereiste er Italien; auch William Morris gehörte zu seinen Freunden. 1882 gründete Mackmurdo, der auch Stoffe und Tapeten entwarf, die „Century Guild", deren Ziel es war, „alle Kunstzweige in die Sphäre des Künstlers und nicht weiter in die des Händlers zurückzugeben". Bei seinem Buch über die Londoner Kirchen des Sir Christopher Wren (1883) machte das Titelblatt Furore, denn hier erscheinen zum ersten Mal die langen, fließenden Kurven des Art Nouveau. Zu den Arbeiten von Mackmurdo für die Century Guild gehören auch Möbelentwürfe, darunter der berühmte Speisezimmerstuhl mit geschnitzter Rückenlehne aus den Jahren 1882/1883 (Abb. S. 168). Die Pflanzenmotive ähneln in ihren fließenden Linien Mackmurdos Titelblatt zum oben erwähnten Buch aus dem Jahr 1883.

Nicht immer bedeutete Art Nouveau im England der Jahrhundertwende auch kurvige Schwingung. Wenngleich von Morris und Mackmurdo beeinflußt, ging **Charles Francis Annesley Voysey** (1857–1941) schließlich doch eigene Wege – besonders auf dem Gebiet der Möbelkunst. Nach seiner Ausbildung als Architekt eröffnete Voysey 1882 sein eigenes Büro. Für die von ihm erbauten Landhäuser entwarf er auch die Inneneinrichtung. Voyseys Tapetenentwürfe folgten der Tradition von Morris und Mackmurdo und begeisterten die Künstlerkollegen durch ihre Eleganz und Frische. „Es war, als sei ganz plötzlich der Frühling gekommen", bemerkte Henry van der Velde. Anders als Mackmurdo bevorzugte Voysey für seine Möbelentwürfe die einfachen Umrisse, wobei er besonderen Wert auf sorgfältig ausgearbeitete Entwürfe und gute Proportionen legte. Die schlichten Möbel in meist unbehandelter Eiche (Abb. S. 169) paßten gut in die von Voysey entworfenen Landhäuser. Im Gegensatz zu Morris und anderen Mitglieder der Arts-and-Crafts-Bewegung war Voysey durchaus bereit, die Maschine zu seinem Vorteil einzusetzen.

Schwarzer Stuhl von Charles Rennie Mackintosh.

Mackay Hugh Baillie Scott (1885–1945) gehörte zu den englischen Architekten und Innenausstattern, deren Werk auch im Ausland beachtet wurde. Der ausgebildete Landwirt begann 1886 eine Architekturlehre und eröffnete 1893 ein Büro auf der Isle of Man. Sowohl architektonisch als auch möbelkünstlerisch folgte Baillie Scott den Anregungen von Voysey. Neben einfachen Stühlen mit Binsensitz entstanden jedoch auch aufwendige und ungewöhnliche Modelle mit Intarsien aus farbigen Hölzern, Elfenbein oder

Zinn. Baillie Scott sah das Haus immer als Ganzes, er vertrat die Ansicht, es solle immer alles von einer Hand entworfen sein, bis hin zum Eßbesteck. Möbel sollten „so wirken, als seien sie aus den Erfordernissen des Raumes gewachsen (...) und nicht wie eine fremde Zutat des Polsterers". Zu seinen wichtigsten Aufträgen gehörte 1897 die Ausstattung und Umgestaltung des Großherzoglichen Palais in Darmstadt. Hierfür schuf er u.a. einen halbkreisförmigen Schreibtischstuhl.

Stuhl mit hoher Rückenlehne, Charles R. Mackintosh, um 1900.

Am wichtigsten für die Geschichte des britischen Stuhlentwurfs wurde der Schotte **Charles Rennie Mackintosh** (1868–1928). Mackintosh wurde in Glasgow geboren und beendete dort 1889 sein Architekturstudium. Sein Hauptwerk, die Glasgower Kunstschule und deren Innenausstattung, entstand bereits ab 1897. Die Möbelentwürfe wurden von E.W. Godwin beeinflußt, doch zeigt er sich besonders bei seinen hier abgebildeten Stühlen mit hoher Rückenlehne als krasser Individualist. Für seine Stuhlentwürfe gab es keine historischen Vorgänger, und es kam ihm dabei mehr auf die reine Ästhetik als den Geschmack des Publikums an. Seine Möbel strich Mackintosh häufig weiß an und dekorierte sie mit edelsteinartigen Farben. Von anderer Art, massiver, weniger outriert, waren die Stühle mit Rückenlehnen aus geometrisch gefügten Quadraten und Rechtecken. Diese Modelle sollten von großem Einfluß auf die Entwicklung des Wiener Möbels sein.

Frankreich

Der strenge und asketische Stil von Baillie Scott und Mackintosh bereitete den Weg für das „Industrial Design". Dieser progressiven Bewegung stand eine rein dekorative, nach rückwärts orientierte Stilrichtung gegenüber, die sich vor allem in Frankreich auslebte. Und nicht Paris, sondern Nancy war das Zentrum, in dem der charakteristische französische Art Nouveau seinen Anfang nahm. Begründer der „Schule von Nancy" war der – heute vor allem als Glaskünstler bekannte – **Émile Gallé** (1846–1904). In Nancy und Weimar ausgebildet, entwarf und produzierte Gallé seit 1884 auch Möbel und gliederte der Glas- und Fayencemanufaktur seines Vaters eine Möbelfabrik an. Der von ihm entwickelte organische Stil bezog Naturformen und Naturmotive in seine Möbelentwürfe ein. Ebenso kostbar wie die Gallé-Gläser zeigten sich auch die Möbel – geschmückt mit raffiniertem Marketeriedekor oder Reliefschnitzerei. In seinen Konstruktionen erwies sich Gallé jedoch nicht als Neuerer, die historischen Stile blieben ihm Vorbild.

Unter Gallé als Präsidenten schloß sich die *École de Nancy, Alliance Provinciale des Industries d'Art* – eine Vereinigung lothringischer Künstler und Architekten – im Jahr 1901 zusammen. Zu der Gruppe gehörten auch Louis Majorelle und Eugène Vallin.

Louis Majorelle (1859–1926) wuchs durch seinen Vater Auguste Majorelle, der in Nancy als Möbelschreiner arbeitete, in das Metier hinein. Zunächst widmete sich Louis allerdings der Malerei und wurde in Paris von Jean-François Millet ausgebildet. Nach dem Tod seines Vaters 1879 übernahm er die Möbelwerkstatt der Familie. Zunächst entstanden Möbel im Style Louis-Quinze., wie bereits sein Vater sie hergestellt hatte. Ermutigt vom Erfolg von Émile Gallé, wagte sich Majorelle bald an eine Produktion im neuen Stil. Bei der Pariser Weltausstellung von 1900 war er schon der bekannteste Hersteller von Möbelgarnituren im

Stil des Art Nouveau. Im Gegensatz zu Gallé setzte Majorelle den floralen Dekor zurückhaltender und weniger phantasievoll ein. Bei seinen Stühlen bevorzugte er harte Hölzer wie Nußbaum oder Mahagoni. Seinen Vorstellungen vom perfekten Möbelentwurf gab Majorelle folgendermaßen Ausdruck: „Das Wichtigste bei der Konzeption eines Möbelstückes ist die Suche nach einer in sich gesunden Struktur, die in dem Beschauer das Gefühl von Harmonie erweckt und deren wesentliche Elemente auch vom architektonischen Standpunkt aus in eleganten Proportionen zueinander stehen. Ganz gleich, welche Funktion ein Möbelstück erfüllen soll: seine Formen müssen auch ohne weitere Verzierungen bestehen können (...) Die Vollkommenheit eines Möbelstücks sollte nicht durch überflüssige Dekorationen und Ornamente vorgetäuscht werden, sondern allein in seinen eleganten Linien und gefälligen Proportionen bestehen." Weiche, geschmeidige Linienführung, Harmonie der Proportionen sowie Eleganz zeichnen die meisten der Majorelle-Stühle aus (Abb. links).

Armlehnstuhl mit geschnitztem Dekor, Louis Majorelle, um 1900.

Auch **Eugène Vallin** (1856–1922), Architekt, Bildhauer und Kunsttischler, begann zunächst mit Entwürfen in historischen Stilen, ehe er sich 1895 unter Gallés Einfluß dem Art Nouveau zuwandte. Die schweren, kraftvollen Formen Vallins passen nicht recht in das Bild der Schule von Nancy – sie sind dem Stil

Armlehnstuhl, geschnitztes Holz, Lederpolsterung, Hector Guimard, um 1898.

der belgischen Richtung verwandter, vor allem aber der Möbelkunst von Hector Guimard. Vallins Möbel sind reich mit geschnitzten Linien dekoriert und vermitteln einen majestätisch-monumentalen Eindruck.

Hector Guimard (1867–1942) war der bedeutendste unter den Architekten des französischen Jugendstils. Nach Studien an der École des Arts Décoratifs und der École des Beaux-Arts folgten Reisen nach England und Belgien. In Brüssel beeindruckte ihn die „Maison Tassel“ von Victor Horta so sehr, daß er den eigenen, gerade entstandenen Wohnblock „Castel Béranger“ in seinen Details neu konzipierte (um 1898). Internationale Beachtung fanden vor allem Guimards

Eingänge und Pavillons für die Pariser Metro-Stationen (nach 1900) – reine Manifestationen des Art Nouveau. „Weit entfernt von nüchterner Zweckform, schwingen über Stengeln aus lauchgrün gestrichenem Gußeisen elektrische Orchideenlampen aus. Mit ihrer organisch weichen und nervösen Formensprache legen diese Gebilde eher erotische Assoziationen nahe. Der Vergleich mit Hortas Blütenlampen, seinen schwingenden Glasdächern und gußeisernen Stützen zeigt, wo die Anregung Guimards zu suchen ist", lesen wir bei Robert Schmutzler (siehe S. 315).

Stuhl aus dem Haus Edouard Hannon, Buche, hellgelbes Samtpolster, Émile Gallé, um 1902.

Dem Architekten Guimard war die Inneneinrichtung ebenso wichtig wie das äußere Erscheinungsbild. Neben Beleuchtungskörpern, Tapeten und Teppichen entwarf er auch Möbel für seine Bauten. Die Stühle wurden immer für einen bestimmten Kontext geschaffen – sehr harmonisch proportionierte, durchdachte Gebilde in fließenden Linien. Die Möbel, die Guimard für sein eigenes Haus entwarf (1902–1912), sind heute größtenteils im New Yorker Museum of Modern Art zu sehen.

Im Stile der Schule von Nancy, jedoch nicht ihr zugehörig, arbeitete **Eugène Gaillard** (1862–1933). Gaillards Werk steht in engem Zusammenhang mit Samuel Bing, für dessen Pavillon auf der Pariser Weltausstellung von 1900 er ein Speisezimmer und ein Schlafzimmer entwarf. Der Möbeldesigner und gelernte Bildhauer bekannte sich in seiner Schrift *A propos du mobilier* (1906) als Künstler der Möbelgestaltung. Es sei sein Ziel, „dem bescheidensten Gegenstand, dem gewöhnlichen Möbelstück einen unverkennbar künstlerischen Charakter zu verleihen", darüber hinaus „wunderbare Prototypen aller Art für die sogenannte Kunstindustrie" zu schaffen. Die plastisch durchgebildeten, trotzdem aber leichten und eleganten Stühle Gaillards sind meist in Hartholz ausgeführt – vor allem Mahagoni, Nußbaum und Rosenholz. Die Lederpolster und Lederrücken zeigen gepunzte vegetabile Ornamente in fließenden Linien (Abb. unten).

Stuhl, Nußbaum, mit Lederpolster, Eugène Gaillard, um 1900.

Belgien

Der Architekt und Designer **Victor Horta** (1861 bis 1947) war der bedeutendste belgische Vertreter des Art Nouveau und schuf einen neuen Architekturstil, der sich völlig von den bestehenden Konzeptionen abwandte.

Nach Studien an der Académie des Beaux-Arts in Brüssel war Horta im Büro des neoklassizistischen Architekten Alphonse Balat tätig. Schon 1892 kehrte er dem Historismus den Rücken und entwickelte einen eigenen Stil. Mit der Maison Tassel schuf Horta den ersten Jugendstil-Wohnbau in Europa; das Entstehungsdatum 1893 galt einst als Beginn des Art Nouveau. Die Einrichtung und Innendekoration seiner Häuser entwarf Horta selbst – bis ins letzte Detail. Noch spektakulärer als die Maison Tassel war das Brüsseler Hôtel Solvay, das 1895–1900 gebaut wurde. Der elegante, mit kostbaren Hölzern ausgestattete Speisesaal besitzt eine Reihe extravaganter, dynamisch geschwungener Stühle. Abweichend von der Schule von Nancy, die den Blüten- und Blattdekor bei der Gestaltung der Rückenlehnen bevorzugte, setzte Horta nun Stengelmotive ein. 1895 bereits stellte er fest: „Ich wandte mich von den Blüten und Blättern ab und

Innenraum des Hôtel Solvay, Brüssel, Victor Horta, 1894.

beschäftige mich statt dessen mit Stielen und Stengeln." Horta führte seine Möbel in Hartholz und mit üppiger Polsterung aus, da er besonderen Wert auf Bequemlichkeit legte. Wie auch Guimard, modellierte er seine Möbel zunächst in Ton und beauftragte dann Kunsttischler mit der Anfertigung nach diesen Modellen. Als Horta 1913 zum Leiter der Brüsseler Kunstakademie ernannt wurde, hatte er sich bereits vom Art Nouveau abgewandt und befaßte sich mit der Entwicklung des belgischen Industriedesigns.

Zur Architektengeneration Hortas gehörte auch **Henry van de Velde** (1863–1957), eine der wichtigsten Persönlichkeiten auf dem Gebiet der Architektur und des Kunstgewerbes in den ersten Jahrzehnten des 19. Jahrhunderts – vor allem in Deutschland. Nach Kunststudien in Antwerpen und Brüssel ging van de Velde 1884 nach Paris. Er begann seine Laufbahn als Maler und schloß sich 1889 der Künstlergruppe „Les Vingt" an. Nach einem Nervenzusammenbruch gab er die Malerei auf und wandte sich dem Studium der

Arbeitszimmer, Henry van de Velde, gezeigt auf der Secessionsausstellung in München, 1899.

Zwei Armlehnsessel, Henri van de Velde, 1896.

Architektur zu. Zugleich galt sein Interesse der angewandten Kunst, insbesondere ihrer Ausprägung im Werk von Morris und der Arts-and-Crafts-Bewegung. Aufsehen in der Kunstwelt erregte van de Velde durch den Bau seines eigenen Hauses Bloemenwerf in Uccle bei Brüssel. Wie sein Vorbild Morris konzipierte auch er sein Haus und seine Einrichtung nach einem Gesamtkonzept. Jedes Detail wurde von ihm selbst entworfen, nicht nur Möbel und Silber, auch die Kleider seiner Frau, die sie im Haus zu tragen hatte. Der einflußreiche Samuel Bing beauftragte van de Velde nach Besichtigung dieses Gesamtkunstwerkes im Jahr 1895 mit der Ausstattung einiger Räume in seiner Galerie L'Art Nouveau. Nun wurde van de Velde auch international bekannt: Julius Meier-Graefe führte den Künstler bei der Pan-Gruppe in Berlin ein, von der er zahlreiche Aufträge erhielt. Ab 1901 arbeitete van de Velde als künstlerischer Berater des Großherzogs von Sachsen-Weimar-Eisenach, von 1906 bis 1914 war er Leiter der Weimarer Kunstgewerbeschule. Im Ersten Weltkrieg lebte van de Velde in der Schweiz, 1921 ging er nach Holland. Ab 1926 leitete er das „Institut Supérieur des Arts Décoratifs de la Cambre" in Brüssel (bis 1935) und lehrte an der Universität Gent Architektur (bis 1936).

In seiner eigenen Möbelwerkstatt, „Société van de Velde", die er 1897 begründete, arbeitete van de Velde nach den Prinzipien von William Morris und John Ruskin. Da die Möbel fast ausschließlich in Handarbeit hergestellt wurden, was zu hohen Kosten führte, konnte nur ein kleiner Kreis von wohlhabenden Kunden sich diese Einrichtungen leisten.

Stuhl für das Haus Bloemenwerf, Walnußholz, Lederpolster, Henry van de Velde, 1895, Hersteller: Société van de Velde, Ixelles.

Stilistisch ging van de Velde schon früh eigene Wege; er wandte sich von den floralen Formen ab und entwickelte einen zwar organischen, jedoch abstrakten Stil. Den fließenden, pflanzenhaften Linien des Art Nouveau setzte van de Velde die energiegeladene, kraftvolle Linie entgegen. „Die Linie ist eine Kraft", lautete seine Maxime, und folgerichtig erleben wir seine Möbel, vor allem die Stühle, dynamisch gespannt (Abb. S. 179 und oben). Waren van de Veldes Möbel um die Jahrhundertwende noch aus europäischen Hölzern gefertigt, bevorzugte er später exotische, aus Afrika importierte Hölzer wie Mahagoni oder Zitronenbaumholz.

Während seines Deutschlandaufenthaltes entwarf van de Velde Möbel, bei denen – wie bei Mackintosh – rein weiße Flächen vorherrschten. Eines der bekanntesten Beispiele: das Eßzimmer im Haus des Grafen Harry Kessler in Weimar, das in den Jahren 1902–1903 entstand.

Den Kontrast zwischen dynamischen Linien und Füllflächen, wie sie das Werk des Stuhlentwerfers van de Velde charakterisieren, erleben wir ähnlich bei einem weiteren belgischen Architekten und Designer, **Gustave Serrurier-Bovy** (1848–1910). Nach einem

Studium der Architektur an der Lütticher Akademie arbeitete Serrurier-Bovy zunächst in der Kunsttischlerei seiner Familie. Eine Reise nach England 1884 machte ihn mit der Arts-and-Crafts-Bewegung bekannt. In seinem Einrichtungshaus in Lüttich, das er im gleichen Jahr eröffnete, verkaufte er neben Produkten aus Japan auch Waren von Liberty's in London. Ab etwa 1890 entwarf Serrurier-Bovy eigene einfache Möbel, und 1900 gründete er eine Möbelfabrik mit Filialen in Nizza, Den Haag und Paris. Schlicht und streng wie die Möbel von Morris und anderen Entwerfern der Arts-and-Crafts-Bewegung zeigen sich auch die Möbelstücke des Belgiers, zusätzlich belebt jedoch von organischen Linien. Wie auch Horta und van de Velde, entwarf Serrurier-Bovy seine Möbel immer für einen bestimmten Zweck – sie mußten in den architektonischen Gesamtzusammenhang eines Hauses passen. Ähnlich wie bei Morris oder Baillie Scott gab es Möbel in zwei Kategorien: kostbare Modelle für die reichen Kunden und gut verarbeitete einfachere Möbel für die weniger Begüterten. Viel Aufsehen erregten die Arbeitermöbel des Belgiers, die ihm große Anerkennung brachten. Für die Lütticher Ausstellung von 1905 entwarf Serrurier-Bovy einfache Möbel aus Birkenholz, die ohne großen Aufwand vom Kunden selbst zusammengesetzt werden konnten.

Deutschland und Österreich

Die deutsche Variante des Art Nouveau ist der *Jugendstil*. Ihren Namen verdankte diese Bewegung der Zeitschrift „Jugend“, der „Münchner Illustrierten Wochenschrift für Kunst und Leben“, die 1896 in München gegründet worden war. „Alles, was an Althergebrachtes anlehnt, wird ausgeschlossen“ lautete das Motto dieses Organs, das jungen Künstlern und Designern die Möglichkeit bot, ihre Arbeiten ohne Rücksicht auf Konventionen zu veröffentlichen. Der Jugendstil entfaltete sich in den Jahren um die Jahrhundertwende vor allem in den Großstädten – München, Darmstadt, Berlin und Wien waren die Zentren, daneben auch Weimar und Worpswede. Wie das englische Arts-and-Crafts-Movement erwies sich auch der Jugendstil im Bereich des Kunstgewerbes als Gegenbewegung zu den mechanischen industrialisierten Produktionsweisen. Viel verdankten die jungen Künstler den Lehren von William Morris, und wie in England und Schottland entstanden nach 1898 auch in Deutschland und in Österreich eine Reihe von Werkstätten als Zusammenschlüsse von gleichgesinnten Künstlern und Kunsthandwerkern. So wurden 1898 in München die *Vereinigten Werkstätten für Kunst im Handwerk*

Lehnstuhl für das Gästezimmer der Villa Friedmann, Mahagoni, Lederpolsterung, Joseph Maria Olbrich, 1898/99.

Armlehnstuhl für die Postsparkasse in Wien, Birke, Sperrholz, Aluminium, Otto Wagner, 1902–04.

gegründet, im gleichen Jahr die *Dresdener Werkstätten für Handwerkskunst*. 1907 wurden die Dresdener Werkstätten mit den in München gegründeten *Werkstätten für Wohnungseinrichtung* zu den *Deutschen Werkstätten* zusammengelegt. Ebenfalls in die Jahre um die Jahrhundertwende (1903) fällt die Gründung der *Wiener Werkstätte*.

Auf dem Gebiet der Möbelkunst sind in Deutschland die Namen Olbrich, Riemerschmid, Behrens, Obrist, Endell und Eckmann von Bedeutung, in Österreich Wagner, Moser, Hoffmann und Urban.

Wien und Darmstadt waren die wichtigsten Wirkungsstätten von **Joseph Maria Olbrich** (1867–1908). In Troppau geboren, studierte er von 1890 bis 1893 an der Wiener Kunstakademie und arbeitete nach Aufenthalten in Italien und Nordafrika vier Jahre im Architekturbüro von Otto Wagner, wo er auch an der

Planung der Wiener Stadtbahn-Stationen mitwirkte. Olbrich gehörte zu den Begründern der Wiener Secession, deren Ausstellungsgebäude er 1898 entwarf. Sein gerade erworbener Ruhm brachte ihm eine Berufung nach Darmstadt ein, wo sich unter der Schirmherrschaft des Großherzogs Ernst Ludwig von Hessen die „Darmstädter Künstlerkolonie" zusammengeschlossen hatte. Die Künstlerkolonie auf der Mathildenhöhe, einschließlich des berühmten „Hochzeitsturmes", wurde bis auf das Wohnhaus von Peter Behrens ganz von Olbrich gebaut. Für die Künstlerkolonie entwarf er auch Möbel, dazu Lampen und weitere Ausstattungsgegenstände. Beispiele seiner Möbel bewahrt u.a. das Hessische Landesmuseum in Darmstadt. Der Darmstädter Stil Olbrichs vereint Wiener Funktionalismus mit deutscher Dynamik. Seine Entwürfe mit abstrakt-organischem Schnitzerei-Dekor zeigen kraftvolle Linien und sanft geschwungene Formen. Wie van de Velde, so schuf auch Olbrich seine Möbel immer als individuelle Modelle für ganz bestimmte Räume.

Der von Olbrich und Josef Hoffmann entwickelte Wiener Secessionsstil hatte freilich auch in Deutschland seine Anhänger. So zeigt uns das Interieur eines Hamburger Jungmädchenzimmers (Otto Struck, 1908, Abb. S. 185), daß man hier im Norden die Botschaft aus Wien verstanden hatte. Letztlich folgte man jedoch hier auch den Anregungen der Glasgower Schule um Mackintosh, was für Hamburg – traditionell der Möbelkunst des Inselreichs verpflichtet – ein ganz natürlicher Vorgang war.

In München studierte **Richard Riemerschmid** (1868–1957) zunächst an der Kunstakademie Malerei, entschied sich dann aber für das Kunsthandwerk. Er war Mitbegründer der *Vereinigten Werkstätten für Kunst im Handwerk* in München (1897) und spielte 1907 auch bei der Bildung des Deutschen Werkbundes eine Rolle. In den Jahren von 1913 bis 1924 war er Direktor der Münchner Kunstgewerbeschule und baute 1926 die Werkschule in Köln auf. Zu seinen frühesten und wichtigsten Aufträgen gehörte 1901 die Inneneinrich-

Jungmädchenzimmer im Stil der Wiener Secession, Otto Struck, Hamburg, 1908.

tung des Münchner Schauspielhauses. Riemerschmid entwarf Metallarbeiten, Glas, Steingut, Porzellan, Stoffe und Tapeten, hatte seinen größten Erfolg jedoch als Möbeldesigner. Seine bisweilen rustikalen, funktionellen Stühle wurden von der Kunst van de Veldes beeinflußt. Bei Robert Schmutzler (siehe S. 315) lesen wir zu diesem Thema: „Mit Riemerschmid vollzieht sich der Übergang zur zweiten Jugendstilphase. Das Möbel ist nicht mehr mit Ornamenten geschmückt, sondern ist selber zur plastischen, im Raum stehenden Ornamentform geworden. Die stützenden, federnden und verbindenden Holzbahnen der Stühle erscheinen lebendig, aber nicht eigentlich ‚organisch' und gar nicht mehr ‚floral'. Es ist die Lebendigkeit des Kräftegeschehens selbst, die zum Ausdruck gebracht wird. Kein Wunder, daß van de Velde, der in der Tradition von William Morris Werktreue und überdies Funktionalität predigte, diese Ideale in Riemerschmid vereinigt fand und von ihm sagte, jedes seiner Werke sei eine gu-

Stuhl nach einem Entwurf von Richard Riemerschmid, 1899.

te Tat. Bei aller Modernität – Modernität nicht allein im Sinne des Jugendstils – knüpfte Riemerschmid an Volkskunst und handwerkliche Überlieferungen an."

Für die Vereinigten Werkstätten fertigte Riemerschmid Modelle maschinell gefertigter Möbel und – in Zusammenarbeit mit dem Münchner Karl Bertsch – auch seine „Typenmöbel" (1909). Damit wurden zum ersten Mal Stühle angeboten, deren Einzelteile praktisch austauschbar waren. So konnte beispielsweise bei dem gleichen Grundtyp eine Armlehne durch viele andere ersetzt werden. Riemerschmid und Bertsch entwickelten an die 800 Kombinationsmöglichkeiten für die in großen Serien hergestellten Stühle.

Stuhl, Richard Riemerschmid, um 1900.

Von besonderem Reiz sind Riemerschmids Stühle mit diagonaler Verstrebung (Abb. oben), wobei durch die Verbindung zwischen Stuhllehne und Vorderbeinen mehr Festigkeit erreicht wurde – ein Konstruktionsprinzip, das allerdings auch andere Möbelkünstler in diesen Jahren anwandten. So sah man ein ähnliches Modell von Eugène Gaillard im Pavillon der Pariser Weltausstellung von 1900.

Wertheim Stuhl, Eiche, Binsengeflecht, Peter Behrens, 1902. Hersteller: Anton Blüggel, Berlin

Ebenso wie Richard Riemerschmid gehörte auch **Peter Behrens** (1868–1940) zu den ersten deutschen Industriedesignern und war gleichfalls Mitbegründer der Münchner *Vereinigten Werkstätten für Kunst im Handwerk*. Im Jahr 1899 schloß er sich der Darmstädter Künstlerkolonie an. Ausgebildet wurde Behrens in den Malklassen der Kunstgewerbeschulen von Karlsruhe und Düsseldorf. Er studierte in Holland die Kunst der Luminaristen und gehörte zu den Gründungsmitgliedern der Münchner Secession. Beim Bau seines eigenen Hauses (1901) sammelte er erste Erfahrungen auch auf dem Gebiet der Innenarchitektur. Seine frühen Entwürfe für Möbel, Glas, Porzellan und Schmuck waren noch geprägt vom Jugendstil der ersten Phase, doch nach 1901 entwickelte er einen neuen, sachlichen Stil, bei dem er auf fließende Linien verzichtete.

Behrens gehörte zu den Wegbereitern der modernen Industriekultur, insbesondere durch seine Tätigkeit als Hausarchitekt und Designer für den Elektrokonzern AEG in Berlin. Der Bau seiner Fabrikhallen, deren Schönheit, Einfachheit und Funktionsgerechtigkeit gerühmt wurden, erweckte auch international Interesse. Behrens hatte verschiedene Lehraufträge, er war u. a. 1903–1907 Leiter der Kunstgewerbeschule in Düsseldorf, ab 1922 Direktor der Architekturschule an der Wiener Akademie und ab 1936 Leiter der Architekturabteilung an der Preußischen Akademie der Künste in Berlin. Zu seinen Schülern gehörten Le Corbusier, Walter Gropius und Mies van der Rohe.

Historische Aufnahmen beweisen Behrens' große Begabung auch auf dem Gebiet des Möbeldesigns. Auf dem Gelände der Darmstädter Künstlerkolonie baute er sein Haus, dessen gesamte Einrichtung er bis zum letzten Detail selbst entwarf. In dieser Hinsicht, ebenso auch stilistisch, folgte er dem Vorbild van de Veldes, der zu dieser Zeit einem Ruf nach Weimar gefolgt war. Behrens' Stühle aus der Darmstädter Zeit sind sämtlich aus Holz und zeigen kraftvolle, schlichte Linien. Die Polster sind aus unifarbenen Stoffen oder mit ansprechenden geometrischen Mustern versehen.

Wie Riemerschmid und Behrens gehörte auch **Hermann Obrist** (1863–1927) zu den Designern, die in München wesentliche Impulse erhielten. Obrist war Schweizer, studierte jedoch in Heidelberg Naturwissenschaften und wurde in Karlsruhe zum Kunsthandwerker ausgebildet. Seine Stickereiwerkstatt, 1892 in Florenz gegründet, wurde 1894 nach München verlegt. Hier entstand auch die Stickerei, die Obrist berühmt machte: „Der Peitschenhieb", ein Wandbehang, der Cyclamen in kühnem Linienschwung darstellt. Obrist gehörte zu den Mitbegründern der *Vereinigten Werkstätten für Kunst im Handwerk*, für die er auch Möbel entwarf. In seinen Stühlen setzen sich die einfachen Linien seiner Stickereien fort.

Zu den Münchner Künstlern des frühen Jugendstils gehörte auch **August Endell** (1871–1925). Der gebür-

Sessel, August Endell, um 1900.

tige Berliner, der neben seinen Architekturaufträgen auch Teppiche, Möbel und Schmuck entwarf, geriet in München unter den Einfluß von Riemerschmid und Obrist. Die Fassade und das Treppenhaus des Photo-Ateliers „Elvira", das im Krieg zerstört wurde, machten ihn bekannt. Als Möbelentwerfer wurde Endell insbesondere von Obrist beeinflußt, doch verweisen manche Kunstkenner auch auf die Nähe zu Gaudí und Horta. Wie bei Obrist fallen auch bei Endells Stühlen (Abb. oben) seltsame, knorpelartige Gebilde an den verbindenden Teilen auf. Seine bevorzugten Materialien sind Rüster und helle Polsterungen. Nach 1900 lebte Endell in Breslau, wo er der Kunstgewerbeschule als Direktor vorstand.

Der Maler und Graphiker **Otto Eckmann** (1865 bis 1902) wandte sich – nachdem er all seine Bilder verbrannt hatte – in München der angewandten Kunst zu. Für die Zeitschriften „Jugend" und „Pan" entstanden weithin anerkannte Holzschnittillustrationen. Eckmann entwickelte eine Jugendstil-Schrifttype, das sogenannte „Eckmann-Alphabet". Während er als Graphiker zum floralen Jugendstil und seinen fließenden Linien tendierte, bewies er als Möbeldesigner auch Sinn für Einfachheit. Eckmann entwarf komplette Inneneinrichtungen, beispielsweise für den Großherzog Ernst Ludwig von Hessen. Seine Stühle präsentieren sich in einfacher Form und spiegeln die dynamischen Linien seiner graphischen Arbeiten wider. Eckmann gehörte zu den profiliertesten Designern für Textilien, Teppiche, Möbel und Metallarbeiten.

In den Kreis der Münchner Jugendstil-Künstler reihte sich 1892, als er ein eigenes Atelier in München eröffnete, auch **Bernhard Pankok** (1872–1943) ein. Pankok wurde in Münster geboren und studierte an den Kunstakademien von Düsseldorf und Berlin. In München, wo er bis 1902 blieb, arbeitete er als Illustrator für die „Jugend" und gehörte zum Gründerkreis der *Vereinigten Werkstätten für Kunst im Handwerk.* In seinen Möbelentwürfen dieser Zeit begegnen uns fließende Linien, doch wirken die Sitzmöbel schwer, ihre Formen aufgeweicht (Abb. rechts). Robert Schmutzler (siehe S. 315) charakterisierte Pankoks Möbel wie folgt: „Pankoks Möbel und Innenräume wie seine Flächenornamente entwickeln eine individuelle Vari-

Sessel, Bernhard Pankok, 1899.

ante der Formauffassung Obrists und Endells. Seine knorpeligen, geweihartigen Formen wirken kraus, dürerhaft kläubelnd und grimmig. Als quasi organische Gewächse haben sie eine gewisse Verwandtschaft mit Möbeln Hector Guimards. Doch fehlt die Eleganz, der schmale, lineare Aufbau, alles ist schwerer, spezifisch bürgerlich und heimelig bewohnbar: eine Stimmung wie in Grimms Märchen. Einer der schönsten Räume Pankoks wurde auf der Weltausstellung in Paris 1900 und zwei Jahre später in Turin gezeigt. Der alkovenartige Wohnraum, der durch einen großen, geschwungenen Rahmen betreten wird, belegt wiederum, wie sehr es dem deutschen Jugendstil gelang, Räume als Gesamtkunstwerk zu konzipieren." 1902 zog Pankok nach Stuttgart, wo er von 1913–1917 als Leiter der Staatlichen Kunstgewerbeschule wirkte.

Eßzimmerstuhl, Josef Hoffmann.

In der Art Pankoks und Endells arbeitete zunächst auch der gebürtige Sachse **Bruno Paul** (1874–1968). Seinem Studium an der Dresdner Kunstschule 1886–1894 folgte eine Ausbildung an der Münchner Kunstakademie, und schon 1897 erleben wir ihn als Mitbegründer der *Vereinigten Werkstätten für Kunst im Handwerk*. Sein besonderes Verdienst waren die Entwürfe für die Herstellung von Möbeln aus genormten Teilen („Typenmöbel"). Paul gehörte auch zu den Mitbegründern der „Deutschen Werkstätten", deren Ziel die funktionsgerechte Konstruktion des Möbels war.

1907 wurde Paul als Leiter an die Berliner Kunstgewerbeschule berufen, in der Zeit von 1924–1932 wirkte er als Direktor der Vereinigten Staatsschulen für freie und angewandte Kunst in Berlin. In dieser Eigenschaft hatte er einen großen Einfluß auf die Entwicklung des Industriedesigns.

Während man sich in Deutschland dem Art Nouveau französischer oder belgischer Prägung nahe wußte, ging man in **Wien** ganz eigene Wege oder schloß sich der schottischen Schule um Charles Rennie Mackintosh an.

Für die Geschichte des Sitzmöbels ist besonders das Werk von **Josef Hoffmann** (1870–1956) von Bedeutung. Der gebürtige Mähre studierte an der Wiener Kunstakademie und war dort Schüler von Otto Wagner, dem ersten führenden Vertreter der neuen Wiener Schule. 1895 gewann Hoffmann für den Entwurf eines Gerichtsgebäudes im neoklassischen Stil den Prix de Rome und konnte ein Jahr lang in Italien Architektur studieren. Nach seiner Rückkehr arbeitete er im Architekturbüro von Otto Wagner, wo auch Joseph Maria Olbrich zu seinen Kollegen gehörte. Zusammen mit anderen Künstlern konstituierte Hoffmann 1897 die Künstlergemeinschaft *Wiener Secession*. 1899 wurde er als Architekturdozent an die Wiener Kunstgewerbeschule berufen.

Die Ideen von William Morris und anderen Vertretern der Arts-and-Crafts-Bewegung übten einen starken Einfluß auf Josef Hoffmann wie auch auf seinen Wiener Kollegen Koloman Moser aus. Architektur, Innendekor und Möbel hatten nach seiner Überzeugung eine Einheit zu bilden. In seinen stilistischen Vorstellungen allerdings folgte Hoffmann nicht den Engländern, sondern den Schotten um Charles Rennie Mackintosh, dessen Möbel 1900 in der Wiener Secession ausgestellt wurden. Nach dem Vorbild von Charles Ashbees 1888 ins Leben gerufener „Guild and School of Handicraft" in London gründeten Josef Hoffmann und Koloman Moser 1903 die *Wiener Werkstätte*, eine Werkstättengemeinschaft von Künstlern

Salon-Garnitur, Josef Hoffmann, um 1906.

und Handwerkern, die den Secessionsmitgliedern die Ausführung ihrer Entwürfe ermöglichte. Zu Hoffmanns ersten Entwürfen gehörten einfache Möbel mit Gitterdekorationen für J. M. Olbrichs Secessionsgebäude in Wien. Um 1900 folgten rechtwinklige Formen mit geometrischen Ornamenten – die Hauptmerkmale des späteren Secessionsstils. Für die Wiener Werkstätten entstanden kubistische Formen, meist in den Farben schwarz und weiß (Abb. oben). Um 1905 schuf Hoffmann schwarz gebeizte und gewachste Eichenmöbel, in deren Maserung weiße Farbe gerieben wurde. Die meisten Möbelstücke entwarf Hoffmann im Zusammenhang mit seinen avantgardistischen Bauten, darunter das Sanatorium Purkersdorf bei Wien (1903) und das Palais Stoclet in Brüssel (1905–1911). Zu den Unternehmen, die den genialen Designer beschäftigten, gehörte auch die Firma (Jakob) Kohn & (Josef) Kohn, die nach dem Vorbild Thonets Bugholzmöbel produzierte. In einem Katalog dieser Möbelfirma aus dem Jahr 1908 ist die von Hoffmann entworfene Eingangshalle abgebildet, links im Bild die sogenannte „Sitzmaschine", ein verstellbarer Armlehnsessel mit einer Rahmenkonstruktion aus gebogenen Vierkanthölzern (Abb. S. 194).

„Sitzmaschine", entworfen für die Firma J. und J. Kohn, Josef Hoffmann, um 1905.

Wie Josef Hoffmann gehörte auch **Koloman Moser** (1868–1918) zu den Gründungsmitgliedern der Wiener Secession (1897) und der Wiener Werkstätte (1903). An der Wiener Kunstakademie (1886–1892) und an der Kunstgewerbeschule (1892–1895) studierte er Malerei, Graphik und Entwurf. Seinen ersten Ruhm erwarb Moser als Graphiker und Illustrator. Durch seine Plakatentwürfe für die Secession, seine Ausstellungskataloge und die Mitgestaltung der Monatsschrift „Ver Sacrum" avancierte er zum bedeutendsten Graphiker Wiens. Für die Wiener Werkstätte fertigte er neben Entwürfen für Schmuck, Glasobjekte und Textilien auch solche für Möbel. Ebenso geradlinig und funktionell wie Hoffmanns Stühle zeigen sich auch die Sitzmöbel von Koloman Moser. Er bevorzugte strenge, rechtwinklige Formen und liebte hochglanzpoliertes Holz. Seit 1899 lehrte Moser an der Wiener Kunstgewerbeschule und gehörte zu den einflußreichsten Persönlichkeiten des Wiener Jugendstils.

Im Zusammenhang mit der Wiener Möbelkunst wäre auch das Werk von **Michael Thonet** zu nennen. Aus chronologischen Gründen jedoch wurde Thonets Schaffen, das bereits in der Biedermeierzeit seinen Anfang nahm und während des Historismus kulminierte, einem anderen Kapitel angeschlossen (siehe S. 157 ff.). Der große Pionier des Bugholzmöbels und Begründer der modernen Möbelproduktion war seiner Zeit weit voraus; er gehört – auch stilistisch – zu den Wegbereitern der Moderne.

Wiener Raum, strenge Schwarzweiß-Ästhetik, Koloman Moser.

Sitzbank und Sessel, Holz, Metall, Pergament, Carlo Bugatti, um 1900.

Italien und Spanien

Das italienische Möbeldesign, in den Jahren nach dem Zweiten Weltkrieg in Europa führend, besaß auch in der Zeit der Jahrhundertwende bedeutende Gestalter. Zur Generation von Gallé, Majorelle, Gaillard, von Horta, van de Velde, Mackintosh, von Riemerschmid, Obrist und Behrens gehörte auch **Carlo Bugatti** (1856–1940).

Bugatti stammte aus einer italienischen Künstlerfamilie – bereits im 15. Jahrhundert gab es einen Porträtmaler Zanetto Bugatti, im 17. Jahrhundert einen Kupferstecher Giovanni F. Bugatti, und der Vater von Carlo war Bildhauer. Carlo Bugatti studierte in Mailand und Paris Malerei und Architektur und eröffnete 1888 in Mailand eine Möbelwerkstatt und ein Geschäft. Mit seinen Möbeln und Inneneinrichtungen fand er so viel Anerkennung, daß er bei der Pariser Ausstellung von 1900 und der Turiner Ausstellung 1902 mit Preisen ausgezeichnet wurde. 1904 zog Bugatti nach Paris, wo er vor allem als Designer von

Schmuck und Silberwaren wirkte. Im Jahr 1910 ließ er sich in Pierrefonds nieder, seine Firma in Mailand wurde von De Vecchi übernommen. Die künstlerische Tradition setzten die Söhne Rembrandt und Ettore fort, die als Bildhauer beziehungsweise als Karosseriedesigner bekannt wurden.

Bugattis Stil als Möbeldesigner war extrem individualistisch. Zu den frühen Arbeiten zählt eine Schlafzimmereinrichtung für seine Schwester Luigia an-

Stuhl, Carlo Bugatti, entworfen für die Turiner Ausstellung von 1902.

Walnuß-Armlehnstuhl mit reichem Schnitzdekor, wohl nach einem Entwurf von Antonio Gaudí.

läßlich ihrer Hochzeit mit dem Maler Giovanni Segantini (1880). Einflüsse der japanischen und arabischen Kultur sind hier unverkennbar (Abb. S. 196). Auch zwei Stühle für eine italienische Ausstellung in London (1888) beweisen seine Vorliebe für den maurischen Stil und die japanische Blumenmalerei. Vier Zimmereinrichtungen für die Turiner Ausstellung von 1902 lassen einen neuen Schritt erkennen: es dominieren geometrische Muster, Kreisformen und Kreisausschnitte, das Holz der Möbel wird mit sandfarbenem Pergament umhüllt (Abb. S. 197). Die außergewöhnlichen Stühle im „Schneckenzimmer" der Turiner Ausstellung haben kreisrunde Rückenlehnen und Sitze – das ganze Möbel ist eine schwingende G-Kurve. Für den eigenen Bedarf entwarf Bugatti einen Eßzimmerstuhl, dessen organische Formen sich den Vorstellungen des französischen und deutschen Art Nouveau nähern.

Sitzmöbel, Antonio Gaudí.

Auch hier bringt der Designer bei der Bespannung des Sitzes und der Rückenlehne seine Vorliebe für das sandfarbene Pergament zum Ausdruck.

Nach seiner Ausbildung zum Kunsttischler in Paris zog **Eugenio Quarti** (1867–1931) 1890 nach Mailand, wo er kurz mit Bugatti zusammenarbeitete und 1902 sein eigenes Geschäft eröffnete. Quartis Möbel zeichnen sich durch eine hohe handwerkliche Qualität aus. Wie Bugatti schmückte er seine Objekte mit kostbaren Intarsien aus Perlmutt und Silber, er verwendete Bronzeappliquen und Schnitzornamente. In Zusammenarbeit mit dem Jugendstilarchitekten Guiseppe Sommaruga schuf er die Innenausstattung des Palazzo Castiglioni in Mailand (1901–1903). Auch die Inneneinrichtung der Villa Carosio und des Casinos von Baveno (1908/09) sind sein Werk. Wie andere bedeutende Möbelkünstler zeigte auch Quarti seine Arbeiten bei den Turiner Ausstellungen von 1898 und 1902. Seine Stühle für die Ausstellung von 1902 zeigen noch die geschwungenen Linien des „Stile Liberty“, wie man in Italien den Art Nouveau bzw. Jugendstil nannte. Später ging Quarti zu strengeren, einfacheren Formen über, jedoch unter Verwendung aufwendiger Materialien. Bereits 1906 plante dieser ideenreiche Innenarchitekt, Möbel für Hotels in Serie herzustellen.

Kaum weniger exzentrisch und phantasievoll als Carlo Bugatti begegnet uns der bedeutende katalonische Architekt **Antonio Gaudí i Cornet** (1852–1926) als Möbelkünstler. Der Sohn eines Kupferschmieds lernte zunächst die Bildhauerei, bevor er sich ab 1873 in Barcelona der Architektur zuwandte. Gaudí steigerte die organische Bauweise mancher mitteleuropäischer Jugendstilarchitekten ins Bizarre, ja Gespenstische. Neben Wohnhäusern für begüterte Spanier schuf er auch Sakralbauten, ab 1883 die heute berühmte „Sagrada Familia“. Als Designer von Möbeln zeigte er sich ebenso eigenwillig und phantasiereich. „Seine Stühle, Kabinettschränke und anderen Möbel sind Kompositionen aus üppig wuchernden, wirbelnden Schwüngen und Gegenschwüngen, die ineinander verschmelzen, jede Symmetrie kühn vermeidend.“ (H. Honour, siehe S. 314). Interessant ist in diesem Zusammenhang der Armlehnstuhl der Abbildung auf S. 198, der auf der Wiener Ausstellung 1873 gezeigt wurde. Franz Ewerbeck, der Designer, soll sich einen Entwurf von Antonio Gaudí als Vorbild genommen haben.

Sessel, gepolstert, Seidenbezug, Paul Iribe, Paris, 1913.

Art Déco

Im Jahr 1925 wurde in Paris die „Exposition Internationale des Arts Décoratifs et Industriels Modernes“ eröffnet, die dem Art Déco, einer im wesentlichen französischen Stilrichtung, ihren Namen gab.

Bereits um 1910, als sich der Jugendstil seinem Ende zuneigte, hatte man eine Ausstellung geplant, um die Werke eines „neuen Stils“ zu zeigen, vor allem aber, um die französische Vorrangstellung auf dem Gebiet der Bildenden Künste neu zu manifestieren. Der Erste Weltkrieg machte alle Bemühungen zunichte, und so wurde das Projekt erst 1925 Realität.

Stuhl, Emile-Jacques Ruhlmann, 1922.

In seinem Aufsatz über Emile-Jacques Ruhlmann, den bedeutendsten Möbelkünstler des Art Déco, charakterisiert Hugh Honour (siehe S. 314) diese Ausstellung: „Was gezeigt werden sollte, waren, ähnlich wie bei den großen internationalen Ausstellungen des neunzehnten Jahrhunderts, in erster Linie virtuose Glanzleistungen. Was in dieser allgemeinen Atmosphäre neu errungenen Wohlstands und selbstbewußter Modernität aber auch zum Ausdruck kam, war der Wunsch, zur Vorkriegswelt zurückzukehren. Die Ausstellungsstücke waren nur ‚modern‘, sofern die Designer sich vom Jugendstil und allen historisierenden Stilen resolut losgesagt hatten (Imitationsmöbel waren nicht zugelassen). Die überwiegende Mehrzahl war ganz im traditionellen Rahmen konzipiert und ausgeführt, was schließlich nicht so verwunderlich war, da die entscheidende Phase ihrer Karriere und Stilentwicklung für die meisten Aussteller vor dem Krieg lag.“

Emile-Jacques Ruhlmann (1879–1933), in Paris geboren, entstammte einer elsässischen Familie. Er begann als Maler, entwarf jedoch bereits 1901 seine ersten Möbel. Mit M. Laurent als Partner gründete Ruhlmann nach dem Ersten Weltkrieg die „Etablissements Ruhlmann et Laurent". Dem Einrichtungshaus wurde eine „Maison de décoration" angegliedert, später auch Werkstätten für Ébénisterie, Menuiserie, Polster- und Lackarbeiten. Schon seit 1919 stellte Ruhlmann regelmäßig Möbel aus, doch die Pariser Ausstellung von 1925 war der Höhepunkt seiner Karriere. Bei einfachster, klassischer Form – dem französischen Empire angenähert – schuf Ruhlmann luxuriöse Möbel aus exotischen Hölzern wie Amboyna, Ebenholz, purpurfarbenem Amarant, gesprenkeltem Malabar und gemasertem Makassar. Für die kostbaren Intarsien wählte er Elfenbein und Schildplatt. Stets aber wurde der Dekor der Form untergeordnet. „Seine luxuriösen Möbel sind mondän, bequem und selbstbewußt modisch, für die Zeit ebenso charakteristisch wie Bubiköpfe und lange Zigarettenspitzen." (H. Honour, siehe S. 314) Da Ruhlmann der Ansicht war, daß „die Elite die Mode macht und ihre Richtung bestimmt", kümmerte es ihn wenig, daß nur die Reichsten im Land seine Möbel kaufen konnten. Für einen Frisiertisch etwa verlangte der Designer im Jahr 1924 46 800 Francs, für ein Bett aus Amboyna 79 000 Francs – Preise, für die man damals auch ein Haus erwerben konnte!

Armlehnsessel, Perlmutt, intarsiert, Emile-Jacques Ruhlmann, 1925.

Im Stil des frühen Empire schuf Ruhlmann um 1922 bequeme, üppig gepolsterte

Stühle mit sich nach unten verjüngenden, schlanken, kannelierten Beinen, die er oft mit Messingschuhen ausstattete (Abb. S. 202). Nach 1913 führte er auch Elfenbeinschuhe ein.

Pierre Chareau (1883–1950) gehörte zu den französischen Architekten und Designern, die den Stil des Art Déco mit der Klassischen Moderne verbanden. Nach seiner Ausbildung als technischer Zeichner in einem Pariser Büro gründete er 1919 ein eigenes Studio für Innenarchitektur. Im gleichen Jahr stellte er seine Möbel im „Salon d'Automne" aus, 1922 bei der „Société des Artistes-Décorateurs". Für die Pariser Ausstellung von 1925 schuf er das Arbeitszimmer der Ambassade Française (heute im Musée des Arts Décoratifs, Paris) und erhielt 1926 seinen ersten Bauauftrag. Ende der zwanziger und in den dreißiger Jahren war er als Architekt und Möbelentwerfer tätig. Er entwarf seine Möbel meist für die Räume seiner eigenen Bauten. Charakteristisch für Chareaus Möbel ist die sorgfältige Oberflächenbehandlung. Seine Stühle der zwanziger Jahre – meist in abgerundeten Formen und ohne Dekor – wurden in hochpoliertem Mahagoni, Esche, Eiche oder Ahorn ausgeführt. Durch das „Maison de Verre" (1931), dessen Name auf die Glasbausteine an seiner Fassade Bezug nimmt, wurde Chareau zum Architekten der Avantgarde. Ende der zwanziger Jahre experimentierte er mit Metallrahmen und entwarf 1930 einen Stahlrohrstuhl, in Anlehnung an Marcel Breuers Stuhl von 1928.

Zu den führenden Pariser Möbelschreinern und Innenarchitekten des Art Déco zählte **Pierre Legrain** (1889–1929). Er studierte an der École des Arts Appliqués Germain Pilon und arbeitete 1908–1914 im Atelier von Paul Iribe (siehe S. 205). Mit ihm zusammen gestaltete er 1912 die Wohnung des Modeschöpfers Jacques Doucet in Paris. In diesen Jahren entwarf Legrain auch Bucheinbände für Doucet – zum Teil aus ungewöhnlichen Materialien wie Holz, Perlmutt oder Haifischleder. 1925 übernahm er auch die Ausstattung des berühmten Studios von Doucet in Neuilly. Le-

grains Stuhlentwürfe aus den zwanziger Jahren zeigen eine große Nähe zur Kunst Zentralafrikas. Es entstanden mehrere Hocker nach afrikanischen Vorbildern, darunter „Ashanti-Hocker" aus lackiertem Holz mit geschnitzten, vergoldeten Motiven. In der Zeit um 1930 gestaltete er vom Kubismus angeregte Sitzmöbel. Legrain hatte eine Vorliebe für kostbare und exotische Materialien wie Palmenholz, Makassar-Ebenholz, weiß eingeriebene Eiche, Elfenbein und Haifischleder.

Legrains Atelierchef **Paul Iribe** (1883–1935) gehörte zu den vielseitigsten Künstlern des Art Déco, betätigte er sich doch nicht nur als Innenausstatter, sondern auch als Designer für Möbel, Textilien, Tapeten und Schmuck und darüber hinaus als Karikaturist. Zunächst begann Iribe im Stil des Art Nouveau, entwickelte sich dann aber zum Gestalter des Art Déco. Seine Sitzmöbel schuf Paul Iribe – wie schon Emile-Jacques Ruhlmann – fast ausschließlich für wohlhabende Kunden. Sie bestechen durch einfache, wohlproportionierte Formen und fließende Linien, sind immer elegant, sehr bequem und gut gepolstert (Abb. oben). Iribe bevorzugte exotische Materialien wie Amarant, brasilianisches Rosenholz, Ebenholz und Haifischleder. 1914 ging er nach Amerika,

Schwarz lackierter Stuhl, Paul Iribe, um 1925.

Vier Mahagoni-Stühle mit Schnitzdekor, Süe et Mare, um 1925.

wo er am Theater und beim Film arbeitete (Entwürfe für Cecil B. de Mille), und kehrte erst 1930 nach Frankreich zurück. Nun war es Coco Chanel, die den Künstler beauftragte, Schmuck für ihre eleganten Kundinnen zu entwerfen.

Im Jahr 1919 gründeten der Architekt und Maler **Louis Süe** (1875–1968) und der Maler **André Mare** (1887–1932) die „Compagnie des Arts Français", mit dem Ziel, daß hier eine Gruppe von Künstlern zusammenarbeiten sollte, um komplette Inneneinrichtungen zu entwerfen.

Es waren Künstler verschiedenster Talente, die sich hier zusammenfanden: der Maler und Bildhauer Paul Véra, der Graphiker André Marty, der Maler Bernard Boutet de Monvel, der Freskenmaler und Tapetendesigner Gustave-Louis Jaulmes und einige andere. Zu den von der Compagnie gestalteten Innenräumen gehörten auch der Pavillon Fontaine und das Musée d'Art Contemporain auf der Pariser Ausstellung von 1925. Formal richtete man sich nach dem Stil Louis-Philippe, durch die Verwendung hochglanzpolierter Hölzer und stilisierter Blumenmotive jedoch (geschnitzt oder in Perlmutt eingelegt, s. Abb. S. 206) wurden charakteristische Art-Déco-Akzente gesetzt. Die Entwürfe ihrer Sitzmöbel zeigen bequeme, breite Polsterstühle sowie geschnitzte Stühle.

Vielseitigkeit in seinem Werk bewies **Maurice Dufrène** (1867–1955), denn er wirkte erfolgreich als Designer von Möbeln, Textilien, Glas, Keramik und Metallobjekten und entwarf darüber hinaus ganze Interieurs. Zunächst noch dem Art Nouveau zugeneigt, etablierte er bereits 1903 einen eigenen Stil, der dann in das Art Déco einmündete. Seit 1921 war Dufrène Leiter des Studio „La Maîtrise" im Pariser Kaufhaus Galeries Lafayette und entwarf neben aufwendigen auch preiswerte Möbel für die Kunden des Hauses. Von allen bekannten Art-Déco-Designern war Dufrène am meisten der Tradition verpflichtet (Abb. unten).

Mahagoni-Salongarnitur in der Art von Maurice Dufrène, um 1925.

Extravaganz hingegen äußert sich im Möbelwerk von **Clément Mère** (geb. 1860) und **Clément Rousseau** (geb. 1872). Bei klaren, klassischen Linien der Stühle wurde mit kostbaren, exotischen Dekorationsmaterialien nicht gespart. Mères Stühle fallen durch Verwendung von Platten aus geschnitztem Elfenbein, Einlegearbeiten aus exotischen Hölzern und Paneelen aus Leder und Lack auf; Blütenblätter, Insekten und Muscheln zählen zu seinen bevorzugten Ornamentmotiven.

Rousseau hingegen arbeitete häufig mit Haifischleder, dessen Struktur sich wirkungsvoll von dunklen Hölzern wie Ebenholz und Nußbaum abhebt. Elfenbeinintarsien und Elfenbeinschuhe erhöhten den luxuriösen Reiz dieser Möbel.

Das Werk von **Robert Mallet-Stevens** (1886–1945) gehört zum Art Déco ebenso wie zur Moderne. Zwar betätigte sich Mallet-Stevens auch als Designer, doch in erster Linie wirkte er als Architekt. Seine Möbel waren nur für die von ihm gebauten Häuser bestimmt oder für Ausstellungen. In den frühen zwanziger Jahren arbeitete Mallet-Stevens als Filmarchitekt und widmete sich dem Bau großer Villen, darunter das Land-

Lehnstühle, Holz, schwarz gebeizt, Sitzschale ledergepolstert, Robert Mallet-Stevens, 1929/30.

haus für den Grafen Noailles (1924–1930), Freund von Picasso, Dalí und Man Ray.

Sessel, Ahorn und schwarzer Lack, Eugene Schoen, 1930.

Wenn auch anfangs vom Wiener Jugendstil Josef Hoffmanns beeindruckt, gehörte Mallet-Stevens zu den Architekten, die jeden ornamentalen Dekor ablehnten. 1929 wurde er erster Präsident der „Union des Artistes Modernes", sein Credo waren Rationalität und Funktionalität. Der Innenraum der Zukunft sollte nach seiner Vorstellung den Anforderungen des modernen Lebens angepaßt sein, und dazu gehörte vor allem die funktionelle Einfachheit. Als Material für seine Stuhlgestelle bevorzugte er Stahlrohr – bisweilen gestrichen –, für die Bezüge wählte der Architekt gern kubistisch gemusterte Stoffe. Zu Beginn der dreißiger Jahre entwarf Mallet-Stevens stapelbare Stühle mit Stahlrohrgestell und -sitz sowie Rückenlehnen aus Stahlblech. Seit 1980 wird ein Modell des Pariser Architekten in Serie hergestellt.

Die Möbelgeschichte ist nicht gerade reich an weiblichen Namen, doch mit Beginn der Moderne tauchen gelegentlich auch Frauen als Entwerfer auf. **Eileen Gray** (1879–1976), eine geborene Irin, gehört zu den großen Persönlichkeiten des Möbeldesigns. Die Tochter einer Künstlerfamilie begann ihre Ausbildung 1898 an der Slade School of Arts in London. Fasziniert von den orientalischen Lackarbeiten, erlernte sie bei einem Londoner Lackmaler die Technik dieser Arbeiten und ließ sich später in Paris von dem Japaner Sugawara in der Kunst der Lackmalerei unterrichten. Den Ersten Weltkrieg verbrachte die Künstlerin in London, doch 1919 kehrte sie wieder nach Paris zurück, wo sie als Möbeldesignerin tätig war und von Madame Lévy den interessanten Auftrag für die Aus-

„Nonconformist"-
Stuhl, Eileen Gray
um 1926–29.

„Serpent"-Lehnstuhl
Eileen Gray, 1920–22.

Oben:
Liege, Eileen Gray,
um 1920–22.

Armlehnstuhl
„Transat“,
Eileen Gray, 1927.

stattung ihrer Wohnung erhielt. Für die Sammlerin afrikanischer Kunst entwarf Eileen Gray ein exotisches Ensemble. Im Jahr 1922 eröffnete sie ein eigenes Atelier für Innenarchitektur und Möbeldesign in der Rue du Faubourg St. Honoré in Paris. Auf dem Salon des Artistes-Décorateurs 1923 wurde ihr „Boudoir für Monte Carlo" von den französischen Kritikern vehement abgelehnt, doch fand sie gerade für diese Leistung Anerkennung bei der niederländischen Gruppe De Stijl.

Auch Walter Gropius (siehe S. 217) gehörte zu den Architekten, die in Eileen Gray ein bedeutendes Talent sahen. Wie Robert Mallet-Stevens, Le Corbusier und Johannes J. Pieter Oud ermutigte auch Gropius die Irin, sich mit der Architektur zu befassen. Beraten von dem Architekturtheoretiker Jean Badovici baute sie sich in Roquebrune ein Haus am Meer. Hierfür entstand 1927 der berühmte „Transat"-Stuhl mit schwarz gepolstertem Ledersitz, gespannt in einen lackierten Stahlrohrrahmen (Abb. S. 211 unten). In der niederländischen Zeitschrift „Wendingen" feierte Badovici die Designerin mit den Worten: „Sie ist modern in ihrem Stil, ihren Visionen und ihrem Ausdruck und in ihrer Verachtung der alten, emotionalen Ästhetik und traditioneller, plastischer Formen. Sie hat verstanden, daß ein neuer Lebensstil und eine neue Denkweise unsere Zeit prägen, daß das Maschinenzeitalter unser Wahrnehmungsvermögen verändern muß."

Für die Innenausstattung weiterer Architekturprojekte entwarf Eileen Gray noch eine Reihe von Stahlrohrmöbeln. Einige ihrer Arbeiten stellte sie in Le Corbusiers Pavillon des Temps Nouveaux auf der Pariser Weltausstellung von 1937 aus.

„Rot-Blau-Stuhl",
Gerrit Thomas
Rietveld, 1918.

Die Anfänge der Moderne

De Stijl

Im Jahr 1917 wurde in Holland die Zeitschrift *de Stijl* gegründet, in deren Eröffnungsmanifest zu lesen war: „Ziel dieser Zeitschrift ist es, zur Entwicklung eines neuen Schönheitskonzepts beizutragen (...). Ihr Bestreben wird es sein, dem modernen Menschen das Neue in der schöpferischen Kunst näherzubringen. Der archaistischen Verwirrung, dem ‚modernen Barock' wird sie die vernunftgemäßen Grundsätze eines gereiften Stils entgegenstellen, der auf einer reineren Beziehung zu Geist und Ausdrucksmitteln unserer Zeit gründen wird."

Zu der Gruppe von Schriftstellern, Künstlern und Architekten, die sich um die – von den Malern Piet Mondrian und Theo van Doesburg gegründete – Zeitschrift zusammenfand, gehörte auch der Architekt und Designer **Gerrit Thomas Rietveld** (1888–1964). Seine Lehrzeit absolvierte Rietveld in der väterlichen Tischlerwerkstatt in Utrecht und gründete bereits 1911 seine eigene Werkstatt. Im Jahr 1916 kam es dann zu den ersten Kontakten mit den architektonischen Reformern: Robert van't Hoff erteilte Rietveld den Auftrag, Möbel für sein Betonhaus „Huis ter Heide" zu liefern. (Das Haus selbst und auch die Möbel trugen deutlich die Handschrift eines großen amerikanischen Vorbildes: Frank L. Wright.) Erst nach 1917 jedoch, als Rietveld mit „de Stijl" in Verbindung kam, entstanden die Stuhlentwürfe im Sinne der holländischen Avantgarde. „Unsere Stühle, Tische, Schränke", schrieb er in „de Stijl", „werden die abstraktrealen Artefakte künftiger Innenräume sein." Der berühmte „Roodblauwe stool", mit dem Rietvelds Namen heute vor allem in Verbindung gebracht wird, wurde 1918 hergestellt. Einer abstrakten Skulptur ähnlicher als einem nützlichen Möbel, präsentiert sich dieser „Rot-Blau-Stuhl" noch heute als Attraktion – seit 1971 wird er von der italienischen Firma Cassina wieder hergestellt (Abb. S. 213). Was Rietveld mit dieser

„Zig-Zag"-Stuhl, Gerrit Thomas Rietveld, 1934.

Konstruktion bezweckte, beschrieb er selbst so: „Aus zwei Brettern und einer Anzahl Latten bestehend, wurde dieser Stuhl zu dem Zwecke entworfen, zu zeigen, daß sich etwas Schönes, ein räumliches Objekt, aus nichts mehr als geraden, rein maschinell vorgefertigten Teilen herstellen läßt." Des weiteren ging es ihm darum: „... die Einzelteile unverstümmelt untereinander zu verbinden, so daß möglichst das eine nicht dominierend von dem anderen bedeckt oder abhängig gemacht wird; es soll das Ganze vor allem frei und hell im Raum stehen und die Form über das Material triumphieren." Ausgehend von diesem ersten

Beispiel sollten Möbel „abstrakt-realistische Skulpturen in unseren zukünftigen Interieurs" sein (Theo van Doeseburg).

Nach 1924 arbeitete Rietveld vorwiegend als Architekt, doch entstanden auch weitere spektakuläre Möbelentwürfe: 1927 Stühle aus Stahlrohr, der Bügelfauteuil sowie der Bügelstuhl und 1934 der „Zig-Zag"-Stuhl, eine Stuhlversion ohne Hinterbeine, stabilisiert durch verschraubte dreieckige Verbindungen.

Als Architekt fiel Rietveld international vor allem durch sein Haus Schröder in Utrecht auf, das er 1924 entwarf. Hier hatte auch der „Roodblauwe" seinen Platz, von der Hausherrin sympathisierend kommentiert: „... ein Stuhl als Möbel hat noch andere Aufgaben, als bequem oder ‚nicht unbequem' auszusehen oder zu sein. Er, wie andere Möbel, soll dazu beitragen, den Raum eines Zimmers spürbar zu machen, um Innenraum zu schaffen – Innenarchitektur als sinnliche Perzeption von Raum, Farbe etc. ..."

Aluminiumsessel, Gerrit Thomas Rietveld, 1942. Aluminiumblech. Hersteller: Gerard van de Groeneken und Wim Rietveld, Utrecht.

Bauhaus und Le Corbusier

Im Jahr 1906 hatte der Großherzog von Sachsen-Weimar in Weimar eine Kunstgewerbeschule gegründet, zu deren Leiter Henry van de Velde berufen wurde. Als der Belgier Deutschland im Ersten Weltkrieg verließ, schlug er **Walter Gropius** (1883–1969) zu seinem Nachfolger vor. 1919 gründete Gropius das Staatliche Bauhaus in Weimar, Schule für Gestaltung, Architektur und Handwerk. Diese Unterrichtsstätte ging aus der Vereinigung der Großherzoglich-Sächsischen Kunstgewerbeschule und der Großherzoglich-Sächsischen Hochschule für Bildende Kunst hervor. Im Manifest von 1919 wurde erklärt, das Bauhaus sollte eine Handwerkerschule werden, in der alle beteiligten Architekten und Künstler auf das eine Ziel, „den neuen Bau der Zukunft", hinarbeiten sollten. „Das Endziel aller bildnerischen Tätigkeit ist der Bau! Ihn zu schmücken war einst die vornehmste Aufgabe der bildenden Künste; sie waren unablösliche Bestandteile der großen Baukunst. Heute stehen sie in selbstgenügsamer Eigenheit, aus der sie erst wieder erlöst werden können durch ein bewußtes Mit- und Ineinanderwirken aller Werkleute untereinander. Architekten, Maler und Bildhauer müssen die vielgliedrige Gestalt des Baues in seiner Gesamtheit und in seinen Teilen wieder kennen und begreifen lernen."

Das Studium begann mit einem Vorkurs, der das Ziel hatte, den Studenten nicht nur Materialkenntnis zu vermitteln, sondern ihnen auch die Gesetze schöpferischer Gestaltung nahezubringen. Es folgten praktische Tätigkeiten in den verschiedenen Werkstätten für Architektur, Bildhauerei, Malerei, Fotografie, Keramik, Weben, Metallarbeiten, Glasmalerei und Bühnenbildnerei. Zunächst galt das Arts-and-Crafts-Movement als Vorbild; doch schließlich erkannte Gropius, daß auch durch Maschinenarbeit ästhetisch vollkom-

„Wassily"-Stuhl, Marcel Breuer, 1925.

mene Produkte entstehen können, und so machte man sich die Gestaltung des Industrieproduktes zum Ziel.

1924 bewirkten politische Veränderungen die Auflösung des Bauhauses in Weimar, die Schule mußte nach Dessau übersiedeln. 1928 trat Gropius von der Leitung des Bauhauses zurück, sein Nachfolger wurde der Architekt Hannes Meyer. Nur zwei Jahre später mußte auch Meyer wegen politischer Schwierigkeiten zurücktreten, und nun übernahm Mies van der Rohe die Leitung. 1932 wurde das Bauhaus auf Beschluß des Stadtrates von Dessau endgültig aufgelöst – der Nationalsozialismus widersetzte sich der Moderne.

Zum Leiter der Tischlerei wurde 1924 **Marcel Breuer** (1902–1981) berufen. Der gebürtige Ungar kam 1920 als Student zum Bauhaus und entwarf 1921–22 Stühle in der Art Rietvelds, ließ sich dann durch Ideen des Holländers Mart Stam inspirieren und wandte sich dem Stahlrohrmöbel zu. Für das Haus von Wassily Kandinsky auf dem Dessauer Bauhausgelände entwarf Breuer den „Wassily"-Stuhl (1925) aus verchromtem Stahlrohr, zu dem ihn angeblich die gebogene Lenkstange seines Fahrrades angeregt hatte (Abb. S. 218). 1927 entstand der „Freischwinger", ein freitragender Stuhl aus verchromtem Stahlrohr, bespannt mit Rohrgeflecht. Beide Möbel gehören zu den Klassikern des modernen Designs und werden noch heute in Serie produziert.

Schon vor 1930, als Mies van der Rohe zum Leiter des Bauhauses berufen wurde, schied Breuer aus und gründete ein eigenes Architekturbüro in Berlin. 1935 siedelte er nach London über, 1937 emigrierte er in die Vereinigten Staaten und arbeitete bis 1941 in einem gemeinsamen Architekturbüro zusammen mit Walter Gropius. In den Jahren 1935–1937 entwickelte Breuer Möbel aus verformtem Sperrholz für die Serienfertigung. 1946 gründete er eine eigene Firma in New York.

Die wichtigsten Möbelentwürfe dieses Pioniers des Stahlrohrmöbels stammen aus der Zeit vor seiner Emigration in die Vereinigten Staaten.

Vor seiner Berufung zum Leiter des Bauhauses in Dessau hatte **Ludwig Mies van der Rohe** (1886–1969) schon mehr als zehn Jahre erfolgreich als Architekt und Designer gearbeitet. Der Aachener Steinmetzsohn arbeitete zunächst in der Werkstatt seines Vaters und wurde dann zum technischen Zeichner ausgebildet. Es folgten Lehr- und Studienjahre bei Bruno Paul und Peter Behrens, bevor Mies 1912 ein eigenes Architekturbüro eröffnen konnte. 1926–1932 war er Vizepräsident des „Deutschen Werkbundes" und als solcher verantwortlich für das Projekt der Stuttgarter Weißenhof-Siedlung. In diesen Jahren entstanden auch die ersten Stuhlent-

S 33, Mart Stam, 1926. Stahlrohr verchromt, Leder/Gewebe bespannt. Hersteller: Gebrüder Thonet GmbH, Frankenberg.

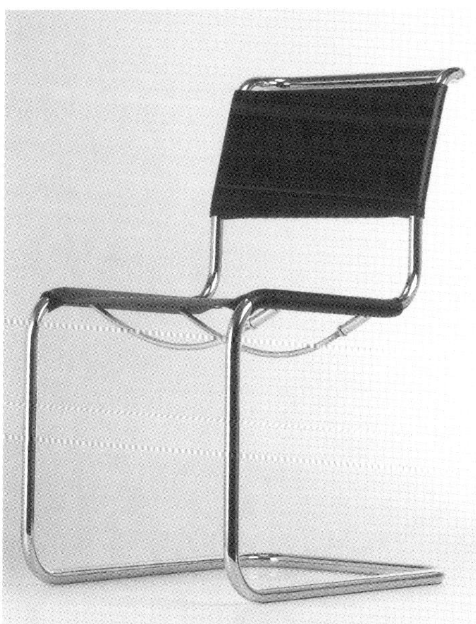

würfe. 1927 ließ Mies den „Freischwinger" patentieren, einen Stahlrohrstuhl, bei dem – im Gegensatz zu dem Prototypen Mart Stams von 1926 (Abb. S. 219) – zum ersten Mal die Federkraft dieses Materials genutzt wurde. Für den von ihm entworfenen Deutschen Pavillon auf der Weltausstellung von Barcelona (1929) schuf Mies den „Barcelona"-Sessel. (Abb. unten). Das spanische Königspaar sollte in diesem Pavillon die Ausstellung eröffnen, und so ließ sich Mies vom Typ des antiken Herrschersitzes mit gekreuzten Stützen inspirieren, als er den bequemen Stuhl aus verchromtem Bandstahl mit Lederkissen auf Ledergurten kreierte.

„Barcelona"-Sessel, Ludwig Mies van der Rohe, 1929.

1929 entstand der „Brno“-Stuhl für das Haus Tugendhat in Brünn, ein eleganter „Hinterbeinloser“ aus verchromtem Stahl, mit Stoff- oder lederbezogenen Roßhaarkissen auf Ledergurten. Wie der „Barcelona“-Sessel wird auch dieser Stuhl heute von der Firma Knoll International hergestellt.

Mies van der Rohe, der letzte Exponent des „Internationalen Modernen Stils“, emigrierte 1938 in die USA. Dort lebte und arbeitete er als Professor und als Architekt und entwarf eine Reihe bedeutender Bauten, darunter das „Seagram Building“ in New York (1954–1958). Seine wichtigsten Sitzmöbelentwürfe entstanden jedoch vor der Zeit seiner Emigration in den späten zwanziger und frühen dreißiger Jahren.

Stuhl „No. MR 10“, Ludwig Mies van der Rohe, 1929.

Nicht in unmittelbarem Zusammenhang mit dem Bauhaus ist das Werk des holländischen Architekten und Designers **Mart Stam** (1899–1986) zu sehen. Doch ist sein „Freischwinger“, den er 1926 konstruierte, der „S 33“ (Abb. S. 219), der als erster Stahlrohrstuhl ohne Hinterbeine gilt, von Mies van der Rohe, auch von Marcel Breuer, zur Patentreife entwickelt worden. Mart Stam, in Amsterdam ausgebildet, war in erster Linie als Architekt und Stadtplaner tätig, weniger als Möbelentwerfer. 1928 hielt er auch Gastvorlesungen am Dessauer Bauhaus.

Der „S 33“ ist heute noch in Produktion (Thonet, Frankenberg).

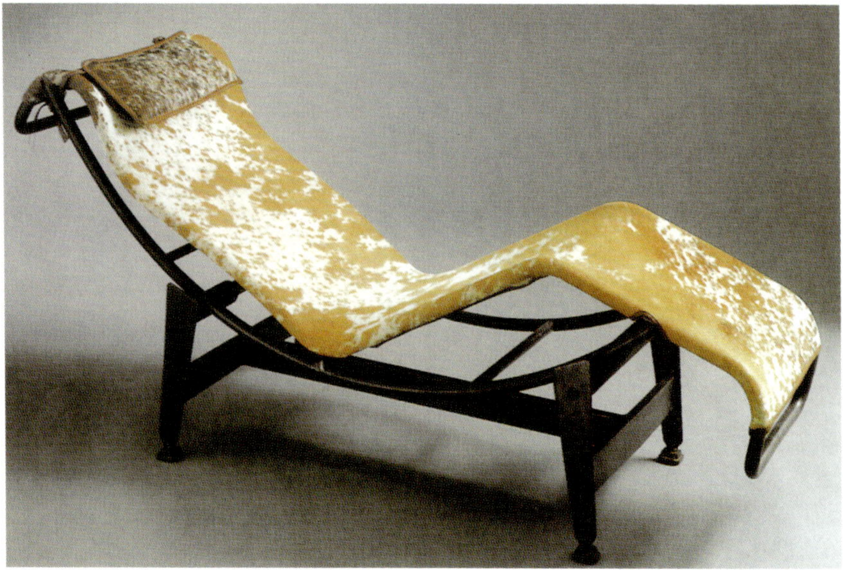

„Chaiselongue", Stahl, verchromt und lackiert, Stoff, Gummi, Le Corbusier, 1928. Hersteller: Thonet Frères, Paris.

Le Corbusier (1887–1965), der berühmteste Architekt des 20. Jahrhunderts, stammte aus dem Schweizer Uhrmacherort La Chaux-de-Fonds und hieß eigentlich Charles-Edouard Jeanneret. Nach einer Lehre als Graveur und Ziseleur an der örtlichen Kunstgewerbeschule folgte er 1908 seinen eigentlichen Neigungen und zog nach Paris, wo er im Architekturbüro von Auguste Perret, dem Pionier des Stahlbetonbaus, arbeitete. Lehr- und Wanderjahre in Deutschland (1910, 1911) nutzte er unter anderem zu einem Praktikum bei Peter Behrens, dem bedeutenden Industriearchitekten. Nach zwei Jahren Lehrtätigkeit an der Kunsthochschule seiner Heimatstadt zog es ihn erneut nach Paris. Schon 1914, dem Jahr, als der Erste Weltkrieg ausbrach, begann er sich mit dem Problem massenproduzierter Wohnhäuser zu befassen, 1920/21 entstanden die Citrohan-Häuser in Stuttgart. Zusammen mit dem Maler und Kunstkritiker Amédée Ozenfant gründete er 1920 die Zeitschrift „L'Esprit Nouveau" als Organ für seine revolutionären Vorstellungen vom neuen Bauen und Wohnen. Aufgrund seiner Überzeugungen, das Haus sei eine „Wohnmaschine", verzichtete er auf alles Ornamentale und interessierte sich auch nicht für die Möbel künstlerischen Typs, die damals auf der Ausstellung von 1925 Furore machten. Sein Grundsatz: Das traditionelle Kunsthandwerk sei durch die Industrialisierung überflüssig geworden, die neue Zeit erfordere die standardisierte Massenproduktion. Sein eigener „Pavillon de l'Esprit Nouveau" auf der Weltausstellung – möbliert mit Bugholzmöbeln von Thonet – , wurde meist ablehnend diskutiert. In Zusammenarbeit mit seinem Vetter Pierre Jeanneret und der Designerin Charlotte Perriand entwickelte er ab 1926 seine Stahlrohrmöbel, darunter die bekannte, verstellbare Liege (Chaiselongue) mit einem Rahmen aus Stahlrohr, dem Untergestell aus Eisen sowie einer Bespannung aus Stoff oder Fohlenfell.

1928, im gleichen Jahr wie die berühmte „Chaiselongue" (Abb. S. 222), entstanden der „Fauteuil à dossier basculant" und der „Fauteuil grand confort". Der Basculant mit seiner kubischen Form ist eine Variante des Kolonial- oder Safaristuhles, doch hier aus verchromtem Stahlrohr und Lederbespannung (Abb. S. 224). Der Stuhl sollte ursprünglich von der Firma Peugeot, die beim Bau von Fahrrädern Erfahrung in der Verarbeitung von Stahlrohr gesammelt hatte, in Serie hergestellt werden. Da dieses Vorhaben schei-

Sessel, für Ville-d'Avray, Le Corbusier, 1929.

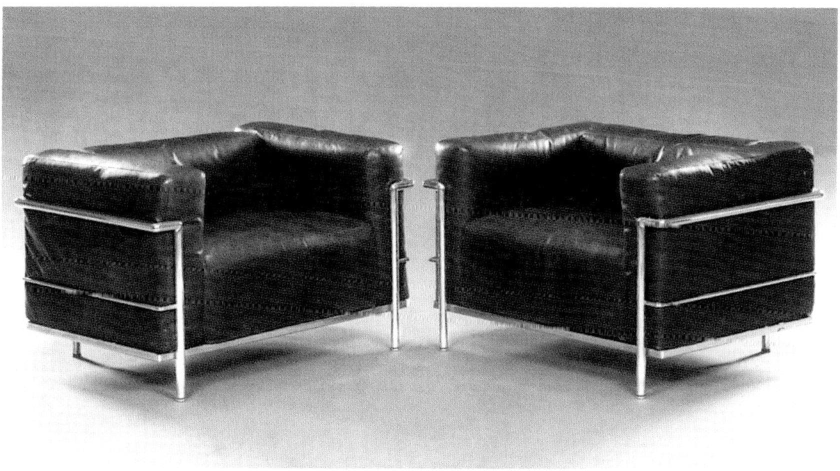

„Fauteuil à dossier basculant", verchromtes Stahlrohr, Leder, Le Corbusier, Pierre Jeanneret, Charlotte Perriand, 1928. Hersteller: Le Corbusier, Paris.

terte, wandte man sich an die Firma Thonet, die den Sessel als Modell „B 301" lieferte. Heute wird der Basculant von der italienischen Firma Cassina produziert. Cassina liefert ebenfalls den „Fauteuil grand confort", jedoch in leicht abgewandelter Fasson. Der luxuriöse, durch seine üppige Lederpolsterung für Sitz, Rücken und Seiten sehr bequeme Sessel verdankt seine Eleganz einem klar und funktionell gestalteten Stahlrohrgestell. Beim Original war das Gestell lackiert, die fünf eingelegten Lederkissen mit Federn gefüllt und daher weicher als die heutige Version. Ein Jahr später, 1929, entstand der „Siège tournant", ein Drehstuhl aus verchromtem oder lackiertem Stahl, mit gepolsterter Lehne und Sitz. Dieser moderne Klassiker ist ebenfalls bei der Firma Cassina in Produktion.

Skandinavisches Möbeldesign

Dreißiger Jahre und Nachkriegszeit

Kaare Klint (1888–1954), Sohn des bedeutendsten Architekten Dänemarks im frühen zwanzigsten Jahrhundert, P.V. Jensen Klint, gilt als geistiger Vater des modernen skandinavischen Möbeldesigns. Klint studierte Malerei, bevor er im Büro seines Vaters und ebenso bei Carl Petersen als Architekt arbeitete. 1920 machte er sich selbständig, 1924 begründete er die Möbelklasse an der Dänischen Kunstakademie in Kopenhagen und schuf hier die Voraussetzungen für das moderne dänische Möbeldesign. In einer Zeit, die den Begriff der „Ergonomie" noch nicht kannte, setzte er sich eingehend mit den Bedürfnissen der menschlichen Anatomie auseinander. Bereits als Fünfundzwanzigjähriger erarbeitete Klint eine Reihe von Studien über die Proportionen des menschlichen Körpers. Überzeugt davon, daß „die Alten moderner waren als wir", studierte er die Möbelstile der Vergangenheit und ließ sich vor allem von den Möbeln der ägyptischen und griechischen Antike, von den englischen Möbeln des 18. Jahrhunderts, nicht zuletzt auch von den streng funktionellen Möbeln der amerikanischen Shaker-Gemeinschaften anregen. Wie auch bei den Shakern und einigen Vertretern der Arts-and-Crafts-Bewegung begegnen wir in Klints Werk zahlreichen Stühlen mit Sprossenlehne in klaren Formen (Abb. links). Die Schönheit

„Kirchenstuhl" mit Sprossenlehne, Holz, Hanfgeflecht, Kaare Klint, 1933. Hersteller: Fritz Hansen.

des dafür verwendeten Naturholzes wurde durch Wachsen und Polieren noch unterstrichen. 1936 entstand der „Kirchenstuhl“ für die Grundtvig-Kirche in Kopenhagen, ein einfacher Stuhl im Stil ländlicher Möbel der Mittelmeerländer. Die dänische Firma Fritz Hansen stellt den Kirchenstuhl heute in Serie her.

Der nächsten Generation dänischer Möbeldesigner gehörte **Arne Jacobsen** (1902–1971) an. Nach abgeschlossener Maurerlehre und einem Studium an der Technischen Schule Kopenhagen absolvierte Jacobsen die Ausbildung zum Architekten an der Kunstakademie in Kopenhagen. Aufsehen erregte sein „kreisförmiges Haus der Zukunft“ – ein Projekt, das 1929 auf einer Ausstellung der Kopenhagener Kunstakademie vorgestellt wurde. Der Bau der Siedlung Bellavista bei Kopenhagen beweist den Einfluß des Internationalen Stils, wie er von Mies van der Rohe und Le Corbusier initiiert wurde. Das moderne internationale Design verdankt Jacobsen hervorragende Beiträge, insbesondere auf dem Gebiet des Möbels. Seine Produktionen der fünfziger Jahre verschafften ihm weltweit Ruhm: 1952 die „Ameise“, ein stapelbarer Stuhl mit taillierter Sitzschale aus Schichtholz (Abb. S. 227); 1959 der „Egg chair“ (Eiersessel) aus einer fiberglasverstärkten gepolsterten Kunststoffschale und drehbarem Säulenfuß und 1958 der „Schwan“-Sessel. Beide Sessel entstanden für das Royal SAS Hotel in Kopenhagen.

Während Jacobsen seine wichtigsten Stühle in den fünfziger Jahren entwarf, fiel ein anderer Däne, erst 1914 geboren, bereits in den vierziger Jahren als Möbeldesigner auf: **Hans Wegner**. Seine Aufmerksamkeit galt – ebenso wie die von Kaare Klint – in erster Linie dem Werkstoff Holz. Der gelernte Tischler studierte an der Kunstgewerbeschule Kopenhagen und eröffnete 1943 ein eigenes Architekturbüro.

Hier entstanden Entwürfe für Silber, Lampen und Tapeten, vor allem aber für Möbel. Insbesondere seine Stuhlentwürfe machten Wegner bekannt. Alle Modelle wurden nicht nur am Zeichenbrett, sondern auch an der Werkbank ausgearbeitet, ehe sie produziert wur-

Stuhl Nr. 3100, „Ameise", Arne Jacobsen, 1952.

den. Einfachheit, Eleganz und Leichtigkeit zeichnen Wegners Sitzmöbel aus – Klassiker des skandinavischen Möbeldesigns, die schon längst ihren Weg in die größten internationalen Museen gefunden haben. Seit Wegner 1948 an dem Wettbewerb „Low-cost Furniture" teilnahm, der vom Museum of Modern Art in New York veranstaltet wurde, befaßte er sich auch mit dem Verfahren der Verformung von Schichtholz.

Im Nachbarland Schweden wirkte seit den dreißiger Jahren der Architekt und Designer **Bruno Mathsson** (1907–1988). Die Lehre in der väterlichen Tischlerwerkstatt war die beste Voraussetzung für eine erfolgreiche Karriere als Möbeldesigner. Mathssons erste Möbelentwürfe entstanden 1933 für das Geschäft des Vaters, doch bereits 1936 fand eine Einzelausstellung in einem Göteborger Museum statt. Wie in Finnland der bedeutende Alvar Aalto (siehe unten) so unternahm auch Mathsson schon früh Versuche mit schichtgeleimtem, gebogenem Holz. Die „Pernilla-Serie“ aus der Zeit um 1933 ist ein Ergebnis dieser Experimente. Für die Pernilla-Stühle sollte zwar gebogenes Schichtholz verwendet werden, doch so, daß es gewachsenem Holz möglichst ähnlich war. Mathssons Stuhlentwürfen gingen eingehende anatomische Studien der Sitzhaltung voraus, ebenso Untersuchungen über das Verhältnis Sitz – Rückenlehne – Fußboden. Die Sitze seiner Stühle aus den dreißiger Jahren haben einen Massivholzrahmen und Gurtbespannung. Große internationale Ausstellungen, darunter in Paris 1937 und die Weltausstellung in San Francisco 1939, machten diesen schwedischen Designer und Architekten bekannt.

Alvar Aalto (1898–1976) war in Skandinavien einer der bedeutendsten Repräsentanten auf dem Sektor der Architektur und des Möbeldesigns des 20. Jahrhunderts. Zunächst noch Provinz des Großrussischen Reiches, wurde seine finnische Heimat nach der Revolution zur unabhängigen Republik Finnland, und so mußte sich der heranwachsende Architekt mit neuen Herausforderungen auseinandersetzen. Nachdem er 1921 das Studium an der Universität Helsinki abgeschlossen hatte, entstand als erster eigener Bau ein Haus für die Eltern – noch im traditionell finnischen Stil. 1927 eröffnete Aalto ein eigenes Büro in Turku. Wenn auch in diesen Jahren bereits mit dem Internationalen Stil bekannt, sah er in der Internationalität „nur dummes Geschwätz,

„Eva“, Birke, Hanfgeflecht, Bruno Mathsson, 1934.

Armsessel „Paimio", Alvar Aalto, 1930–31.

wenn man nicht etwas hat, was dahintersteht: die Verankerung im Lokalen."

Aalto, der am liebsten in seiner finnischen Heimat baute, entwickelte eine eigene, spezifisch finnische Variante des Internationalen Stils. Während der Arbeiten für das Sanatorium in Paimio (1929–1933) entstanden die ersten Stuhlentwürfe. Zwar befaßte sich Aalto auch mit dem von Mart Stam und Marcel Breuer bevorzugten Stahlrohr, doch war es das Holz der finnischen Wälder, das ihn eigentlich interessierte, vor allem das Birkenholz. Überzeugt davon, daß der menschliche Körper nur mit organischen Materialien in Berührung kommen sollte, bevorzugte er allgemein das Holz als Werkstoff. In der Zeit von 1930 bis 1933 entwickelte Aalto den „Paimio"-Sessel aus geschichtetem Birkenholz, ein elegantes, schwungvolles Sitzmöbel, das noch heute von der Firma Artek in Helsinki hergestellt wird, die Aalto 1935 gegründet hatte. Auch der Sitz des „Paimio"-Sessels besteht aus verformtem Schichtholz.

Zum Artek-Programm gehören auch Stühle mit gebogenen Schichtholzbeinen, die Aalto ursprünglich für die Bibliothek in Viipuri entworfen hatte, dazu auch stapelbare Hocker.

Der amerikanische Beitrag

Charles Eames (1907–1978) studierte Architektur an der Washington University in St. Louis und gründete 1930 ein eigenes Büro. Während seiner Dozententätigkeit an der Cranbrook Academy of Art lernte er Eero Saarinen (siehe S. 231) kennen, mit dem zusammen er 1940 den ersten Preis für Sitzmöbelentwürfe beim Wettbewerb „Organic Design in Home Furnishings", veranstaltet vom Museum of Modern Art in New York, gewann. Der preisgekrönte Entwurf: ein Stuhl mit aus Schichtholz geformter Sitzschale, die auf vier Aluminiumbeinen ruhte. Da das Verfahren für die Verbindung von Holz und Metall von Chrysler entwickelt wurde und während des Krieges nur für militärische Zwecke benutzt wurde, konnte dieses Projekt zunächst nicht realisiert werden. Die Firma Herman Miller, mit der Eames fortan eng zusammenarbeitete, übernahm dann die Herstellung in einer Variante mit hölzernen Beinen. 1946 entwickelte Eames eine Serie von Schalenstühlen, die aus neuen Werkstoffen gefertigt wurden, jedoch auf dem Entwurf von 1940 beruhten. Für Sitz, Lehne und Armlehne benutzte er zunächst gepreßtes Stahlblech, stellte dann aber auf glasfaserverstärktes Polyester um. Ebenfalls 1946 entstand der als „Eames-Stuhl" bekannte Eßstuhl mit Sitz und Lehne aus körperge-

„DKR" (Dining hight, K-wire shell, R-wire base), Charles and Ray Eames, 1951.

Sessel mit Hocker, Charles Eames, 1956/57.

recht modellierten Schichtholzplatten. 1958 schuf Eames – gemeinsam mit seiner Frau Ray – die „Aluminium-Gruppe" aus poliertem Aluminium mit Schaumstoffpolsterung. Ein drehbarer Klubsessel mit Hocker, 1957 geschaffen, wird seit dieser Zeit von der Herman Miller Furniture Company, New York, hergestellt (Abb. oben). Dieser luxuriöse Sessel wurde seither häufig kopiert.

1922 wanderte der finnische Architekt Eliel Saarinen in die Vereinigten Staaten aus. Sein Sohn **Eero Saarinen** (1910–1961), noch in Helsinki geboren, studierte an der Yale University in New Haven/Connecticut Architektur. Nach Reisen in Europa 1934/35 arbeitete er ab 1937 mit Charles Eames zusammen. Durch ihre Experimente mit Kunststoff eröffneten sie sich neue Wege im Möbeldesign. Ein Stuhl aus Kunststoff konnte nun wie die Karosserie eines Autos gepreßt werden. Der Ruhm Saarinens als Möbeldesigner resultierte nicht zuletzt aus seiner Zusammenarbeit mit der Firma Knoll International (ab 1943). Für Knoll entstand 1956 der „Tulpenstuhl" (Abb. S. 232), dessen Sitzschale aus fiberglasverstärktem Kunststoff auf einem schlanken Pilzfuß aus weißlackiertem Guß-

Studien zum „Tulpenstuhl", Eero Saarinen, 1956.

aluminium ruhte. Der Säulenfuß entstand aus der Intention Saarinens, „mit dem Wirrwarr der Beine aufzuräumen". „Ich wollte aus einem Sessel wieder eine Einheit machen." Saarinen arbeitete auch erfolgreich als Architekt; sein bedeutendstes Projekt: das TWA-Terminal im John F. Kennedy Airport, New York.

„Tulip Chair" („Tulpenstuhl"), Eero Saarinen.

Harry Bertoia (1915–1978), in Udine geboren, wanderte 1930 mit seiner Familie in die USA aus. Nach dem Studium der Bildhauerei und Malerei in Detroit wurde Bertoia 1937 Dozent an der Cranbrook Academy of Art, wo er das Cranbrook Studio für Metallarbeiten einrichtete. Wie schon Saarinen, so brachte auch

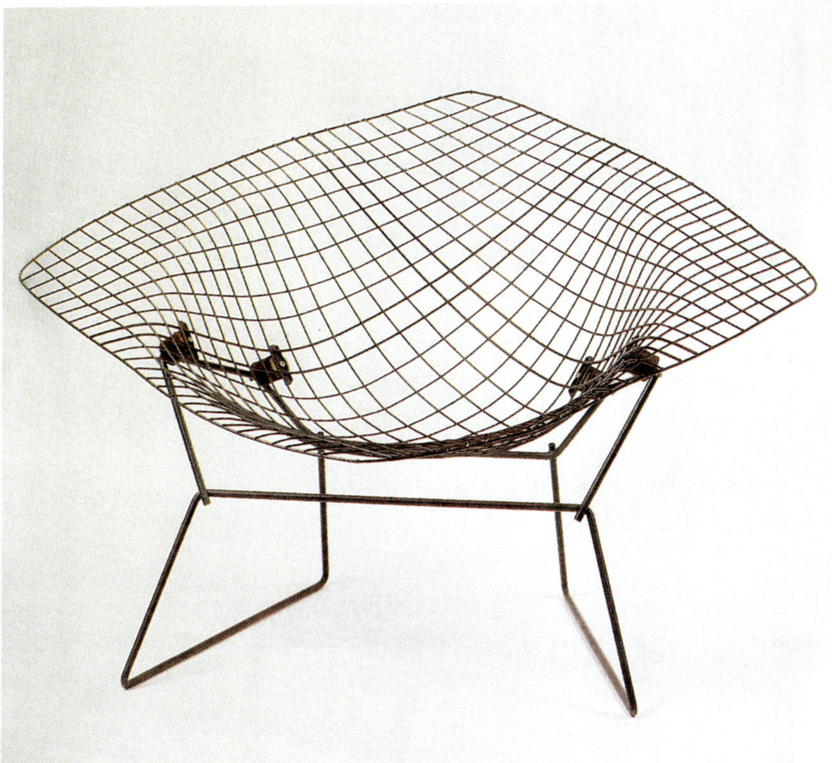

„Diamond Chair", Harry Bertoia, 1952/53.

Bertoia die Zusammenarbeit mit der Firma Knoll internationale Anerkennung als Möbeldesigner. Der heute als „Bertoia"-Stuhl bekannte Drahtstuhl war ebenfalls ein Entwurf für Knoll.

Für den Bildhauer Bertoia waren seine Skulpturen aus Eisendraht Voraussetzung für die Gestaltung dieser neuen Serie (1952/53), die er folgendermaßen kommentierte: „Bei der Skulptur interessieren mich vor allem das Verhältnis von Form und Raum und die Eigenschaften des Metalls. Bei den Stühlen muß man zuerst viele funktionale Probleme lösen ... aber genaugenommen sind Stühle auch Studien in Raum, Form und Metall. Wenn man genau hinschaut, wird einem klar, daß sie hauptsächlich aus Luft bestehen, genau wie die Skulptur. Der Raum geht direkt durch sie hindurch."

Italienisches Möbeldesign

Gio Ponti (1891–1979) studierte Architektur am Polytechnikum seiner Heimatstadt Mailand und arbeitete zunächst als Designer in der Porzellanfabrik Ginori (1923–1930). Nach Gründung eines eigenen Architekturstudios und der Berufung an das Polytechnikum in Mailand begann für den vielseitigen Ponti eine große Karriere, die sich auch nach dem Zweiten Weltkrieg fortsetzte. In den von ihm gegründeten Zeitschriften STILE und DOMUS äußerte er sich zu allen Fragen des modernen Wohnens. Als Architekt mit dem „Pirelli-Wolkenkratzer" (1956) zu internationalem Ruhm gelangt, zeigte er sich auch als Industriedesigner höchst erfolgreich. Unter Pontis Stuhlentwürfen ist die „Superleggera" aus dem Jahr 1957 allgemein bekannt geworden (Abb. rechts). Die „Superleichte" wurde von Ponti selbst als ein „normaler, wahrer" Stuhl beschrieben, ein „Stuhl ohne Adjektive", ein Inbegriff des Stuhls. Dieser Stuhl aus leichtem, stabilen Eschenholz mit einer Sitzfläche aus spanischem Rohr wurde für die Firma Cassina (Meda/Milano) entworfen, die ihn heute noch herstellt.

„Superleggera", Gio Ponti, 1957.

Der Architekt **Giuseppe Terragni** (1904–1943), der 1926 das Studium am Polytechnikum abschloß, stammte ebenfalls aus Mailand. In der „Gruppe 7" (Gruppe Sette),

Satz von acht Eßzimmerstühlen, Carlo Mollino, um 1955.

die er mit sechs Gleichgesinnten begründete, befaßte man sich mit dem italienischen Rationalismus. Wenn auch der italienische Faschismus der Moderne gegenüber Reserve zeigte, konnte Terragni doch für die „Casa del Fascio“ in Como Stahlrohrmöbel entwerfen (1934), die allen Anforderungen der Internationalen Moderne genügten. Terragni, der während des Krieges starb, hinterließ kein umfangreiches, aber sehr interessantes Werk. Sein Stuhlmodell „Lariana“ gehört auch heute noch zum Programm der Firma Zanotta/Nova Milanese.

Aus dem Piemont stammte der eigenwillige **Carlo Mollino** (1905–1973), der nach Architekturstudien im Aostatal und an der Universität Turin eine Tätigkeit im Ingenieurbüro seines Vaters Eugenio Mollino aufnahm. Mollino, der 1952 als Dozent für Architekturgeschichte an die Universität Turin berufen wurde, betätigte sich nicht nur als Architekt, sondern auch als Innenarchitekt, Modedesigner, Photograph, Entwerfer von Rennwagen und Schriftsteller. Nach seinem Motto: „Alles ist erlaubt, vorausgesetzt, es ist phantastisch", entstanden auch einige Entwürfe für Stühle (Abb. S. 235), die besten in den vierziger Jahren.

Marco Zanuso (geb. 1916) gehört zu den italienischen Designern, die sich erst in der Nachkriegszeit einen Namen gemacht haben. Am Polytechnikum seiner Heimatstadt Mailand studierte er Architektur und gründete 1945 sein eigenes Designstudio. Seit dieser Zeit arbeitet Zanuso als Designer, freier Architekt und Städteplaner. 1948 beauftragte ihn die Pirelli

„Follia Cahir", Guiseppe Terragni, 1934–36.

„Antropus", Schichtholz, Latexschaumstoffpolster, Marco Zanuso, 1949. Hersteller: Arflex, Mailand.

Company, den Latexschaumstoff auf seine Eigenschaften als Polstermaterial zu untersuchen. So wurden die schaumstoffgepolsterten Sitzmöbel von Zanuso und anderen Designern in der von Pirelli hierfür gegründeten Firma Arflex produziert. Als ersten Stuhl stellte Arflex Zanusos „Antropus" her (Abb. S. 236): das Gestell aus schichtverleimtem, verformtem Sperrholz, die Polsterung aus mit Stoff bezogenem Latexschaum.

In die sechziger Jahre (1964) fällt der Entwurf des Sessels „Woodline", den Zanuso für sein eigenes Haus kreierte. Das Gestell aus gebogenem Holz, in das ela-

„Agra", Stuhl für die Casa Cattaneo, Carlo Mollino, 1953. Hersteller: Apelli & Varesio, Turin.

stische Metallbänder integriert sind, ist von großer Eleganz. Auch dieses Modell wird von der Firma Arflex in Giussano hergestellt.

Achille Castiglioni (geb. 1918), ebenfalls in Mailand geboren, studierte am dortigen Polytechnikum Architektur. Zusammen mit seinen Brüdern Livio und Pier Giacomo gründete er 1944 ein Designstudio in Como. Seit 1947 hat er auf jeder Mailänder Triennale ausgestellt. Mehrere italienische Firmen führen Castiglionis Stühle in ihrem Programm, darunter BBB Over/Meda den Klappstuhl „Tric" aus dem Jahr 1965; Zanotta/Nova Milanese den Hocker „Mezzadro" aus dem Jahr 1957 sowie die „Castiglietta" aus dem Jahr 1967; Bernini/Carate Brianza den „Sanluca" von 1961. Heute ist Castiglioni Dozent für künstlerische Planung für die Industrie am Polytechnikum Turin.

„Mezzadro", verchromter Stahl, Buchenholz, lackiertes Stahlblech, Achille und Pier Giacomo Castiglioni, 1954–57. Hersteller: Zanotta s. p. a., Nova Milanese/Milano.

Rechte Seite: „Panton Chair", lackierter Hartschaum, Baydur, Verner Panton, 1959/60. Hersteller: Hermann Miller AG/Vitra AG, Basel.

Die Stühle des Wirtschafts-wunders

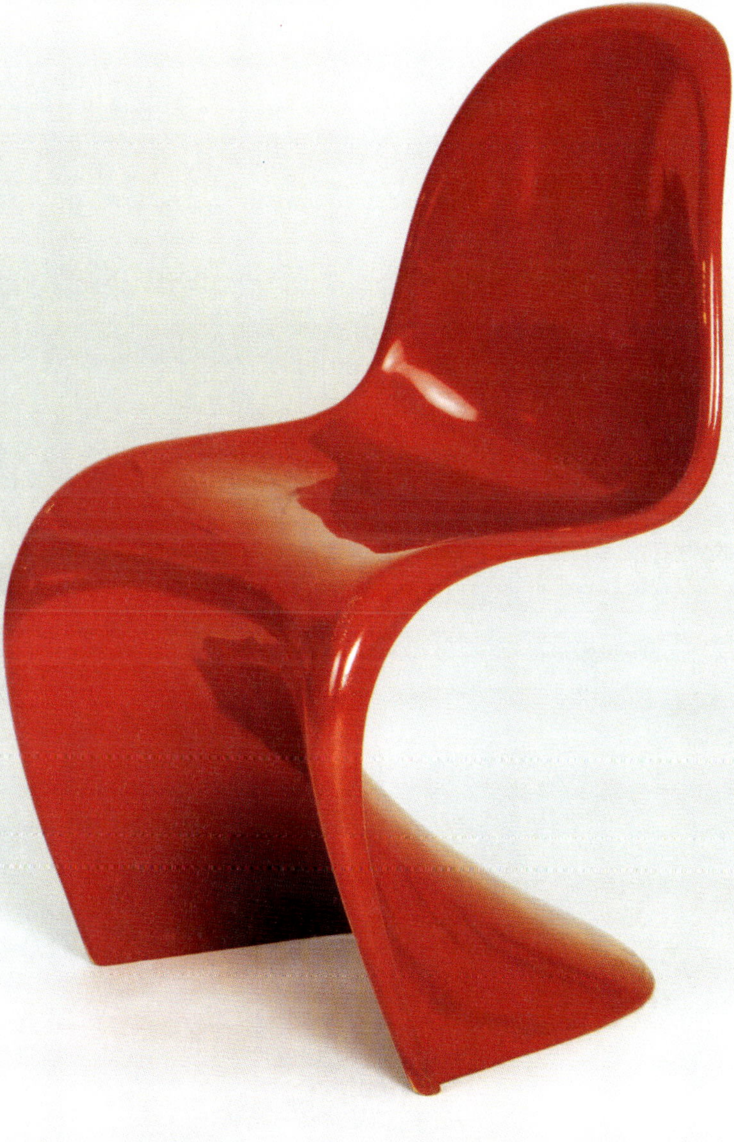

Die Stühle der *Swinging Fifties*, der fünfziger Jahre, waren wie die meisten Möbelentwürfe europäischer und japanischer Designer vom American Way of Life angeregt, dem Konsumstil der Vereinigten Staaten, und insbesondere von den Vorreitern des neuen „Organischen Designs", von Charles Eames und Eero Saarinen (siehe S. 230–232). Beschwingte Linien und weiche, körperhafte Formen kündeten vom Sitzkomfort der beginnenden Wohlstandsära, Materialien wie Poylester, Aluminium und Sperrholz von Experimentierfreude.

So beschäftigte sich der Schweizer Designer **Willy Guhl** (Abb. unten) seit Ende der vierziger Jahre mit Abgüssen des menschlichen Körpers und ergonomisch geschwungenen Sitzschalen. Ein wetterfestes Beispiel ist der Gartensessel aus Faserzement, der wie eine minimalistische Skulptur wirkt. Nur im Vitra Design Museum bleibt er der Nachwelt erhalten, da Faser-

Gartensessel, Willy Guhl, 1954. Faserzement, oberflächenversiegelt. Hersteller: Eternit AG, Niederurnen, Schweiz.

Freischwingende Sessel der Firma Mauser, Sitzschalen mit Schaumstoffpolster und Stoffbezug.

zement aufgrund seines Gehalts an krebserregendem Asbest 1980 aus dem Verkehr gezogen wurde.

In Deutschland herrschte eine ähnliche Begeisterung für Stromlinienformen – nicht umsonst wurde der Nierentisch zum Symbol einer Epoche. Die **Firma Mauser** zum Beispiel stellte heiß begehrte Cocktailsessel aus dünnen gebogenen Stahlrohrbeinen und schaumstoffgepolsterten, bunten Schalensitzen her (Abb. oben), deren Muster die Formensprache der damals vorherrschenden Kunstströmung des abstrakten Expressionismus aufgriffen.

„Ulmer Hocker", Max Bill, 1954. Holz, schwarz gebeizt. Hochschule für Gestaltung, Ulm.

An die strenge Tradition des Bauhauses hingegen knüpfte **Max Bill** an, Maler, Architekt, Designer, Theoretiker und einer der Mitbegründer der Hochschule für Gestaltung in Ulm. Unter dem Begriff der „Guten Form" forderte er Einfachkeit, Sachlichkeit und zeitlose Gültigkeit der Form, wie sein schlichter „Ulmer Hocker" exemplarisch belegt (Abb. links).

Auch der japanische Designer **Sori Yanagi**, Gründungsmitglied der „Industrial Design Association" und des „Japan Design Committee", schätzte die Klarheit der Klassischen Moderne. Sein Hocker „Butterfly" (Abb. S. 243) ist eine Synthese aus der westlichen und der fernöstlichen Formensprache. In der von Charles und Ray Eames entwickelten Technik der Sperrholz-

„Lady", Marco Zanuso, 1951. Verchromtes Stahlrohr, Schaumstoffpolsterung, Stoffbezug. Hersteller: Arflex, Mailand.

verformung gelang ihm so ein eigenwilliges Sitzobjekt.

„Butterfly", Sori Yanagi, 1954. Gebogenes Sperrholz, Messing. Hersteller: Tendo Mokko Co. Ltd., Tokyo.

Einer der innovativsten europäischen Designer der Nachkriegszeit war der Mailänder **Marco Zanuso**. Im Auftrag der Reifenfirma Pirelli erforschte er das neue Material Latexschaum und hatte durchschlagenden Erfolg. Denn der Sessel „Lady", den er 1951 auf der Triennale in Mailand als Ergebnis vorstellte, wurde mit der Goldmedaille ausgezeichnet. (Abb. S. 242).

Drei Jahre später reüssierte sein Landsmann **Osvaldo Borsani** mit dem außergewöhnlich vielseitigen Liegesessel „P 40" aus Stahlrohr und Latexschaumstoffpolsterung (Abb. unten). Jeder einzelne Bestand-

Modell „P 40", Osvaldo Borsani, 1954. Stahlrohr und Stahlblech, Latex-Schaumstoffpolsterung. Hersteller: Tecno, Mailand.

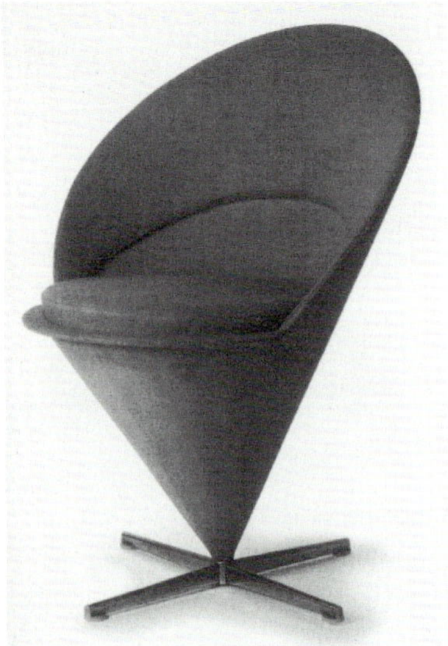

teil des Sessels ist dank der intensiven Beschäftigung Borsanis mit neuen technischen Möglichkeiten verstellbar, so daß der Sessel in über 400 verschiedene Positionen gebracht werden kann.

Doch erst der Däne **Verner Panton** löste sich Ende der fünfziger Jahre radikal aus dem Schatten der amerikanischen Superstars, als er 1958 den „Tütenstuhl" (Abb. oben) und 1959/60 den legendären S-förmigen „Panton-Stuhl" (Abb. S. 239) erfand.

„Tütenstuhl", Verner Panton, 1960–67. Gebogenes Stahlblech, Schaumstoffpolsterung, Stoffbezug. Hersteller: Plus Linje, Kopenhagen.

Sofa „Bocca", Studio 65, Gruppo Strum, 1969. Lippenförmiges Sofa aus kaltem Polyurethanschaum ‚Suflex', Bezug aus elastischen Textilfasern.

Rechte Seite: „Blow", Jonathan de Pas, Donato D'Urbino, Paolo Lomazzi, Carla Scolari, 1967. Transparente PVC-Folie. Hersteller: Zanotta s.p.a., Mailand.

Radical und Bel Design in den sechziger Jahren

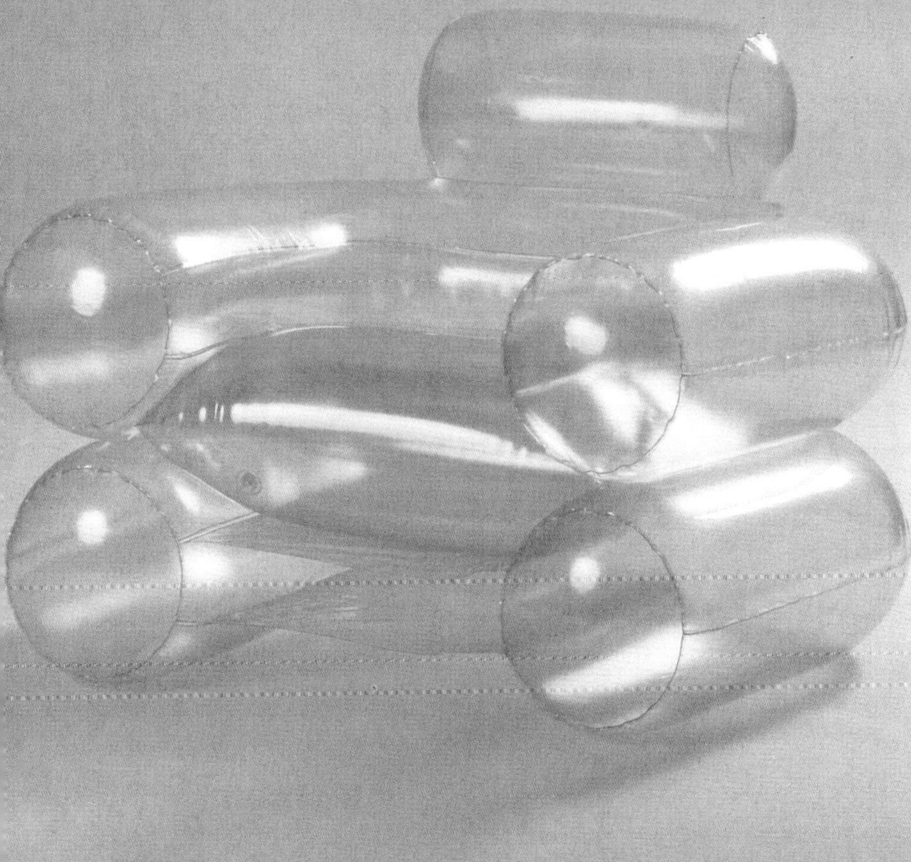

Mit seiner Stuhl-Ikone, dem „Panton-Stuhl" von 1959/60, nahm Panton die Pop Art der sechziger Jahre gewissermaßen vorweg. Denn erst 1968 fand er in der Firma Vitra den Partner, der es ihm ermöglichte, den Stuhl stapelfähig und in Serie herzustellen. Pantons Stuhl ohne Hinterbeine war nur der Anfang einer Reihe von ebenso visionären wie verspielten Stuhlentwürfen der beginnenden High-Tech-Ära der sechziger Jahre. Erneut übertrafen sich die Designer an Ideen für utopisch anmutende Wohnlandschaften mit superbequemen Sitzobjekten. So entwickelte der französische Innenarchitekt, Produkt- und Verpackungsdesigner **Pierre Paulin** 1966 den niedrigen, zungenförmigen, stapelbaren Sessel „No. 577" (Abb. unten) aus Schaumgummi, der es erlaubte, sich lässig zu lagern, statt steif zu sitzen.

Noch im selben Jahr provozierte die italienische **Gruppo Strum (Giorgio Ceretti, Piero Derossi, Ricardo Rosso)** mit dem Sitzobjekt „Pratone" (Abb. S. 247). Einem Stück Rasen nachempfunden, verpflanzte es Natur ins traute Heim. Auf der stacheligen Polyurethan-Skulptur muß sich der Benutzer seine Sitzwiese erst erkämpfen – mit der verlockenden Aussicht, sich zu Hause wie im Grünen zu fühlen.

„No. 577", Pierre Paulin, 1966. Stahlrohrrahmen, Gummigurte, Schaumgummi, farbiger Bezug aus Jersey. Hersteller: Artifort, Maastricht.

„Pastille“, Eero Aarnio, 1967. Glasfaserverstärktes Polyester. Hersteller früher: Asko Lahti, Finnland, heute: Adelta, Dinslaken.

„Pratone“, Gruppo Strum (Giorgio Ceretti, Piero Derossi, Ricardo Rosso), 1966. Kaltgeschäumtes Polyurethan, grün lackiert. Hersteller: Gufram s.r.l., Balangero.

Der Finne **Eero Aarnio** definierte 1967 mit seinem Objekt „Pastille“ (Abb. oben) den Schaukelstuhl raffiniert neu. In der Vertiefung der grellfarbigen, kugeligen, glasfaserverstärkten Polyesterschale sitzend, läßt es sich fröhlich hin und her wippen. Und der deutsche Designer **Günter Belzig** zog 1967 mit dem stapelbaren Plastikstuhl „Floris“ (Abb. S. 248) Aufmerksamkeit auf sich, der mit seinem grotesk gebogenen Gestell und der überlangen Lehne an eine Giraffe erinnerte.

Ebenfalls 1967 entwarfen die vier Architekten **Jonathan de Pas, Donato D'Urbino, Paolo Lomazzi** und **Carla Scolari** mit dem Sessel „Blow“ (Abb. S. 245) das erste aufblasbare Wohnraummöbel. In hohen Stückzahlen gefertigt, machte es international Furore. Vorbild des transparenten, mobilen, platzsparenden und günstigen Objekts war das Schlauchboot, es schenkte dem Benutzer ein neues Freizeitgefühl auch im Innenraum und jene Unbekümmertheit im Umgang mit materiellen Wer-

ten, die eine Haupteigenschaft der Popkultur war.

Im Jahr der Studentenrevolte schienen auch die Möbel zu rebellieren. Wie kein zweites Möbel verkündet der Sitzsack „Sacco" (Abb. unten) von **Piero Gatti, Cesare Paolini** und **Franco Teodoro** den Bruch mit allen auch im Design verbindlichen Traditionen. Dieser „Nicht"-Sessel aus Segeltuch, gefüllt mit Polystyrol, paßt sich jeder Form des Sitzens oder Liegens an. Bis heute ist er einer der radikalsten Entwürfe im Design.

Der Däne **Verner Panton** überschritt mit seinem „Pantower" (Abb. S. 249) noch im selben Jahr ebenfalls die Grenzen des konventionellen Designs. Der mit Schaumgummi gepolsterte Sitzquader bietet ungewöhnliche Möglichkeiten des Sitzens, Kauerns, Hockens und Liegens.

Einem weiteren beispielhaft kreativen italienischen Designer der sechziger und siebziger Jahre, **Joe Colombo**, gelang es, den neuen Anspruch an Multifunktionalität und Mobilität mit einem fast klassischen Formenvokabular zu verschmelzen. „Tubo" (Abb. S. 249 unten) besteht aus vier verschieden großen Röhren, die sich durch bewegliche Klammern immer wieder neu zusam-

Stuhl „Floris", Günter Belzig, 1967. Fiberglasverstärktes Polyester. Hersteller: Brüder Belzig Design. Eine einmalige Edition von 100 numerierten und signierten Exemplaren von der Galerie Objekte.

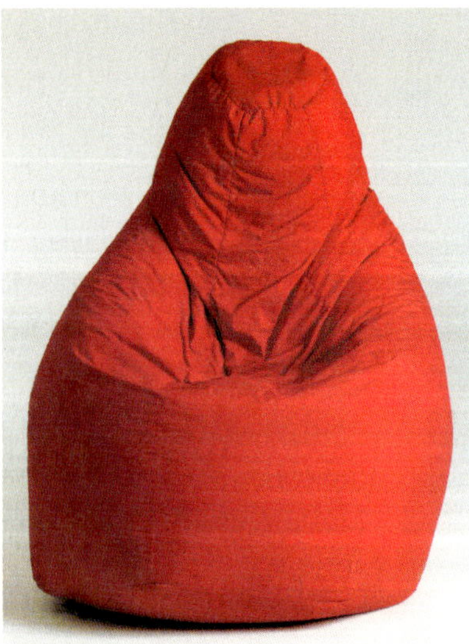

„Sacco", Piero Gatti, Cesare Paolini, Franco Teodoro, 1968. Bezug aus Segeltuch, Füllung aus Polystyrol. Hersteller: Zanotta s. p. a., Mailand.

„Pantower", Verner Panton, 1968/69. Holz, Schaumgummi, Stoff. Hersteller: Herman Miller AG, Basel.

„Tubo", Joe Colombo, 1969. Kunststoff, Schaumstoff, roter Knautschlackbezug. Hersteller: Flexform, Mailand.

menfügen lassen. Ineinander geschoben, können sie mühelos von Ort zu Ort transportiert werden. So nahm Colombo bereits 1969 mit seinem grandiosen Entwurf Ideen des nomadischen Designs der neunziger Jahre vorweg!

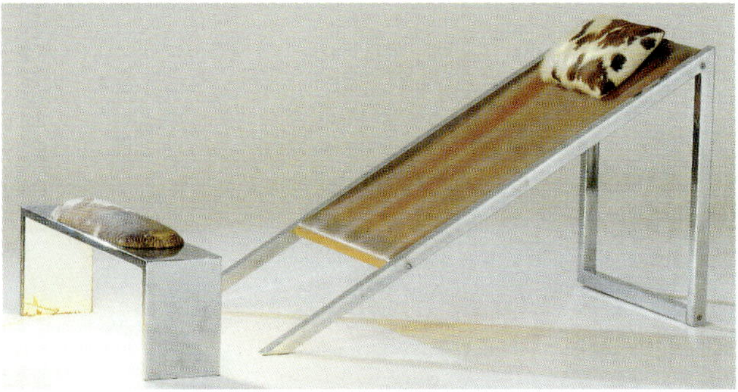

„Mies“, Archizoom Associati, 1969. Verchromter Stahl, Gummi, Fellkissen. Hersteller: Poltronova s. r. l. Agliana, Pistoia.

Die italienische Gruppe **Archizoom Associati** schließlich, 1966 gegründet von Andrea Branzi und Paolo Deganello, lieferte mit dem Sessel „Mies“ (Abb. oben) 1969 einen Kommentar zu den sich damals verbreitenden nostalgischen Tendenzen im Designbereich. Gleichzeitig Kritik und Hommage, zitiert das scharfkantige, wie eine Rutschbahn konstruierte Sitzobjekt aus verchromtem Stahl und Gummi mit Fellkissen und Fußschemel einerseits das strenge Prinzip der Moderne: „Form folgt der Funktion“. Andererseits macht es sich darüber lustig – wenn sich der Benutzer nämlich auf den Stuhl setzt, tauscht der seine perfekte Form gegen eine wenig fotogene tiefe Kuhle ein.

Eine zweite Strömung der sechziger Jahre setzte die Traditon von Bauhaus und Klassischer Moderne im sogenannten *Bel Design* fort. Entwerfer wie der Deutsche **Dieter Rams**, seit 1961 Chefdesigner der Braun AG, betonten Geometrie und minimalistische Form. Die Sitzmöbel von Rams wollten Gebrauchsgegenstände sein, keine Objekte. Sie zeichneten sich durch hohe Funktionalität und gleichzeitig zeitlose Eleganz aus. Bis ins Detail perfekt konstruiert, folgten sie in der kompromißlosen Einfachheit und Klarheit der Formen den strengen Stilprinzipien der Hochschule für Gestaltung in Ulm. Gleichzeitig berücksichtigte Rams ergonomische Gesichtspunkte. Sessel und Stühle, die er unter anderem für die Firma Vitsoe + Zapf entwarf, ließen dem Körper größtmögliche Bewegungsfreiheit. Ihm boten sie Komfort, dem Auge die pure Linie des Bel Design.

Links oben: „3 benet Skalstol", 1963. Hans J. Wegner. Hersteller: Johannes Hansen, Kopenhagen.

Rechts oben: „M 400", Roger Tallon, 1964. Hersteller: Editions Lacloche, Paris.

Der Däne **Hans J. Wegner** knüpfte mit der Konstruktion des „3 benet Skalstol" (Abb. oben links) von 1963 an den „Lounge Chair" von Charles Eames an. Mit seiner elegant nach oben gewölbten, niedrigen Sitzschale, den drei Beinen und der überbreiten Lehne ist der rotlackierte Stuhl zum repräsentativen zeitlosen Klassiker geradezu geboren.

Ebenso klassisch und doch witzig ist der Stuhl „M 400" (Abb. oben rechts) des Franzosen **Roger Tallon**

Rechts: Liege „PK 24", Poul Kjaerholm, 1965. Hersteller: E. Kold Christensen, Kopenhagen.

von 1964. Zwischen dem doppelkonischen, edlen Sockel aus poliertem Aluminiumguß und der Polsterung aus billigem Pyramidenschaumstoff, einem Verpackungsmaterial der Industrie, stellte Tallon einen reizvollen Kontrast her. Filigran und puristisch hingegen wirkt die Liege „PK 24“ (Abb. S. 251), die der Däne **Poul Kjaerholm** 1965 aus Edelstahl, Rohrgeflecht und Leder entwarf und die deutlich auf Le Corbusiers berühmte Chaiselongue anspielt. Auch der Amerikaner **Warren Platner** hielt mit seinem „Modell No. 1725 A“ von 1966 an rationaler Konstruktion fest. Doch gleichzeitig trug er dem Hang zum Dekorativen durch fließende Linien und runde Formen Rechnung.

„Modell No. 1725 A“, Warren Platner, 1966. Hersteller: Knoll International, New York.

Eines der erfolgreichsten Stuhlmodelle aller Zeiten entwarf der Italiener **Giancarlo Piretti** 1968. Der Klappstuhl „Plia“ zeichnet sich nicht nur durch Leichtigkeit, Transparenz und technische Präzision aus, sondern dank eines Gelenks aus drei Metallscheiben auch durch einen völlig neuartigen Faltmechanismus. Schlicht, edel und darüber hinaus praktisch, ist dieser Stuhl ein Musterbeispiel des Bel Design. Dabei ist er so preisgünstig, daß bisher weit über vier Millionen Exemplare verkauft wurden.

Links: „Plia“, Giancarlo Piretti, 1968. Stahlrohr, Cellidor-Kunststoff. Hersteller: Castelli s. p. a. Ozzano, Bologna.

Rechte Seite: Sessel „Joe“, Jonathan de Pas, Donato D'Urbino, Paolo Lomazzi, 1970. Hersteller: Poltronova, Montale, Pistoia.

Pop-, Alternativ- und Anti-Design in den siebziger Jahren

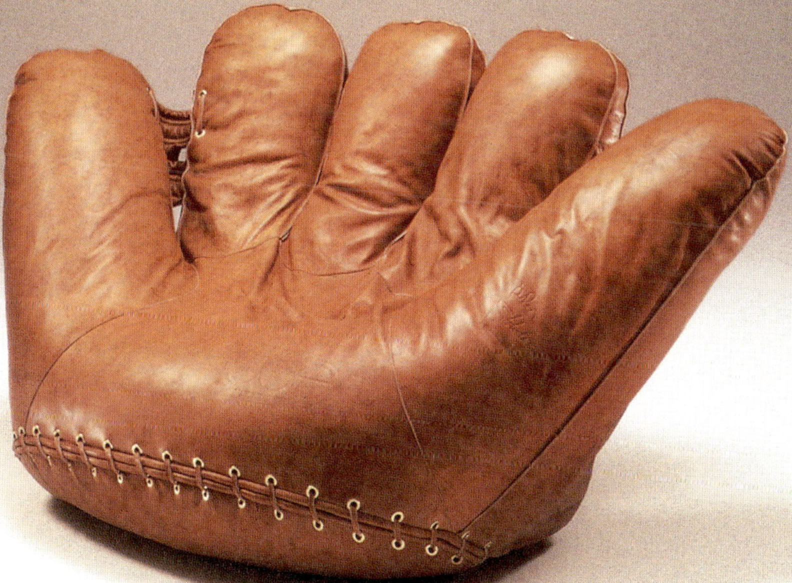

Kunststoff blieb bis zur Ölkrise von 1973 das am meisten begehrte Material der Designer. Noch aus dem Geist der Pop Art, besonders in Anspielung an Claes Oldenburg, entwarf das italienische Trio **Jonathan De Pas, Donato D'Urbino** und **Paolo Lomazzi** 1970 den Sessel „Joe". Er war einem überdimensionalen Handschuh nachempfunden, den die Designer in Verehrung des legendären Baseballstars Joe DiMaggio „Joe" nannten. Der farbige Lederbezug umhüllte einen Körper aus Polyurethanschaum – Kunststoff und Natur verbanden sich hier in besonders ironischer Innigkeit. Auch der in Berlin geborene **Luigi Colani** trieb mit dem Material Kunststoff Scherze. „Zocker" hieß 1971/72 ein orangefarbener Kinderstuhl, „Sitzgerät Colani" das Modell für Erwachsene (Abb. unten). Ebenso pflege- wie federleicht, schlag- und kratzfest ist dieses Möbel aus hundertprozentigem Polyäthylen ein unverwüstliches Nutzobjekt.

„Zocker", „Sitzgerät Colani", Luigi Colani, 1971/72. Polyäthylen. Hersteller: Top System Burkhard Lübke, Gütersloh, Deutschland.

„Wiggle Side Chair", Frank O. Gehry, 1972. Wellkarton, Hartfaserplatte, Rundholz. Hersteller: Easy Edges Inc., New York; seit 1986 Vitra AG, Weil am Rhein.

Preisgünstig und nahezu gewichtslos war auch der „Wiggle Side Chair" (Abb. links), den der amerikanische Architekt **Frank O. Gehry** 1972 konstruierte. Er bestand nicht aus Kunststoff, sondern alternativ aus Wellkarton, einem Verpackungsmaterial, das Gehry durch ein spezielles Verfahren in einen Möbelwerkstoff verwandelte. Noch im selben Jahr brachte er unter dem Namen „Easy Edges" weitere Varianten der umweltfreundlichen, stabilen und geräuschdämpfenden Kartonmöbel als Serie heraus. Exzentrisch gekurvt ist auch die überhohe, schmale Rückenlehne des Stuhls „Golem" (Abb. unten), den der italienische Architekt und Designer **Vico Magistretti** 1970 entwarf. Mit seiner edel-puren Linie und der graphitgrauen Holzlackierung erinnert der Stuhl an die Schlichtheit des japanischen Stils.

Am Sessel „AEO" (Abb. S. 256 oben) des italienischen Designers **Paolo Deganello** schieden sich 1973 die Meinungen. War er für die einen die Karikatur eines Throns der Fernsehkultur, so begrüßten ihn die anderen als Prototyp einer neuen funktionalen Schönheit. Denn der „AEO" ist aus einzelnen Bauteilen zusammengesetzt,

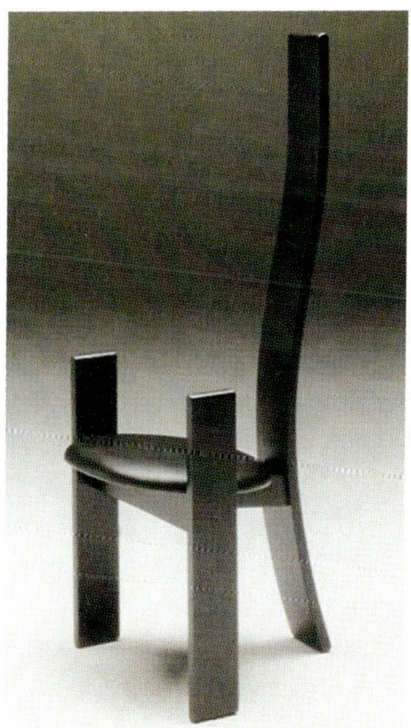

„Golem", Vico Magistretti, 1970. Holz lackiert, Sitzfläche gepolstert. Hersteller: Carlo Poggi, Pavia.

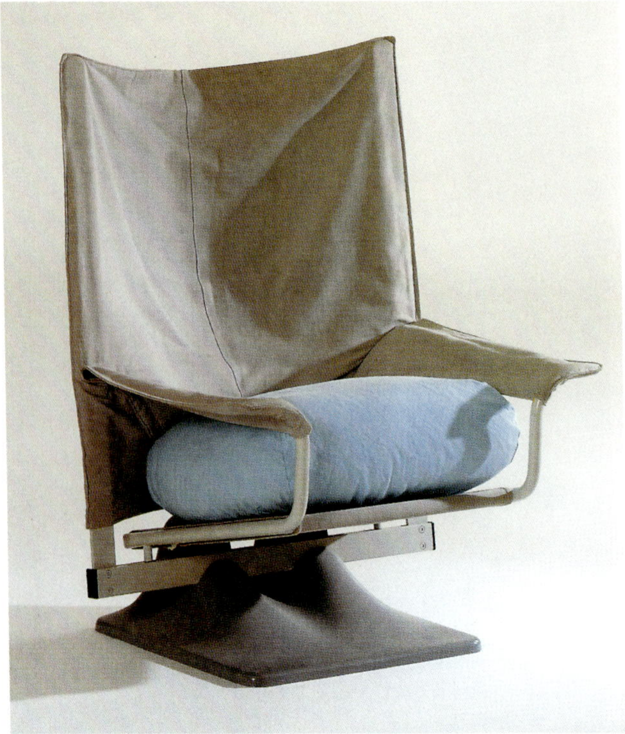

„AEO", Paolo Deganello, 1973. Kunststoff, lackierter Stahl, Stoffbezug. Hersteller: Cassina s. p. a., Meda/Mailand.

„Box", Enzo Mari, 1975/76. Rahmen aus Stahlrohr, Sitzfläche und Rückenlehne aus Polypropylen. Hersteller: Driade spa, Fossadello di Caorso.

die der Benutzer selbst zusammenfügen sollte. Deganello glaubte, mit ihm das Alpha und Omega (daher der Titel „A und O") der Stuhlkonstruktion neu buchstabiert zu haben – ein exemplarisches Modell des neuen Anti-Designs der siebziger Jahre war ihm zumindest gelungen. Denn zur Mitte der Dekade hin häufte sich die Kritik zahlreicher Experten, Design würde mehr und mehr zu einem bloßen Statussymbol.

Erneut reagierten die Italiener am innovativsten mit Entwürfen, die den ästhetischen mit dem praktischen Anspruch verbanden. **Enzo Mari** entwickelte 1975/76 eine „Box" benannte Stuhlserie (Abb. rechts) aus Stahlrohr-

Sapper-Kollektion, Richard Sapper, 1978/79. Aluminium, Nylongewebe, Schaumstoffpolsterung, Lederbezig. Hersteller: Knoll International, New York.

„Cab", No. 412, Mario Bellini, 1976. Stahlrohr, Kunststoff, Kernlederbezug. Hersteller: Cassina s. p. a., Meda/Mailand.

stäben und Polypropylensitzflächen samt Lehnen, die sich mühelos zusammenstecken ließen. **Mario Bellini** gelang 1976 mit dem Stuhl „Cab" die völlige Ummantelung eines Stahlrohrgerüsts mit einer Haut aus Kernleder. Durch vier Reißverschlüsse ist der Bezug jederzeit abnehmbar. Der gebürtige Deutsche **Richard Sapper** schließlich brachte mit Bürostühlen, die ein wenig Autositzen ähnelten, 1978/79 das Verhältnis von Repräsentation und Understatement in ein selbstverständliches Gleichgewicht.

„Lido“, Michele De Lucchi, Memphis, 1982. Resopal, lackiertes Holz, Metall, Stoff. Hersteller: Memphis, Mailand

Rechte Seite: „Carabo“, Ettore Sottsass, 1989. Stuhlensemble aus bemaltem Holz und Kunststoff.

Die postmoderne
Dekade der
achtziger Jahre

Kein geringerer als Mies van der Rohe meinte einmal, daß der Entwurf eines Stuhls dem eines Bauwerks ebenbürtig sei. Die Designer der Postmoderne haben diese Behauptung besonders ernst genommen, vor allem **Robert Venturi**. Der amerikanische Architekt gilt seit seiner Abhandlung *Complexity and Contradiction in Architecture*, erschienen bereits 1966, als einer der Väter der Postmoderne. Sein bekanntestes Möbeldesign ist – was sonst – die Serie der neun „Queen-Anne"-Stühle. Venturi zitiert mit seiner Stuhlserie klischeehaft vereinfacht Modelle vom „Queen-Anne"-Stil des 18. Jahrhunderts bis hin zum Art Déco der dreißiger Jahre. Nun gilt nicht mehr Mies van der Rohes Leitspruch „less is more (weniger ist mehr)", sondern Venturis Verballhornung: „less is a bore (weniger ist langweilig)".

„Queen Anne", Robert Venturi, 1979–1984. Geformtes Multiplex, Kunststofflaminat, Kunstlederkissen. Hersteller: Knoll International, Inc., New York.

Die Wurzeln der Postmoderne reichen bis in die späten sechziger Jahre zurück, als Künstler aller Medien – noch im Bann der Pop-art – plötzlich anfingen, gegen die Trennung von Hochkultur und Alltagskultur zu rebellieren. Sie mixten Kitsch und Kunst, Ornament und strenge Linien, sie griffen in die Stilkiste und zitierten frech und farbenfroh Ikonen der Geschichte. Vorreiter des neuen postmodernen Designs der späten siebziger und frühen achtziger Jahre waren die Italiener, die sich schon immer durch ebenso erfindungsreiche wie elegante Objekte hervorgetan hatten.

Alessandro Mendini und Studio Alchimia

Alessandro Mendini war der Vordenker des 1976 von Alessandro Guerriero in Mailand gegründeten „Studio Alchimia“. Schon mit seinem Stuhlobjekt „Lassù“ (Abb. unten) sprengte Mendini, damals Herausgeber der Zeitschrift „Casabella“, die Grenzen zwischen Kunst und Design. Für ein Cover seines Magazins zündete er 1974 zwei identische Lassù-Modelle an (lassù

„Lassù“, Alessandro Mendini, 1974. Hersteller: Alessandro Mendini, Mailand.

bedeutet „dort oben, dort hinauf"). Während ein Stuhl beinahe vollständig verbrannte, blieb das zweite, angekohlte Exemplar im Vitra Design Museum der Nachwelt erhalten. Der rituelle Flammenakt aus dem Geist der damals prägenden Kunstrichtung der „Arte Povera" adelte einen schnöden Gebrauchsgegenstand und erhob ihn in den Rang einer Ikone.

„Poltrona di Proust", Alessandro Mendini, 1978. Bemaltes Holz, bemalte Stoffpolsterung. Hersteller. Studio Alchimia, Mailand.

Gleichzeitig bespöttelte Mendini mit seiner Aktion auch ein wenig die populäre „Arme Kunst" mit ihrem Hang zu bescheidenen Materialien. In einem ähnlichen Kontext, nun allerdings auf einen bereits existierenden, historischen Entwurf anspielend, stand sein weltberühmter „Proust-Sessel" (Abb. oben), mit dem Mendini 1978 eine programmatische Serie sogenannter „Re-Designs" für Alchimia begann. „Poltrona di Proust“ kopiert einen Sessel im neobarocken Stil des französischen 18. Jahrhunderts. Für ein bestimmtes Stoffmuster beschäftigte sich Mendini damals mit der Lebensgeschichte des französischen Romanciers Marcel Proust. Kaum entdeckte er den Sessel, hatte er die Eingebung seines Lebens: Er ließ ihn mit bunten pointillistischen Farbtupfern à la Paul Signac bemalen und erfand damit den schrägsten Stoffbezug aller Zeiten. Ursprünglich ein Unikat, wird der Sessel bis heute in limitierter Auflage oder in verschiedenen Farbvariationen als Einzelstück hergestellt. Mendini re-designte außerdem mehrere Klassiker der Moderne, zum Beispiel Gerrit Rietvelds Stuhl „Zig-Zag“ (s. Abb. S. 215).

„Zig-Zag-Chair“, Alessandro Mendini, 1978. Aus der Serie der „Re-designed-Chairs“, Verballhornung von Gerrit Rietvelds Stuhl „Zig-Zag“

Ettore Sottsass und Memphis

Der zweite Tausendsassa der postmodernen Umwertung aller Werte im Design, **Ettore Sottsass**, verließ Alchimia 1981 und gründete noch im selben Jahr zusammen mit **Andrea Branzi** und **Michele De Lucchi** die Gruppe **Memphis**. Das Label stand für ein fröhlich-respektloses Design, das den Konsum und die sich wandelnden Moden als Inspirationsquelle nutzte. Memphis war schrill, verspielt und sinnlich. **George J. Sowden**, ebenfalls ein frühes Mitglied, brachte die Philosophie der Gruppe auf den Punkt: „Der dekorative Stil gehört zur Welt der Elektronik wie der Funktionalismus zur Welt der Maschine und ihrer Ästhetik." Viele namhafte internationale Architekten und Designer der achtziger Jahre, darunter Mattheo Thun, Michael Graves, Shiro Kuramata, Javier Mariscal, Hans Hollein, Arata Isozaki und Natalie du Pasquier arbeiteten zumindest vorübergehend für die Gruppe.

Den schönsten Memphis-Stuhl entwarf Michele De Lucchi 1983. „First" (Abb. rechts) ist eine raffiniert leichtgeschwungene Konstruktion aus einem einfachen Hocker als Grundelement, an dessen zwei Vorderbeinen ein kreisförmig gebogenes Stahlrohr als Rückenlehne angeschweißt ist. Zwei dunkelfarbige Holzkugeln als Armstützen und eine hellblaue runde, gummigelagerte Holzscheibe als Rückenpolster sind an das Stahlrohr anmontiert. Lucchi vollbrachte mit diesem Stuhl das

„First", Michele De Lucchi, 1983. Lackiertes Stahlrohr, lackiertes Holz, Gummi. Hersteller: Memphis s.r.l., Pregnana Milanese, Milano.

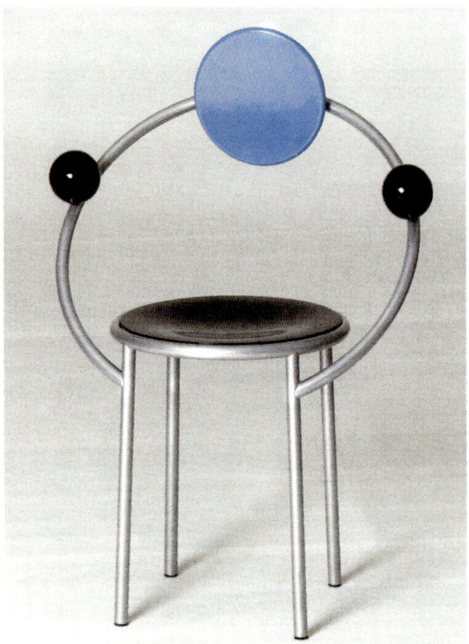

Kunststück, einen Nutzgegenstand gleichzeitig als Ornament zu gestalten.

Andrea Branzi, das dritte Gründungsmitglied der Gruppe, entwarf 1985 zusammen mit seiner Frau Nicoletta eine Serie, die er „Animali domestici" (Haustiere) nannte. Ausgehend von der inzwischen vielfach eingelösten These, daß sich künftiges Leben immer häufiger zu Hause abspielen werde und der Mensch gewissermaßen eine eigene Sprache hierfür entwickeln müsse, erfand das Paar unter anderem einen Stuhl aus einem quadratischen, dunkel gebeizten Untergestell (Abb. oben). Bemerkenswert sind Rücken- und Armlehnen dieses klobigen Sitzobjekts: Sie bestehen aus rohen unbearbeiteten Stücken von hellem Birkenholz, die Branzi wie Spielzeugbausteine nebeneinanderreihte und schichtete. So mag sich der Mensch im Zeitalter der Elektronik der Natur wieder etwas näher fühlen.

„Animali Domestici", Andrea Branzi, 1985. Lackiertes Holz, Birkenholz. Hersteller: Zabro s.r.l., Milano.

„Teodora", Ettore Sottsass, 1986/87. Holz mit Kunststofflaminat weiß-grau beschichtet, Plexiglasrücken. Hersteller: Vitra.

Pesce, Deganello, Santachiara, Ghini, Meda

„Memphis" prägte das Design der achtziger Jahre nachhaltig mit seinen respektlosen Grenzüberschreitungen, seinen Anleihen an die Ästhetik des Comic und des Punk. Einer der extremsten Entwürfe jener Jahre war der „Greene Street Chair" (Abb. unten), den der Italiener **Gaetano Pesce** 1984/86 entwarf. Der Stuhl aus schwarzem Kunststoff, armiert mit Glasfaser, zitiert ein menschliches Gesicht mit Löchern als Augen und Mund. Die Beine bestehen aus höhenverstellbaren

„Greene Street Chair", Gaetano Pesce, 1984/1986. Glasfaser-armiertes Sitz- und Rückenteil aus schwarzem Kunststoff.

„Documenta Chair", Paolo Deganello, 1987. Stahlrohr, Korbgeflecht, türkis lackiert.

Metallstangen mit Kunststoffnäpfen als Füßen, die Armlehnen sind abnehmbar. Benannt ist das morbide Objekt nach der Greene Street in New York, in der sich das Studio des Designers befindet.

Der Einzelgänger **Paolo Deganello** versuchte, sich dem Medienspektakel um das „Neue Design" zu widersetzen. Statt dessen dachte er lieber über die Widersprüche zwischen der gesellschaftlichen und der ästhetischen Realität nach. Eines der eindrucksvollsten Ergebnisse seiner kritischen Reflexionen ist der 1987 entstandene „Documenta Chair" (Abb. oben). Hier verband Deganello unterschiedliche Materialien und Elemente – Stahlrohr und Korbgeflecht – ebenso wie kontrastreiche Formen – Kanten und Bögen – zu einem spannungsvollen Objekt, das zum erstenmal auf der Kasseler documenta von 1987 zu sehen war.

„The Sisters", Denis Santachiara, 1986/1987. Prototypen ohne Auflage.

Denis Santachiara verband 1986/87 mit der Stuhl-Trilogie „The Sisters" (Abb. links) Technologie und Sensibilität. Eines der drei identischen Exemplare, die der Designer entwarf, beginnt zu leuchten, wenn man mit ihm spricht – je lauter, desto heller. Die zweite „Schwester" verändert ihre Farbe, wenn man sich auf sie setzt, und die dritte gar ihre Form! Leider sind „The Sisters" bis heute Prototypen ohne Auflage geblieben.

Massimo Iosa Ghini wurde zunächst mit Comic Strips bekannt, bevor er als Gründer des „Bolismus" eine Design-Karriere machte. Sein Hocker-Paar „Disco", entworfen 1988, zeigt die Nähe von Ghini zur Kultur der Comics ebenso wie die Konzentration auf die „reine Linie", das Markenzeichen des Bolismus.

Noch einem weiteren italienischen Designer, **Alberto Meda**, gelang ein Sitz-Highlight. Sein Stuhl „Light Light" (Abb. unten) aus Epoxidharz und Carbongewebe bezieht sich auf Gio Pontis berühmtes Objekt „Superleggera" von 1957, entworfen für Cassina, und ist in der Tat federleicht. Der Herstellungsprozeß war reine Handarbeit, wenn auch mit hochtechnologischem Anspruch. Da seine Produktion viel zu teuer blieb, mußte sie 1988 eingestellt werden.

„Disco", Massimo Iosa Ghini, 1988. Metall und Leder. Hersteller: Moroso.

„Light Light", Alberto Meda, 1986. Epoxidharz, Nomex, Carbongewebe. Hersteller: Alias s.r.l., Grumello di Monte, Italien.

„Consumer's Rest", Stiletto, 1983. Lackierter Stahl, Kunststoff. Hersteller und Bezugsquelle: Stiletto DESIGN VERTReiB, Berlin.

Das neue deutsche Design

Überall in Europa wurde das postmoderne Design der achtziger Jahre zum Medienereignis. Mit seiner Fülle an kombinatorischen Innovationen, der Fähigkeit, die Mosaiksteinchen von Geschichte und Gegenwart immer wieder neu und meist ironisch miteinander zu verknüpfen, bestimmte das Design jener Epoche in der Tat bis zu einem gewissen Grad das Dasein. Der heißeste damals in Deutschland entworfene Stuhl war zweifellos „Consumer's Rest" (Abb. oben) von **Stiletto**.

Unter seinem Kunst-Markennamen „Stiletto Studios" verwandelte der Berliner Künstler Frank Schreiner einen gemeinen Supermarkt-Einkaufswagen in einen Readymade „Designer-Sessel". Mit seiner medienwirksamen Simulation von Großserien-Design mischte er sich auf ironische Weise in die Designdiskussion ein und schuf mit „Consumer's Rest Lounge Chair" eine Anti-Ikone der 80er Jahre.

Mit provokativen Logos und Farbsiebdrucken auf Stuhlrücken und teilweise grotesken Verformungen von Beinen und Armlehnen machte der Bildhauer und Designer **Siegfried Michail Syniuga** Mitte der achtziger Jahre unschuldige Stühle zu gesellschaftskri-

„Künstlerstühle", Siegfried Michail Syniuga, 1987. Holz, Aluminium, Polster. Unikat.

„Sitzreihen“ GINBANDE, 1990. Installation im Kreuzgang des Karmeliterklosters Frankfurt am Main. Polystyrol, bläulich-grün illuminiert.

Folgende Doppelseite: „Café Casino“, Pentagon, 1987, documenta 8, Kassel. Rohstahl, Integralschaumpolster.

tischen Symbolträgern. Mit Hammer und Sichel, aber auch mit Brigitte Bardot im Kreuz lehnt sich keiner mehr arglos zurück.

Weniger konsumkarikierend als im Banne einer neuen Bescheidenheit arbeitete das in Frankfurt ansässige Duo **Klaus-Achim Heine** und **Uwe Fischer** von 1985 bis 1995 unter dem Label **GINBANDE**. Ihre aufregendsten Stühle entwarfen sie 1990 für den Kreuzgang des Karmeliterklosters in Frankfurt/Main. „Sitzreihen“ (Abb. links) hieß die temporäre Installation, bei der sich in zwei Reihen jeweils 20 sesselähnliche Schalenformen aus weißem, tiefgezogenem Polystyrol gegenüberstanden, die unter den Sitzen bläulich-grün illuminiert waren.

Eine andere, inzwischen legendäre Gruppe, **Pentagon**, 1985 in Köln gegründet von Wolfgang Laubersheimer, Gerd Arens, Ralf Sommer, Reinhard Müller und Detlef Meyer-Voggenreiter, entwarf 1987 „Café Casino“ (Abb. S. 272/273) für die documenta 8 in Kassel. Es war der Versuch, ein zeitgemäßes Künstler-Café zu gestalten und gleichzeitig an die Tradition des Kaffehauses anzuknüpfen. So bestehen die Stühle wie alle anderen Elemente in diesem Café aus dem vorindustriellen Material Rohstahl, doch ihre Sitzschalen sind Integralschaumpolster. „Tradition meets Innovation“ könnte der Leitspruch dieser Gruppe gewesen sein.

Die Einfachheit der Briten

Jeder der drei wichtigsten Designer der Insel entwarf in den achtziger Jahren einen Stuhl für die Ewigkeit.

Tom Dixon war der expressivste der jungen Stargestalter. Er experimentierte mit Eisen, Hartgummi und vor allem mit Korbgeflechten, aus denen er stromlinienförmige, gewächshafte Formen entwickelte wie 1988 zum Beispiel seine berühmten organisch geschwungenen Korbsessel (Abb. S. 275 oben).

Ron Arad gründete 1981 in London sein Studio „One Off Ltd.", mit dem er sich programmatisch der Beschränkung auf Unikate verschrieb. Er ist der Poet unter den englischen Designern, wie auch sein „Well Tempered Chair" (Abb. unten) von 1986 belegt. Auf den ersten Blick wirkt der voluminöse Sessel aus Stahl-

„Well Tempered Chair", Ron Arad, 1986. Edelstahlblech, Flügelschrauben. Hersteller: Vitra AG, Basel.

blech mit seinem kaltsilbrigen Glanz und den scharfen Kanten wenig einladend. Arad faltete das Stahlblech zu Schlaufen als Rücken- und Armlehnen und verschraubte sie anschließend miteinander. Doch beim Sitzen entdeckt man dank der Federeigenschaften des Metalls eine überrraschende neue Gemütlichkeit.

Chaiselongue Bolide I, Tom Dixon, 1988. Metallgestell mit Korbgeflecht. Hersteller: Cappellini spa, Arosio.

Puristisch verteidigte **Jasper Morrison** minimale Formen gegen die schwelgerischen der Postmoderne. Bekanntestes Beispiel seines „No-Design“ ist der „Ply-Chair“ (Abb. rechts) von 1988. Die Strenge der Holzkonstruktion wird durch den rhythmischen Schwung der Rükkenlehne charmant unterbrochen.

„Ply-Chair“, Jasper Morrison, 1988. Sperrholz, Birkenholzfurnier. Hersteller: Vitra AG, Basel.

Spanische Frivolität

Javier Mariscal entwickelte mehr als jeder andere Designer der Achtziger eine internationale und multikulturelle Formensprache. Weltberühmtes Beispiel ist sein Barhocker „Duplex“ von 1983 (Abb. S. 277 unten). Die drei verschiedenfarbigen und jeweils individuell geformten Beine – wellig das eine, gebogen das andere, gerade das dritte – spielen mit den hehren Gesetzmäßigkeiten des Konstruktivismus und spiegeln gleichzeitig auch den Optimismus der damals beginnenden Nach-Franco-Ära wider.

„Andrea“, Josep Lluscà, 1986. Gußaluminium, Schichtholz mit Buchenfurnier oder Polyurethan. Hersteller: Andreu World, Chiva, Valencia.

Auch **Jorge Pensi** wurde mit einem Stuhlentwurf prominent. „Toledo“ (Abb. links), entstanden 1986–1988, ist ein stapelbarer Terrassenstuhl aus Gußaluminium mit interessanten Schlitzen in Rückenlehne und Sitzfläche. Im Freien sind sie sowohl für die Belüftung als auch für den Abfluß von Regenwasser unverzichtbar. Ausgerechnet die Schlitze in japanischen Samurai-Rüstungen regten Pensi zu seiner Konstruktion an.

„Toledo“, Jorge Pensi, 1986/88. Aluminiumguß und -rohr, eloxiert. Hersteller: Amat s. a., Martorell, Barcelona.

Die Stühle des in Barcelona geborenen **Josep Lluscà** schließlich (Abb. S. 276) beziehen sich mit ihren filigranen Linien auf die Formensprache des großen Jugendstilarchitekten Antonio Gaudí.

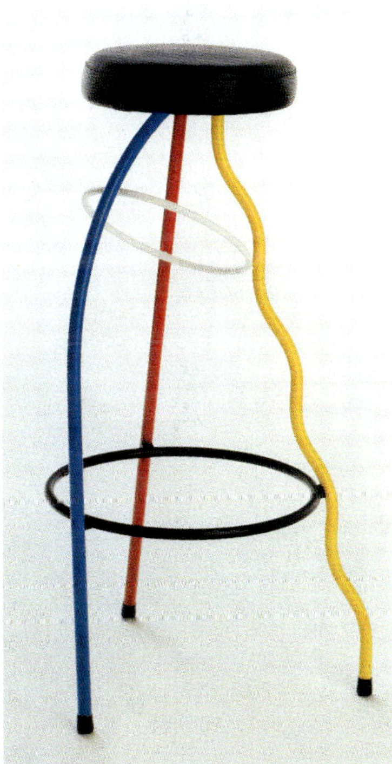

„Duplex“, Javier Mariscal, 1983. Aluminium, Kunststoff. Barhocker für die Duplex-Bar in Valencia.

Japanischer Purismus

Shiro Kuramata entwarf in den Achtzigern mehrere legendäre Stühle. „How High The Moon“ von 1987 (Abb. unten), benannt nach einem Jazztitel von Duke Ellington, besteht aus vernickeltem, gitterartigem Streckmetall. Das Objekt wirkt transparent, schwebend leicht, seine Oberfläche schimmert wie fahles Mondlicht. Mehr als ein Möbel, ist „How High The Moon“ eine Sitzskulptur. Auch „Sing Sing Sing“ von 1985 (Abb. S. 279 unten) wirkt mit seinem federnden Sitz aus Drahtgeflecht trägem Sitzfleisch entgegen.

„Miss Blanche“ (Abb. S. 279 oben), entstanden 1988 und betitelt nach der Hauptfigur aus dem Drama ‚Endstation Sehnsucht‘ von Tennessee Williams,

„How High The Moon“, Shiro Kuramata, 1986. Vernickeltes Streckmetall. Hersteller: Vitra AG, Basel.

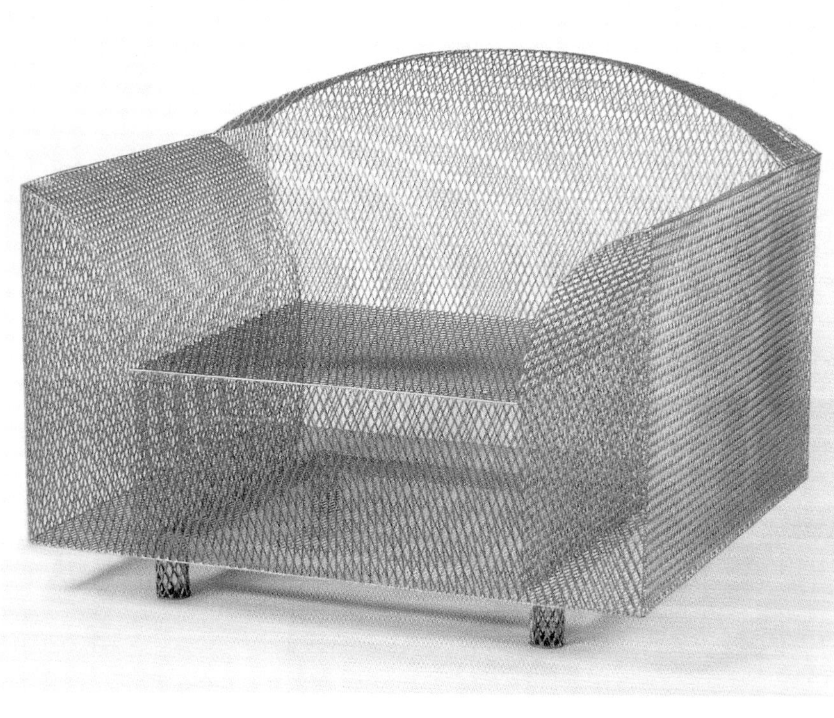

„Miss Blanche", Shiro Kuramata, 1988. Acrylharz, Kunststoff, eloxiertes Aluminiumrohr. Hersteller: Kuramata Design Office, Tokyo.

„Sing Sing Sing", Shiro Kuramata, 1985. Eloxiertes Stahlrohr, Drahtgeflecht. Hersteller: XO, Paris.

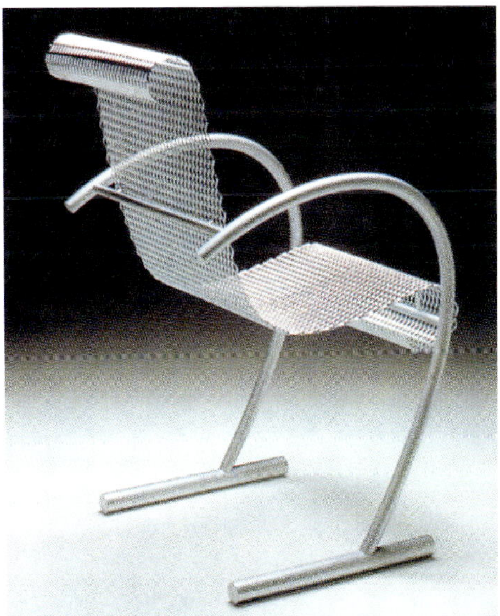

steht auf Beinen aus altrosafarbenem Aluminium und hat einen transparenten Acryl-Body mit schmalem Rücken und breiten Seiten. In Handarbeit wurden in die transparenten Acrylflächen Kunstrosen eingegossen, die so verführerisch schön sind, daß man nie wieder aufstehen möchte.

Marc Newson

Eines der jüngsten Talente, die am Ende der achtziger Jahre von sich reden machten, war der Australier Marc Newson. Bereits 1985/86 entwarf er mit „MN-01 LC1, Lockheed Lounge“ (Abb. unten) ein Kultobjekt, das der französische Stardesigner Philippe Starck 1990 in sein New Yorker Hotel Paramount integrierte. Die „Lockheed Lounge“ besitzt einen Körper aus glasfaserverstärktem Kunststoff, der mit genieteten Aluminiumblechen umhüllt ist. Sie ist eine Skulptur, auf der ruhen kann, wer sich zu drapieren weiß.

1988 entwarf Newson den Sessel „MN-05 Embryo Chair“ (Abb. S. 281 unten), mit dem er zum Erfinder des „pod design“ (pod = Samenhülse, Fruchtschale) wurde. Auf niedrigen Aluminiumbeinen stehend, erinnert der kugelige Schaumstoffkörper des Stuhls mit seinem schwarzen Neoprenbezug tatsächlich an

„MN-01 LC1, Lockheed Lounge“, Marc Newson, 1985/86. Fiberglas, genietetes Aluminiumblech. Hersteller: Idée, Tokyo.

„Felt", Marc Newson, 1994. Fiberglasverstärktes Polyester und eloxiertes Aluminium, Stoffpolsterung. Hersteller: Cappellini, Arosio, Como.

eine Fruchthülse und an einen Embryo, irgendwie aber auch an ein eigenartiges Insekt. Die in den neunziger Jahren entstandenen Sitzobjekte betonen wie „Felt" von 1994 ebenfalls weiche, körperhafte Strukturen.

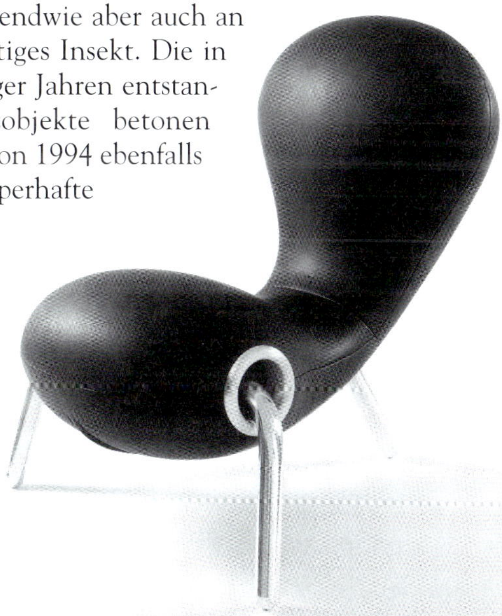

„MN-05 Embryo Chair", Marc Newson, 1988. Aluminium, Schaumstoff, Neoprenbezug. Hersteller: Idée, Tokyo.

Französischer Esprit – Der Weg in die Neunziger

Zwei stilistische Pole bestimmen hier das Design der achtziger Jahre: die zukunftsweisende Kühnheit von **Philippe Starck** und die neobarocke Üppigkeit von **Elizabeth Garouste** und **Mattia Bonetti**. Samt, Wildleder, Fell und Goldbronze waren die Lieblingsmaterialien des französischen Paares. Sie verwendeten sie natürlich auch für ihre Stühle, zum Beispiel für „Barbare" von 1980. Der Name ist augenzwinkerndes Programm. Ein Stück Fell ist mit einer groben Schnur an einem Gestell aus grünem Eisen befestigt, das eine Ende hängt locker zwischen den Beinen nach unten, hörnerartige Aufsätze krönen die Enden des Stuhlrückens. Ein amüsantes Kulissenstück.

„Barbare", Elizabeth Garouste/ Mattia Bonetti, 1980. Eisen, Fell. Kollektion „Les Barbares".

Rechte Seite: „dd-83", Richard Hutten, Droog Design, 1994. Buchenholz, PVC. Auch als Tisch benutzbar. Hersteller: Richard Hutten.

De-konstruktives Design der neunziger Jahre

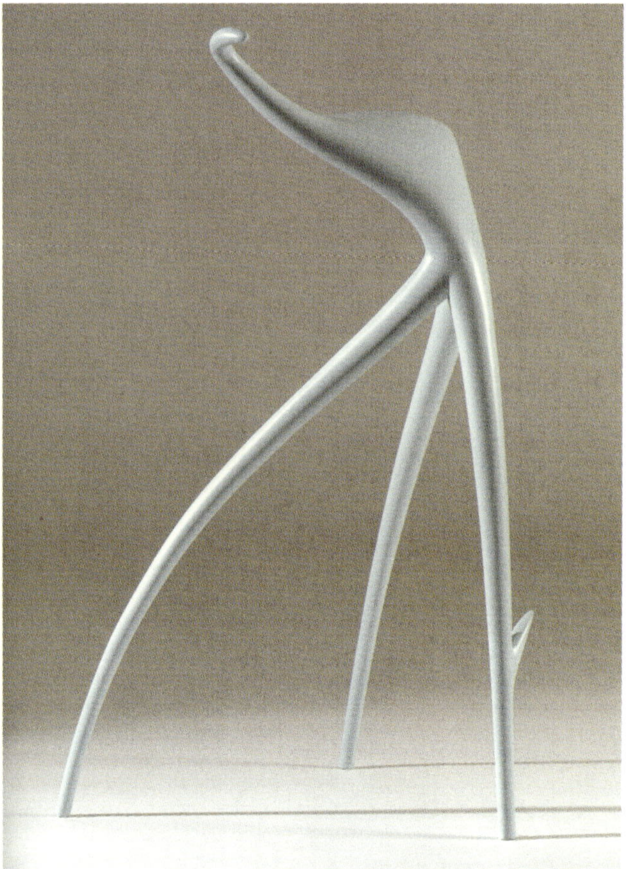

„W. W. Stool“, Philippe Starck, 1990. Aluminium-Sandguß, lackiert. Hersteller: Vitra AG, Basel.

Philippe Starck

Philippe Starck arbeitete schon in den achtziger Jahren am Design der Neunziger. So verteidigte er das Material Kunststoff, das er für seinen Stapelstuhl „Dr. Glob“ von 1988 verwendete, als „das ökologisch einzig Vernünftige“. Sein „W. W. Stool“ (Abb. oben) von 1990 ist das erste und bis heute eines der stärksten Objekte dieser Dekade der Neunziger, in der neben der Architektur auch das Design de-konstruktiv wurde. Aus blaßblauem Aluminium gefertigt, wirkt der Hocker auf seinen drei hohen geschwungenen Beinen mit seiner

gebogenen, rüsselartigen Sitzfläche wie ein seltsamer Keimling. Tatsächlich bedeutet „stool“ nicht nur Hocker, sondern auch Wurzelschößling.

Handfest, beinahe klassisch wirkt hingegen „Louis 20“ (Abb. links) von 1991. Starck kombinierte für den stapelbaren Stuhl Stahlrohr mit schwarzem Kunststoff. Die Sitzfläche mit der federnden Rückenlehne wurde aus einem Stück in Polypropylen hohlgeblasen, Armlehnen und die hinteren Stuhlbeine sind aus Aluminium. „Louis 20“ läßt sich durch das Lösen weniger Schraubverbindungen mühelos in seine recycelbaren Einzelteile zerlegen.

„Louis 20“, Philippe Starck, 1991. Polypropylen, geblasen; Aluminium, poliert. Hersteller: Vitra AG, Basel.

„Dr. Glob“, Philippe Starck, 1988. Stahlrohr, Polypropylen. Hersteller: Kartell, Noviglio, Mailand.

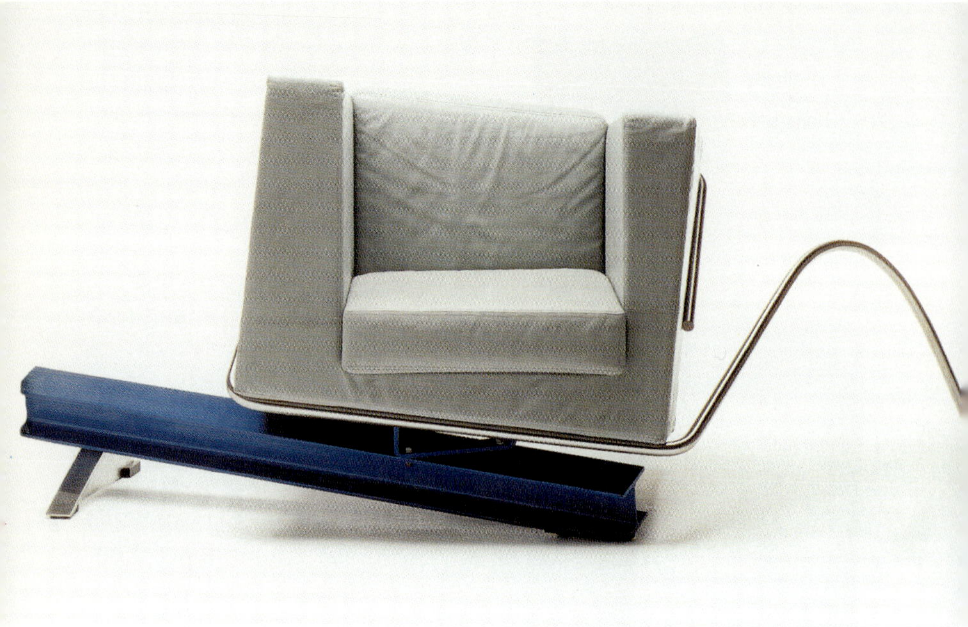

Coop Himmelblau

„Vodöl", Coop Himmelblau, 1989. Lackierter Stahl, gebürsteter Edelstahl, Lederpolsterung. Hersteller: Vitra AG, Basel.

Für den Dekonstruktivismus der Neunziger steht in vorderster Reihe die österreichische Architektengruppe Coop Himmelblau. Bereits 1989 entwarfen sie den Sessel „Vodöl" (Abb. oben), der den Formenkanon der Moderne buchstäblich aus den Angeln hebt. Vorbild des Entwurfs war der 1928 von Le Corbusier, Pierre Jeanneret und Charlotte Perriand entworfene „Fauteuil grand confort", der „sehr komfortable Sessel". Dessen symmetrische Konstruktion nahm Coop Himmelblau radikal auseinander. Auf einem Doppel-T-Träger aus blauem Stahl, der in sanfter Schräglage verharrt, schwebt der weiße Polstersessel, umfangen von einem Stahlrohr, das wie eine aufgebogene Briefklammer aussieht. Das rasante Modell trägt einen Namen, der den Wiener Dialekt bei dem Versuch nachahmt, das französische Wort „fauteuil" korrekt auszusprechen.

Konstantin Grcic

„Start", Konstantin Grcic, 1994. Klapp-Stapelstuhl aus Aluminium.

„Oak", Konstantin Grcic, 1992. Armlehnstuhl aus Eiche.

Der interessanteste deutsche Designer der Neunziger entwirft Möbel, die spektakulär in ihrer scheinbren Schlichtheit sind. Der Armlehnstuhl „Oak" (Abb. unten) von 1992 ist ebenso ein Beispiel wie der Klapp-Stapelstuhl „Start" (Abb. rechts) von 1994. „Oak" ist aus einfachen, geraden Eichenholzelementen zusammengesetzt, allein die beiden hinteren Stuhlbeine sind in Anspielung auf die verbreitete Eichenmöbel-Folklore schwungvoll nach außen gebogen. „Start" besteht aus einem dünnen Metallgestell und einer klappbaren Sitzfläche aus Holz – ein an Multifunktionalität kaum zu übertreffender Gebrauchsgegenstand. Doch bei Grcic ist er gleichzeitig ästhetisches Objekt.

Droog Design

Der Geist der neunziger Jahre im Design kommt nicht mehr aus Italien, und am Ende des Jahrtausends auch nicht mehr aus Frankreich oder England. Er kommt aus Holland und sein Name ist „Droog Design". Die Gruppe um **Renny Ramakers** und **Gijs Bakker** existiert seit sechs Jahren, und seitdem sehen Möbel anders aus. Vor allem sehen sie nicht „designed" aus. Denn das Hauptmerkmal des Designs am Ende der neunziger Jahre ist, mag es auch paradox klingen, die totale Abkehr vom Design. So sehr das Jahrzehnt der Achtziger vom Design nicht nur des Mobiliars, sondern

„Rag Chair", Tejo Remy, Droog Design, 1991. Lumpen, Holzrahmengestell, Stahlseile. Hersteller: Tejo Remy.

„Knotted Chair" Marcel Wanders, Droog Design, 1996. Carbongewebe, Epoxidharz. Hersteller: Cappellini, Milano.

des Lebens bestimmt war, so sehr ist es das der Neunziger, gerade am Ende des Jahrtausends, eben nicht.

Ein ziemlich frühes Beispiel für ein Sitzobjekt dieses neuen „Spirit of Design" ist der „Rag Chair" (Abb. S. 288), der Lumpensessel, den **Tejo Remy** 1991 entwarf. Er besteht aus Dutzenden von übereinandergelegten, scheinbar ausrangierten Kleidungsstücken und Stoffen, die Remy mit einem Holzgerüst unsichtbar stützte und mit Stahlseilen so raffiniert schnürte, daß sie sich zum Sessel mit Rückenlehne formten. Der handwerkliche Aufwand und die Technik, die in diesem Objekt stecken, offenbaren sich nicht in seiner Erscheinung.

Dies gilt auch für den „Knotted Chair" (Abb. oben), den geknoteten Stuhl, den **Marcel Wanders** 1996 entwarf. Hier verbinden sich Handwerk und High-Tech zu einem leichten, transparenten, wunderschönen Objekt aus Epoxidharz und Carbongewebe.

„Kokon" furniture, Jurgen Bey, Droog Design, 1997. Kunststoff.

Wie weit die „Kokon"-Stühle (Abb. oben) von **Jurgen Bey**, entworfen 1997, in die Zukunft weisen, wird sich zeigen. Sie sind Prototypen aus Kunststoff. Ihr Skelett ist eine aus der Designgeschichte bekannte Form, doch eine in der Flugzeugtechnik angewandte Verfahrensweise macht es möglich, die Oberfläche wie eine zweite Haut wirken zu lassen. So wird aus alt neu, wieder einmal.

Rechte Seite: Carles Rennie Mackintosh, Stuhl für den Teesalon in der Argyle Street, 1897. Gebeizter Rahmen aus Eiche, Sitzfläche gepolstert mit Roßhaar.

Ratschläge für den Sammler

Der Kauf alter Möbel

Wer ein altes Möbelstück erwerben will, hat meist Freude an Antiquitäten, ist sicher schon öfter in Antiquitätengeschäften gewesen, hat sich auf Flohmärkten oder bei Kunstmessen umgesehen. Wem es genügt, ein Stück zu erwerben, das formschön, gut erhalten und ins eigene Ambiente passend den Blick auf sich zieht, der sollte ruhig zugreifen, auch wenn das Möbel vielleicht aus der historischen Phase der Möbelkunst (nach 1860) stammt, sich also als nicht ganz stilrein präsentiert. Sympathie ist ein wichtiges Argument. Wem ein Objekt gefällt, selbst wenn es nicht „echt Biedermeier" oder „echt Barock" ist, der sollte bei seiner Wahl bleiben. Doch meist möchte man eben ein Stück „aus der Zeit", und da ist guter Rat teuer: Gehe ich zum Fachhandel oder auf eine Kunstmesse, oder gar auf eine Auktion? In jedem Fall, ganz gleich, welchen Weg man einschlägt, sollte man einen versierten, erfahrenen Kunstkenner mitnehmen.

Der Weg zum Fachhändler hat viele Vorteile: Hier werden nur restaurierte Stücke angeboten, man erhält eine Garantie über die Echtheit des Objektes, kann in Ruhe wählen und manchmal auch den gewünschten Stuhl auf Probe mit nach Hause nehmen, um ihn in seiner zukünftigen Umgebung zu betrachten.

Auch der Weg zur Kunstmesse ist ratsam, denn die dort ausgestellten Objekte wurden zuvor von einer Expertengruppe geprüft: Für die Kunstgegenstände wird eine gesetzliche Haftung übernommen. Hierzu haben sich die Mitglieder im *Bundesverband des Deutschen Kunst- und Antiquitätenhandels* (die entsprechende Institution in England ist die *British Antique Dealer's Association)* verpflichtet.

Wer schon einmal eine Auktion besucht hat, der weiß, wie reizvoll allein schon die Vorbesichtigung ist, wie spannend die Bietgefechte am Auktionstag selbst.

Salongarnitur, Kirschbaum furniert, florale Ahorneinlagen in den Rückenbrettern, Vergoldungen, Gotha, um 1810.

Doch sollte man bedenken, daß das ins Auge gefaßte Stück meist nicht restauriert ist und auf den Zuschlagspreis noch eine Gebühr von etwa 20 Prozent aufgeschlagen wird.

Über Termine von Auktionen, Kunstmessen, auch von ländlichen Messen, informieren regelmäßig die Fachzeitschriften „Weltkunst" und „Sammler Journal". Wer sich einen Überblick über die wichtigsten internationalen Auktionshäuser verschaffen möchte, sollte im „Internationalen Kunstadressbuch" („International Directory of Arts") nachschlagen.

Die wichtigsten Pflegemaßnahmen

Die beste Pflege für ein altes Möbelstück ist nicht die Politur, sondern der rechte Standort. Die warme, trockene Luft unserer zentralbeheizten Räume bereitet dem antiken Möbel Verdruß. Man sollte auf jeden Fall darauf achten, kein wertvolles Möbel in die Nähe einer Heizung zu stellen. Darüber hinaus sollte immer für genügend Luftfeuchtigkeit gesorgt werden – als idealer Wert gelten 55 bis 56 Prozent relative Luftfeuchtigkeit. Das erreicht man am besten mit speziellen Luftbefeuchtern. Aber auch große Pflanzen und eine gute Frischluftzirkulation schaffen ein für alte Möbel günstiges Raumklima. Bei zu großer Trockenheit wird das Holz rissig, die Furniere stehen auf, Metallteile können sich ablösen. Ebenso ungünstig wie die Zentralheizung wirkt sich eine direkte Sonnenbestrahlung aus, denn sie laugt das Holz aus und bleicht es. Weiße Vorhänge oder Jalousien sind probate Mittel gegen direkten Sonneneinfall.

Der Kenner schätzt die natürliche, durch Alterung und Gebrauch entstandene Patina der Holzmöbel. Glänzendes, glitzerndes Holz deutet auf falsche Behandlung hin. Wenn auch das Aufbringen von Polituren gelegentlich notwendig ist, genügt es meist, das Holz mit einem trockenen, weichen Tuch abzureiben. Eine dünne Wachslösung ist das geeignete Mittel, um störende Gebrauchsspuren zu beseitigen. Zu vermeiden sind schellackhaltige Polituren. Marketerien können mit wenig nicht trocknendem Öl – etwa mit Mandelöl – eingerieben werden. Messingbeschläge sollten mit einem speziellen Reinigungsmittel behandelt werden. Damit das umliegende Holz durch die Metallpolitur nicht Schaden nimmt, ist es angebracht, es vorher mit Wachs einzureiben. Zur Nachbesserung mattgewordener Oberflächen europäischer Lackmöbel wird das Auftragen einer dünnen Schicht Gemäldefirnis empfohlen. Ostasiatische Lackmöbel vertragen keinerlei Möbelpolitur, ihre Oberfläche wird nur hin und wieder leicht gewachst.

Armstuhl aus Mahagoni im zurückhaltenden Chippendale-Stil, um 1770. Der Stuhl wurde aus schwerem spanischen Mahagoni hergestellt und hat eine schöne Patina.

Korbgeflecht kann mit Wasser und Seife gereinigt werden, ebenfalls mit einem synthetischen Waschmittel. Nach dem Trocknen imprägniert man das Korbgeflecht mit einer Lösung von Bienenwachs oder Acrylharz, um das Austrocknen oder Brüchigwerden zu vermeiden.

Die Behandlung von Lederbezügen ist nicht ganz einfach, da jede Reinigung die Bestimmung der verwendeten Ledersorte voraussetzt. Zeigen sich Brüche, so kann Lederfett oder reines flüssiges Bienenwachs aufgetragen werden. Das Abwischen mit einem feuchten Tuch (Seifenwasser) ist nur zu empfehlen, wenn zuvor an einer unauffälligen Stelle die Farbechtheit überprüft wurde.

Möbelbezugsstoffe werden am schonendsten behandelt, wenn man sie möglichst wenig starkem Licht aussetzt. Licht zerstört Farbstoffe ebenso wie Fasern. Reparaturen an alten Stoffen sind in jedem Fall dem Fachmann zu überlassen. Dies gilt für das Möbel allgemein: Zeigen sich schwere Schäden an unserem alten Stück, so sollte auf keinen Fall experimentiert werden, hier ist der Restaurator gefragt. Ob Holzwurmbefall, abgebrochene Ecken oder Kanten, Pilzbefall, Ablösen von Grundierungs- und Fassungsschichten – hier ist der Restaurator bzw. Kunstschreiner heranzuziehen. Auch das Restaurieren von Stühlen mit vergoldeten Holzteilen sollte dem Fachmann überlassen werden. Das Reinigen des vergoldeten Schnitzdekors kann mit einem trockenen Pinsel geschehen.

Ergänzungen, Signaturen, Fälschungen, Reproduktionen

Die Zunftsatzung verpflichtete die französischen Kunstschreiner im 18. Jahrhundert dazu, ihre Arbeiten zu signieren. Die Statuten der Menuisiers-Ebénistes waren außerordentlich rigide, was unter anderem der Artikel XXI beweist: „Jeder Meister ist verpflichtet, einen eigenen Stempel zu führen, wie auch die Korporation den ihren hat; Abdrücke dieser Stempel werden im Bureau auf einem flachen Stück Blei hinterlegt, welches dafür dort aufbewahrt bleibt; und die genannten Meister dürfen kein Werk liefern, außer solchen der Bauschreinerei, welche dafür nicht in Frage kommen, das sie nicht zuvor mit ihrem Stempel versehen haben, bei Strafe der Beschlagnahme und 20 Livres Buße für jedes Stück, das keinen Stempel trägt."

Auf Seite 297 sind einige Stempel der bedeutendsten französischen Hersteller von Sitzmöbeln abgebildet, darunter auch Georges Jacob, der seine Arbeiten meist auf der unteren Kante des Rahmens signierte.

In der Regel bewahrt die Stempelung französischer Möbel vor bösen Überraschungen, doch ist die „Kunst" der Fälscher so groß, daß Vorsicht stets am Platze ist. Wenn ein Möbelstück nicht nachweisbar über mehrere Jahrhunderte im Besitz einer Familie war, wenn nicht Inventare lückenlos Auskunft geben, geht der Käufer selbst bei einem gestempelten Stück nie ganz sicher.

Heinrich Kreisel, einer der bedeutendsten Möbelspezialisten unserer Zeit, bekannte in seinem Artikel für *Keysers Kunst- und Antiquitätenbuch:* „Der Verfasser hat sich selbst schon geirrt und es sogar bei den größten Experten für Möbel erlebt, daß sie sich geirrt haben oder aber feststellen mußten, daß sie die Kardinalfrage,

ob das Möbel „aus der Zeit“ sei oder nicht, nicht eindeutig mit ja oder nein beantworten konnten. Es muß daher leider gesagt werden, daß das Erkennen von Fälschungen und Nachbildungen, wenn diese nicht plump, sondern raffiniert gemacht sind, sehr schwierig ist und man sich diese Fähigkeiten nur graduell in langen Jahren und kaum absolut aneignen kann.“

Der Laie sollte sich grundsätzlich immer einem Fachmann anvertrauen, bevor er ein kostbares Möbelstück erwerben will. Fälschungen lohnen sich nur bei ausgezeichneten Stücken, also wird der Antiquitätenliebhaber, der auch mit der zweiten oder dritten Qualitätsstufe zufrieden ist, meist kein zu großes Risiko eingehen. Achtung jedoch vor Reproduktionen! Bereits im 18. Jahrhundert wurde viel kopiert, mehr noch im 19. Für England ist überliefert, daß hier seit den Jahren um 1830 von nahezu jedem Stil Kopien angefertigt wurden. Eine gute Nachbildung aus dieser Zeit ist aber dennoch nicht zu verachten, da sie bereits Alterspatina angesetzt hat.

Ebenso sollte man nicht vor einem Kauf zuruckscheuen, wenn bei Stühlen ein Bein, eine Armlehne oder ein Steg ergänzt wurden. Da Sitzmöbel besonders stark der Abnützung ausgesetzt sind, wird es bei alten Stücken immer Defekte geben. Komplette Sätze von etwa 8 Eßzimmerstühlen, ganz „aus der Zeit“, gibt es wohl nur in Ausnahmefällen. In den Katalogen der Auktionshäuser liest man daher oft, daß einer oder auch zwei und drei dieser Stühle modern kopiert sind. In der viktorianischen Zeit, als das Stilgemisch in England besonders ausgeprägt war, wurden sehr oft Stühle im Stil von Chippendale angefertigt. Auch diese Nachbildungen dürfen uns nicht stören – vorausgesetzt, der Händler macht auf die Entstehung im 19. Jahrhundert aufmerksam.

Armstuhl aus Mahagoni und hochwertiger Salonsessel, Edwardian Period, ca. 1895 bis 1915.

Möbeldiebstahl

Wenn auch ein Möbelstück weniger leicht aus dem Haus zu holen ist als etwa ein Schmuckstück, mehren sich in den letzten Jahren auch die Diebstahlsdelikte bei größeren Objekten. Leerstehende, vorübergehend nicht bewohnte Häuser oder Wohnungen sind für Einbrecher immer interessant, zumal es sich erwiesen hat, daß Alarmanlagen nicht immer ein sicherer Schutz sind.

Um die Versicherungsgesellschaften zu Schadenersatz zu bewegen, ist es notwendig, eine gute Fotografie des gestohlenen Stückes vorzulegen, ebenso das Gutachten eines Fachmanns, das die genaue Beschreibung, den Stil, das Alter und das Herkunftsland des betreffenden Objekts enthält. Da manche Zeitschriften (in Deutschland etwa die „Weltkunst") Fotos von gestohlenen Objekten veröffentlichen, besteht die Möglichkeit, auch auf diesem Wege das eigene alte Stück wiederzufinden. Vor allem wird dem Dieb der Weiterverkauf erschwert.

Investition und Preise

Im allgemeinen wird man ein altes Möbelstück oder eine Möbelgruppe nicht aus spekulativen Gründen erwerben, doch freut man sich, wenn man nach Jahren erfährt, daß der Satz Stühle für das eigene Eßzimmer seither beträchtlich an Wert gewonnen hat. Wertzuwachs ist allerdings nur bei qualitativ hochstehenden Möbeln möglich, die sich schon beim Kauf in bestem Zustand befanden und deren Herkunft bekannt ist. Die nachfolgende Preisliste der Jahre 1991 bis 1998 (Auktionsergebnisse) zeigt, daß es nicht mehr möglich ist, ein altes Objekt hoher Qualität für wenig Geld zu erwerben. Auch im Fachhandel ist der Sessel eines bekannten französischen Meisters, der sein Möbel mit einem Stempel versehen hat, immer kostspielig. Interessant zu erfahren, daß selbst das lange vernachlässigte Biedermeiermöbel heute wegen seiner Beliebtheit erstaunliche Preise erzielt. Im Heyne-Antiquitätenführer „Biedermeier“ (siehe S. 314) etwa lesen wir, daß ein Biedermeierzimmer bester Qualität, bestehend aus Tisch, 6 Stühlen, Sofa, Sekretär und Eckvitrine, das 1950 noch für 800 DM zu haben war, heute etwa 160 000 DM kosten würde.

Wer heute noch zu erschwinglichen Preisen gute Qualität haben möchte, sollte auf Gebiete ausweichen, die noch nicht so begehrt sind, historische Möbel etwa, die ja durchaus ihren Reiz haben können.

Schreibtischstuhl mit vergoldeten Bronzebeschlägen und Lederpolsterung, Louis Majorelle, um 1900.

Internationale Auktionsergebnisse und Schätzpreise der Jahre 1991 bis 1998

(£ = engl. Pfund; $ = US Dollars; sfr = Schweizer Franken; frs = Franz. Francs)

1991

1 Mahagoni-Armlehnsessel, geschnitzt, George II., um 1750	6050 £
1 Paar Mahagoni-Hallenstühle in der Art von Matthias Darly, George II., um 1766	3960 £
1 Walnuß-Ohrenbackensessel, George II., um 1750	5500 £
1 hoher Kinderstuhl, George II., um 1755	4400 £
Satz von 14 Mahagoni-Eßzimmerstühlen, George III., um 1780 (4 davon modern)	14 300 £
1 Mahagoni-Bibliotheks-Armlehnstuhl, George IV., um 1820	6600 £
Satz von 10 Gothic Revival Armlehnstühlen mit Stickereibezügen, Regency, um 1820	17 505 £
1 Paar Louis XV. Fauteuils à la reine, Mitte 18. Jh., signiert L. L. Carpentier	14 300 $
1 Paar Louis XV. Bergères en cabriolet, Mitte 18. Jh.	25 300 $
1 Paar Louis XV. Fauteuils à la reine, Mitte 18 Jh., sign. L. Cresson	77 000 $
1 Stuhl Napoleon III., gefaßt und vergoldet, mit Blumen und Blattwerk bemalt	2034 sfr
Serie von 6 Mahagonistühlen, norddeutsch, 1. Hälfte 19. Jh.	6215 sfr
1 Paar Louis XVI. Stühle, Appenzell, um 1800	1130 sfr
1 Paar Louis XV. Stühle, Straßburg, Buche geschnitzt	7910 sfr
8 venezianische Rokokostühle, 2. Hälfte 18. Jh., Nußbaum massiv, geschnitzt	31 640 sfr

1992

Satz von 6 Eßzimmerstühlen, George IV., um 1820	209 £
1 Mahagoni-Armlehnstuhl, George III., um 1770	770 £
1 Paar Mahagoni-Eßzimmerstühle, George III., um 1765	220 £
1 Paar Louis XV. Fauteuils à la reine, Mitte 18. Jh., sign. L. Delanois	25 300 $
4 vergoldete Stühle, klassizistisch, Schweden	9900 $
1 Paar Louis XVI. Voyeuses, letztes Viertel 18. Jh.	3575 $
Satz von 4 Louis XV. Fauteuils en cabriolet, Mitte 18. Jh.	8250 $
Satz von 4 Mahagonistühlen, Directoire, spätes 18. Jh.	2200 $
1 Paar Louis XIV. Bergères, letztes Viertel 18. Jh., sign. J.B. Sené	9350 $
Satz von 5 ital. Rokokostühlen, Blumendekor auf vergoldetem Grund	8800 $
1 Paar Mahagoni-Armlehnstühle, Empire	6050 $
1 Paar Fauteuils à la reine, Directoire, spätes 18. Jh.	3300 $
1 Paar Mahagoni-Fauteuils, Directoire, Ende 18. Jh., sign. Jacob Frères	25 300 $
4 Biedermeierstühle, Österreich, 1. Viertel 19. Jh., Birke und Ebenholz	5500 $
1 Biedermeier-Armlehnstuhl, Nußbaum, Süddeutsch, 1. Viertel 19. Jh.	3850 $
6 lackierte Armlehnstühle mit gemalten Chinoiserien, Regency, um 1805	13 750 £
6 lackierte Stühle mit gemalten Chinoiserien, Queen Anne, um 1710	5500 £
12 Mahagoni-Eßzimmerstühle mit Messingintarsien, George IV., ca. 1820, wohl von Gillows	13 200 £
6 Queen-Anne-Walnußstühle mit Stickerei-Bezug	19 000 £

1993

4 Mahagoni-Armlehnstühle, Dänemark, spätes 19. Jh.	10 350 $
1 Rokokostuhl, Buchenholz, geschnitzt, Holland	1495 $
1 Slipper-Chair, viktorianisch, vergoldet, Ende 19. Jh.	5175 $
2 Rokoko-Armlehnstühle, italienisch, gefaßt, Mitte 18. Jh.	28 750 $

1994

2 Clubsessel, Art Déco, um 1930, Jules Leleu	22 200 frs

1995 (Schätzpreise)

1 Stuhl, Edward Colonna, für Samuel Bings „L'Art Nouveau Pavillon"	4000–6000 $
8 Art Déco Minali Palmholzstühle, um 1930	6000–9000 $
2 Mahagoni-Armlehnstühle, Art Déco, J.M. Rothschild, um 1935	9000–12 000 $
2 Carlo Bugatti Armlehnstühle, um 1900	4000–6000 $

1996 (Schätzpreise)

1 Mahagoni-Fauteuil, Frankreich, Restauration, um 1815	5000–7000 sfr
2 Mahagoni-Fauteuils, Empire, in der Art von Georges Jacob, Paris, 1. Viertel 19. Jh.	7000–8000 sfr
2 große Fauteuils, gefaßt, Piemont, Mitte 18. Jh.	7000–9000 sfr
4 Fauteuils, gefaßt, Venedig, um 1775	14 000–16 000 sfr
4 große Fauteils, Paris, um 1750, Buche massiv und geschnitzt, sign. J.B. Lelarge	45 000–60 000 sfr
1 Verwandlungsfauteil, England oder Deutschland, 18. Jh.	10 000–15 000 sfr

1997 (Schätzpreise)	
2 Mahagoni-Fauteuils, Directoire, 1. Viertel 19. Jh., signiert Jacob D. R. Mesler	20 000–30 000 $
2 Fauteuils à la reine, Holz gefaßt, letztes Viertel 18. Jh., signiert G. Jacob	7000–9000 $
2 Louis XVI. Chaises à la reine, vergoldet, sign. G. Jacob	6000–8000 $
4 Louis XV. Fauteuils à la reine, vergoldet, sign. Tilliard	150 000–200 000 $
2 Hocker, gefaßt, Piemont um 1780	6500–9000 £
2 Louis XV. Bergères, Walnuß, sign. Nogaret â Lyon	25 000–80 000 £
12 Eßzimmerstühle, gefaßt und teilvergoldet, im Stil Louis XVI., Paris um 1880	2500–3000 £
2 Fauteuils mit Aubussonbezügen, vergoldet, Paris, um 1880	2000–3000 £

1998 (Schätzpreise)	
14 Mahagoni-Eßzimmerstühle, Regency, um 1815	20 000–30 000 £
8 Walnuß-Eßzimmerstühle, geschnitzt, anglo-portugiesisch, nach einem Entwurf Chippendales, Mitte 18. Jh.	45 000–55 000 £
2 Mahagoni-Armlehnstühle, geschnitzt, George III., ca. 1760, William Vile zugeschrieben	400 000–600 000 £

„Wink“, Toshiyuki Kita, 1976–1980. Stahlrahmen, Polsterung aus Polyurethanschaumstoff. Hersteller: Meda, Mailand

Anhang

Aachener Möbel Zusammen mit Lüttich war Aachen seit Beginn des 18. Jahrhunderts ein bedeutendes Zentrum der Kunstschreinerei. Hier hielt man am ungefaßten Holzmöbel mit Schnitzerei als einzigem Dekor fest. Die Stilunterschiede zwischen Aachen und Lüttich sind gering, bei Lütticher Möbeln jedoch ist eine geschmackliche Anlehnung an Frankreich spürbar.

Akanthusornament Stilisiertes Blatt des Akanthus (Bärenklau), das als Ornamentmotiv seit der griechischen Antike verwendet wurde. Seit der Renaissance auch beliebtes Motiv des Kunsthandwerks, besonders bei Möbeln und Silberarbeiten.

Appliken Neben Wandappliken (Leuchter) umfaßt dieser Begriff in erster Linie Möbelbeschläge, die im Barock und Rokoko meist aus Bronze gefertigt wurden.

Anthemion Ornamentreihe aus stark stilisierten Geißblattblüten und Blättern, übernommen aus der antiken Baukunst und Malerei.

Ball and claw foot (Ball- und Klauenfuß) Im frühen 18. und späten 19. Jahrhundert häufig verwendete geschnitzte Fußform für Tisch- und Stuhlbeine. Stellt eine Adlerklaue dar, die eine Kugel greift, und stammt wahrscheinlich von einem chinesischen Motiv.

Bandelwerk Beherrschendes Ornament des Stils Régence, dessen Hauptmotiv kurvig und gerade geführte Bänder sind, verbunden mit Ranken und figürlichen Motiven. In Deutschland von ca. 1715 bis 1740 verbreitet. Französischer Hauptmeister: Jean Bérain.

Baluster Kurzes, reich profiliertes Säulchen mit starkem Schaft. Tragende Teile einer Balustrade. Beim Möbelbau im Barock häufig als Stützelement verwendet.

Bergère Bequemes Sitzmöbel, das um 1730 in Frankreich aus der Form des Fauteuils entwickelt wurde. Die Armlehnen sind geschlossen und gepolstert, Rückenlehne und Sitz sind ebenfalls gepolstert. Oft lose Matratze.

Bergère en confessional Ohrensessel

Brettstuhl, Brettschemel, Stabelle Hocker oder Stuhl mit massiver Sitzfläche aus Holz, die Rückenlehne meist geschnitzt.

Cabriole leg (Barockfuß) Geschwungener Möbelfuß an Tischen und Stühlen.

Chaise à la capucine Einfacher Stuhl mit Sitz aus Binsen- oder Strohgeflecht, der in der Mitte des 17. Jahrhunderts sehr verbreitet war und ursprünglich in Klöstern benützt wurde.

Chaise en cabriolet Stuhl mit geschwungener, dem Körper angepaßter Rückenlehne.

Chaise en gondole Auch „Fauteuil gondole", deutsch „Gondelstuhl". Stuhltyp mit muldenförmiger Rückenlehne, der Ende des 18. Jahrhunderts in Frankreich in Mode kam und vor allem im Empire sehr beliebt war.

Chaise Allgemein gebräuchlicher französischer Ausdruck für „Stuhl".

Chinoiserie Nachahmung ostasiatischer Motive in der Chinamode des 17. und 18. Jahrhunderts. Bei Möbeln vor allem in der → Lackmalerei und bei Einlegearbeiten.

Ebenist (franz. ébéniste) Bezeichnung für alle Kunstschreiner seit der Regierungszeit Ludwigs XIV. Ursprünglich ital. ebenista = Kunstschreiner, der Ebenholz verarbeitete.

Eierstab Aus der Antike stammende Zierleiste mit ovalen und pfeilspitzenförmigen Ornamentelementen. Ursprünglich in der ionischen Baukunst (Kapitell) verwendet, seit der Renaissance auch im Kunsthandwerk. Beliebtes Ornamentelement bei Empiremöbeln.

Faltstuhl Schon im Altertum bekannter zusammenklappbarer Stuhl, aus dem in der italienischen Renaissance der Scherensessel entstand. Im Louis-Quatorze als „ployant" oder „pliant" beliebte Form des zusammenklappbaren Hockers.

Fassung Farbige Bemalung oder Vergoldung von Möbeln, meist über Kreide- oder Gipsgrund.

Fauteuil Französische Bezeichnung für den Armlehnstuhl des 17. und 18. Jahrhunderts.

Fauteuil à la reine Armlehnstuhl mit leicht eingezogener Stuhllehne, seit etwa 1730 in Gebrauch.

Feston Dekormotiv in Form einer Girlande oder eines Gehänges aus Blumen, Früchten, Blättern, Laubwerk und Stoffen – gemalt, geschnitzt oder aus → Marketerie gestaltet. Ab dem frühen 18. Jahrhundert immer wieder im Möbelbau vorkommend.

Flechtband Dekorationsmotiv, das bereits im alten Orient bekannt war und über die griechische Kunst auf die römische übertragen wurde. Während des Klassizismus auch in der Möbelkunst verbreitet.

Furnier Folie aus Edelholz, die auf dem Kernholz verleimt und dann poliert wird. Die Technik ist seit dem Mittelalter bekannt, doch erst seit dem Barock in der Möbelschreinerei von Bedeutung.

Geißfuß (Pied de biche) S-förmig geschweifter Fuß der Rokoko-Möbel, oft in einem Huf endend. Trat gegen Ende des Louis-Quatorze. an die Stelle der Balusterfüße. Seine Form ist wahrscheinlich von ostasiatischen Vorbildern abgeleitet.

Intarsie Einlegearbeit von farbigen Furnieren oder auch Metall, Elfenbein u.a. in den Holzgrund. Schon im Altertum und Mittelalter bekannt, doch von größerer Bedeutung erst für das Kunstgewerbe der Renaissance.

Kanneluren Senkrechte Rillen am Schaft einer Säule oder eines Pilasters. Im Kunsthandwerk als Dekor an Möbeln, z. B. den Beinen von Louis-Seize-Tischen und -Stühlen .

Kartusche Rahmenornament aus Rollwerk, meist in Schildform, im Barock und Rokoko auch Dekorationselement im Kunsthandwerk.

Knorpelwerk (Ohrmuschelwerk) Frühbarockes Element, aus knorpeligen, wulstigen, oft ohrmuschelartig geformten Gebilden zusammengesetzt.

Kugelfuß Kugelförmiger, oft gedrückter Fuß an Kastenmöbeln, aber auch an Tischen und Stühlen des späten 17. und frühen 18. Jahrhunderts.

Lackmalerei Ostasiatische Technik, die im 17. Jahrhundert Eingang in Europa fand und besonders in Holland und England ausgeübt wurde. Meist goldene Ornamente auf schwarzem, rotem oder grünem Grund.

Mäander Fortlaufendes Bandornament, meist rechtwinklig gebrochen, benannt nach dem windungsreichen türkischen Fluß Menderes (im Altertum Maiandros).

Marketerie → Furnier aus verschiedenen Edelhölzern und anderen Materialien (Schildpatt, Metall, Elfenbein), das zu Ornamenten oder anderen Schmuckmotiven zusammengefügt und dann dem Kernholz des

Möbels aufgeleimt wird. Im Gegensatz dazu wird die → Intarsie in den Kernholzgrund eingelegt. Französischer Hauptmeister: André Charles Boulle (1642–1732).

Meisterstempel Name des Künstlers, mit Schlag- oder Brandstempel angebracht, der von französischen Kunstschreinern, die der Zunft angehörten, seit 1743 zur Signierung des Mobiliars verwendet werden mußte. Nur die französischen Kunstschreiner, die für den Hof arbeiteten, und die nicht zünftisch gebundenen Ausländer mußten ihre Möbel nicht signieren. Der Stempel ist meist an schwer zugänglichen Stellen angebracht.

Menusier Französische Berufsbezeichnung für den einfachen Schreiner im Unterschied zum → „ébéniste", der feine, → marketierte Möbel herstellte.

Mittelbrett Vertikales, den Sitz mit dem oberen Querbrett verbindendes Lehnenelement von Stuhlrückenlehnen. Kann massiv, geschnitzt oder durchbrochen sein; oft das vorrangige Dekorationselement eines Stuhles.

Ohrmuschelwerk → Knorpelwerk

Palmette Fächerartiges Ornament der Antike in Form einer stilisierten Palme, das im Möbelhandwerk der Renaissance und des Empire als Schmuckmotiv Verwendung fand.

Pied de biche → Geißfuß

Rollwerk Ornament- und Dekorationsmotiv, das während des Manierismus und Frühbarock verbreitet war. Besteht aus gerollten Bändern und → Voluten.

Rocaille Vorherrschendes Dekorationselement des Rokoko, in dem sich Muschelmotive, Felsmotive (franz. roc = Fels) und pflanzliche Motive zu asymmetrischen, bizarren Formen verbinden, häufig unter Bildung eines C-Bogens.

Steg Horizontale Verstärkung zwischen den Beinen eines Möbels.

Taburett (Tabouret) Gepolsterter, niedriger Hocker, der zu Beginn des 18. Jahrhunderts in Frankreich in Gebrauch kam.

Volute Spiralige, schneckenförmige Einrollung. Typisch für das ionische Kapitell, doch später auch im Kunstgewerbe als Schmuckmotiv bekannt, z. B. an Stuhlarmlehnen.

Vorlagenwerk Abbildungssammlungen von Werken der angewandten Künste, die den Künstlern und Handwerkern als Vorbild dienen sollten. Diese heute gern unter dem Sammelbegriff „Ornamentstichwerke" zusammengefaßten Vorlagen (weil das Ornament darin eine führende Rolle spielt) waren vom 15. bis 18. Jahrhundert sehr verbreitet. Am bekanntesten sind die Architekturbücher, Gartenwerke, Möbelbücher, Ornamentwerke, Uniformbücher usw.

Voyeuse Stuhl mit hoher, gepolsteter Lehne, auf dem man rittlings sitzen konnte, um beim Kartenspielen zuzuschauen. Kam Mitte des 18. Jahrhunderts in Frankreich in Gebrauch.

Wellenranke Wellenförmiges Rankenmotiv, aus dem Ornamentschatz der Antike vom Klassizismus übernommen.

Zarge Horizontales, rahmenartiges Verbindungsstück zwischen den vertikalen Elementen eines Möbelstücks, beispielsweise den Beinen eines Stuhles. Oft Gegenstand ornamentaler Verzierungen.

Museen

DEUTSCHLAND

Couven Museum
Hühnermarkt 17, 52062 Aachen
Tel. 02 41/4 32 44 21

Kunstgewerbemuseum
Tiergartenstr. 6, 10785 Berlin
Tel. 0 30/2 66-6

Schloß Charlottenburg Berlin
Spandauer Damm, 14059 Berlin
Tel. 0 30/3 20 91-1

Hessisches Landesmuseum
Friedensplatz, 64283 Darmstadt
Tel. 0 61 51/16-57 03

Staatliche Kunstsammlungen
Georg-Treu-Platz 2, 01067 Dresden
Tel. 03 51/49 14-7 00

Städtisches Museum
Museumsberg 1, 24937 Flensburg
Tel. 04 61/85-29 56

Museum für Kunsthandwerk
Schaumainkai 17, 60594 Frankfurt
Tel. 0 69/2 12-3 40 37

Museum für Kunst und Gewerbe
Steintorplatz 1, 20099 Hamburg
Tel. 0 40/24 86-26 30

Bayerisches Nationalmuseum
Prinzregentenstr. 3, 80538 München
Tel. 0 89/2 11 24-1

Stadtmuseum
St.-Jakobs-Platz 1, 80331 München
Tel. 0 89/2 33-2 23 70

Neue Sammlung im Staatlichen Museum
für angewandte Kunst
Prinzregentenstr. 3, 80538 München
Tel. 0 89/22 78 44

Residenzmuseum
Max-Joseph-Platz 3, 80539 München
Tel. 0 89/2 90 67-1

Germanisches Nationalmuseum
Kartäusergasse 1, 90402 Nürnberg
Tel. 09 11/13 31-0

Stiftung Preußische Schlösser und Gärten
An der Historischen Mühle,
14414 Potsdam
Tel. 03 31/96 94-2 00

Schleswig-Holsteinisches Landesmuseum
Schloß Gottorf, 24837 Schleswig
Tel. 0 46 21/8 13-0

Vitra Design Museum
Charles-Eames-Str. 1
79576 Weil am Rhein
Tel. 0 76 21/7 02-32 00

Residenz
Residenzplatz 2, 97070 Würzburg
Tel. 09 31/3 55 17-0

FRANKREICH

Musée de l'École de Nancy
36–38 Rue du Sergent Blandan
54000 Nancy
Tel. 00 33/3/83 40 14 86

Musée des Arts Décoratifs
107, Rue de Rivoli, 75001 Paris
Tel. 00 33/1/44 55 57 50

Musée National du Louvre
Cour Napoléon, 75001 Paris
Tel. 00 33/1/40 20 51 51

Musée Nissim de Camondo
63, Rue de Monceau, 75008 Paris
Tel. 00 33/1/53 89 06 40

Musée National de Versailles et des Trianons
78000 Versailles
Tel. 00 33/1/30 83 78 00

GROSSBRITANNIEN

Victoria and Albert Museum
Cromwell Road, London SW 7 2RL
Tel. 00 44/171/9 38-85 00

Wallace Collection
Manchester Square, W1 London
Tel. 00 44/171/9 35-06 87

William Morris Gallery
Water House, Lloyd Park, Forest Road
Walthamstow E17 4PP
Tel. 00 44/181/5 27-37 82

ITALIEN

Galleria degli Uffizi
Via della Ninna 5, 50122 Firenze
Tel. 00 39/0 55/2 38 86 51

Museo Bardini
Piazza de Mozzi 1, 50100 Firenze
Tel. 00 39/0 55/2 34 24 27

Palazzo Pitti
Piazza Pitti 1, 50125 Firenze
Tel. 00 39/0 55/2 38 86 14

Museo Poldi Pezzoli
Via Manzoni 12, 20121 Milano
Tel. 00 39/02/79 48 89

Museo di Palazzo Venezia
Via del Plebiscito 118, 00186 Roma
Tel. 00 39/06/6 79 88 65

Palazzo Rezzonico
San Barnaba, Dorsoduro
3136 Venezia
Tel. 00 39/0 41/2 41 01 00

NIEDERLANDE

Rijksmuseum
Stadhouderskade 42, 1070 DN Amsterdam
Tel. 00 31/20/6 74 70 00

Stedeljik Museum
Paulus Potterstraat 13, 1070 AB Amsterdam
Tel. 00 31/20/5 73-29 11

Gemeentemuseum
Stadhouderslaan 41, 2501 CB Den Haag
Tel. 00 31/70/338-11 11

ÖSTERREICH

Bundesmobilienverwaltung
Maria Hilfer Str. 88, A-1070 Wien
Tel. 00 43/1/5 23 42 400

Künstlerhaus
Karlsplatz 5, A-1010 Wien
Tel. 00 43/1/5 87 96 63

Österreichisches Museum für angewandte Kunst
Stubenring 5, A-1010 Wien
Tel. 00 43/1/7 11 36-0

SCHWEIZ

Kirschgartenmuseum
Elisabethenstr. 27/29, CH-4051 Basel
Tel. 00 41/61/2 71 13 33

Museum Bellerive
Höschgasse 3, CH-8080 Zürich
Tel. 00 41/1/3 83 43 76

Schweizerisches Landesmuseum
Museumsstr. 2, CH-8023 Zürich
Tel. 00 41/1/2 18 65 11

Literatur

Aebus, V./Borngräber, C.: *Design. Bilanz.* Köln 1992

Anscombe, I./Gere, Ch.: *Arts & Crafts in Britain and America.* London 1978

Aslin, E.: *19th Century English Furniture.* London 1962

Austin, B.: *Englische Möbel im Lauf der Jahrhunderte.* München 1975

Bangert, A./Ellenberg, P.: *Thonet Möbel.* München 1993

–:/Fahr-Becker, G.: *Jugendstil.* München 1992

–: *Art Deco.* München 1992

Boyle, Philip: *Englische Möbel.* München 1998

Coleridge, A.: *Chippendale Furniture: the work of Thomas Chippendale and his contemporaries in the Rococo Style.* London 1968

Colombo, S.: *L'Arte del Mobile in Italia.* Mailand 1975

Cornforth, I.: *English Interiors. 1790–1848.* London 1978

Duncan, Alisteino: *American Art Deco.* München 1986

–: *Louis Majorelle.* München 1991

Eckstein, H.: *Der Stuhl.* München 1977

Edwards, R.: *Georgian Furniture.* London 1951

–: *The Dictionary of English Furniture.* 3 Bde., Feltham 1954

–: *English Chairs.* Katalog des Victoria and Albert Museums. London 1951

Feulner, A.: *Kunstgeschichte des Möbels.* Berlin 1927

Fiell, Ch. u. P.: *Modern Chairs.* Köln 1993

–: *1000 Chairs.* Köln 1997

Garner, Philippe: *Eileen Gray.* Köln 1993

Gonzales-Palacios, A.: *I mobili nei secoli.* 10 Bde., Mailand 1969

Hara Museum of Contemporary Art (Hrsg.): *Shiro Kuramata.* Tokyo 1996

Harris, E.: *The Furniture of Robert Adam.* London 1963

Himmelheber, G.: *Die Kunst des deutschen Möbels: Klassizismus, Historismus, Jugendstil.* München 1973

–: *Biedermeiermöbel.* 2. Aufl. München 1991

Holm, E.: *Stühle.* München 1978

Honour, H.: *Meister der Möbelkunst.* München 1969

Jahr, A. (Hrsg.): *Möbel, die Geschichte machen.* 18. Aufl., Hamburg 1996

Janneau, G.: *Le Mobilier francais.* Les Sièges. Paris 1974

Jessen, P.: *Der Ornamentstich.* Berlin 1920

Keyses Kunst- und Antiquitätenbuch. Hrsg.: Seling, H. Heidelberg/München 1957.

Klatt, Erich: *Die Konstruktion alter Möbel.* Stuttgart 1977

Kreisel, H.: *Die Kunst des deutschen Möbels.* 2 Bde., München 1968, 1970

Meadmore, C.: *The Modern Chair.* London 1974

Meister, P. W./Jedding, H.: *Das schöne Möbel.* Heidelberg 1958

Meyer, P.: *Europäische Kunstgeschichte.* Zürich 1947

Pevsner, N.: *Wegbereiter moderner Formgebung von Morris bis Gropius.* Köln 1983

Praz, M.: *An Illustrated History of Interior Decoration.* London 1964

Müller-Christensen, S.: *Alte Möbel vom Mittelalter bis zum Biedermeier.* München 1957

Musgrave, C.W.: *Regency Furniture 1800–1830.* London 1970

Ohm, A.: *Europäische Möbel von der Gotik bis zum Jugendstil.* Katalog des Museums für Kunsthandwerk, Frankfurt 1976

Ottomeyer, H./Schlapka, A.: *Biedermeier. Interieurs und Möbel.* München, 3. Aufl. 1995

Payne, Christopher (Hrsg.) *Sotheby's großer Antiquitäten-Führer. Möbel.* München 1995

Philippe, J.: *Mobilier liè gois*. Lüttich 1962
Polster, Bernd: *Design Lexikon Skandinavien*. Köln 1999
Puglia, del, R.: *Mobili e ambienti italiani*. 2 Bde., Mailand 1963
Redlefsen, E.: *Katalog der Möbelsammlung Städtisches Museum Flensburg*. Flensburg 1976
Roe, F.G.: *Victorian Furniture*. London 1952
Russell, F.: *Stuhl und Stil 1850–1950*. Stuttgart 1980
Schmidt, R.: *Möbel*. Braunschweig 1953
Schmutzler, R.: *Art Nouveau, Jugendstil*. Stuttgart 1962
Schoemen, P.: *Aachener und Lütticher Möbel des 18. Jahrhunderts*. Berlin 1942
Stürmer, M.: *Handwerk und höfische Kultur*. München 1982
Thornton, P.: *Innenarchitektur in drei Jahrhunderten*. Herford 1985
–: *Seventeenth Century Interior Decoration in England, France & Holland*. London 1978
Vegesack, A. u.a. (Hrsg). *100 Masterpieces aus der Sammlung des Vitra Design Museums*. Weil am Rhein, 1996
Ward-Jackson, P.: *English Furniture Designs of the 18th Century*. London 1958
Wills, G.: *English Furniture 1550–1760*. London 1971
–: *English Furniture 1760–1900*. London 1971
Wingler, H.. *Das Bauhaus*. Bramsche 1962

Dank

Mein Dank gilt allen Museen, Auktionshäusern und Kunsthandlungen, die Abbildungen für den vorliegenden Band zur Verfügung gestellt haben.

Ganz besonders danke ich den Damen des Auktionshauses Sotheby's, München, für ihre Mühe bei der Beschaffung von Katalogen.

Herrn Axel Schlapka, München, und Herrn Karl Brunnarius, Kirchbrak, sei herzlich gedankt für die schönen mir überlassenen Ektachrome zum Thema „Biedermeier".

Vor allem aber danke ich der Lektorin Frau Elisabeth Blay, München, für die engagierte und sorgfältige Durchsicht meines Manuskripts.

Bildnachweis

Umschlag Vorderseite:
1. Reihe von links nach rechts: Sotheby's, London; Sotheby's, London; Sotheby's, New York; Sotheby's, London
2. Reihe von links nach rechts: Schlapka KG, München; Schlapka KG, München; British Library, London; Schlapka KG, München
3. Reihe von links nach rechts: Heyne Verlag; Bangert/Ellenberg, Thonetmöbel; Sotheby's, London; Vitra Design Museum, Weil am Rhein
4. Reihe von links nach rechts: ClassiCon, München; alle weiteren Vitra Design Museum, Weil am Rhein

Rückseite:
Obere Reihe von links nach rechts: Vitra Design Museum, Weil am Rhein; Sotheby's, New York; Vitra Design Museum, Weil am Rhein
Untere Reihe von links nach rechts: Vitra Design Museum, Weil am Rhein; Sotheby's, London; Vitra Design Museum, Weil am Rhein

A.C.L., Brüssel Seite 169
Adelta, Dinslaken Seite 247 oben
Agence Top, Pascal Hinous Seite 203
Andreu World Chiva, Valencia Seite 276
Arflex international, Mailand Seite 236 unten, 242
Archiv Svensk Form, Stockholm Seite 228
Bangert/Ellenberg, Thonetmöbel (Fotograf Kai Mewes) Seite 158, 159, 160, 161, 305
Bangert/Fahr-Becker, Art Deco Seite 211 oben
Bangert/Fahr-Becker, Jugendstil Seite 170, 176, 178, 186 unten, 191, 195, 199, 209
Bangert Verlag, München Seite 241 oben
Bildarchiv Preussischer Kulturbesitz Seite 140
Boyle, Englische Möbel Seite 71, 295, 298
British Library, London Seite 74 oben
Karl Brunnarius, Kirchbrak Seite 156
Cappellini, Arosio Seite 275 oben, 281 oben
Cassina spa, Meda, Mailand Seite 305
Chateau de Versailles, Paris Seite 91
Christie's, London Seite 69, 74 unten, 183
ClassiCon, München Seite 210 oben
Clusone, Raccolta Civica Santandrea Seite 27
Collection Yves Saint-Laurent und Pierre Bergé, Paris Seite 210 unten
De Pas / D'Urbino / Lomazzi, Mailand Seite 253
Deganello, Paolo, Mailand Seite 267
Dewiel (Archiv der Autorin) Seite 10 oben und Mitte, 11 unten, 14, 15, 17, 24, 30, 35, 37, 41, 45, 49, 70, 72, 73, 75, 78, 79, 80, 82, 85, 93, 99 oben, 104 unten, 105, 107, 111, 112, 116, 117, 118, 119 oben, 129, 130, 131, 133, 135, 141, 143, 147, 157, 165, 166, 171, 177, 186 oben, 189, 190, 202, 218, 220, 225
Driade, Fossadello di Caorso Seite 256 unten
Droog Design, Niederlande Seite 283, 288–290
Galerie du Luxembourg, Paris Seite 174
Galerie Objekte, München, Wolfgang Maurer (Tel.: 0 89/2 71 13 45) Seite 248 oben
Gebrüder Thonet GmbH, Frankenberg Seite 219
Ghini, Massimo Iosa, Mailand Seite 268 oben
Gufram, s.r.l., Balangero Seite 244 unten
Haslam & Whiteway, London Seite 187
Heyne Verlag Seite 209, 300
Historisches Museum Basel, © Fotos: Historisches Museum Basel, Maurice Babey Seite 138
Institut Mathildenhöhe, Darmstadt Seite 182

Katalog der Ausstellung „Design. Design“ 1996 im Hara Museum of Contemporary Art, Tokyo, und im MAK, Wien Seite 279
Kartell, Noviglio Seite 285
Kunstgewerbemuseum Köln Seite 81
Kunsthandel Edmund J. Kratz, Hamburg Seite 46
Kunsthandlung Fischer-Böhler, München Seite 10 unten, 50, 63
Kunsthandlung Schrimpf, Dingolfing Seite 64
Mallett and Son (Antiques) Ltd., London Seite 71
Memphis, Mailand, © Fotos: Studio Azurro Seite 258, 264
Mendini, Mailand Seite 9, 261–263
„Moderne Bauformen“ (Zeitschrift), Stuttgart, 1908 Seite 185
Musée des Arts Décoratifs, Paris Seite 57, 175, 201
Musée du Louvre, Paris Seite 92
Musées Rogaux des Beaux-arts de Belgique, Brüssel Seite 29 oben
Museum für Kunsthandwerk, Frankfurt/Main, Katalog zur Ausstellung „13 nach Memphis“ Seite 267 unten, 271, 277 unten, 282, 287 oben und unten
Die Neue Sammlung, Staatliches Museum für angewandte Kunst, München, Besitz, © Fotos: Angela Bröhan Seite 234, 252 oben, 281 unten
Die neue Sammlung, s. o., © Fotos: Galerie Artificial, Nürnberg Seite 249 unten
Ottomeyer/Schlapka, Biedermeier Seite 293
Panton, Verner, Basel Seite 244 oben
Pesce, Gaetano, New York Seite 266
Rijksmuseum, Amsterdam Seite 29 unten
Sapper, Richard, Mailand Seite 257 oben
Schaub, Bernhard, Hamburg Seite 272/273
Schlapka KG, München Seite 144, 148, 149, 150, 152, 153, 154, 155
Schloß Malmaison, Frankreich Seite 98
Schloß Nymphenburg, Verwaltung der Schlösser, Gärten und Seen, München Seite 43
Sottsass Associati, Mailand Seite 259, 265 unten
Sotheby's, London Seite 11 oben und Mitte, 16, 23, 25, 28, 31, 32, 33, 39, 40, 65, 89, 94, 96, 99 unten, 102, 103, 104 oben, 106, 113, 114, 119 unten, 120, 121, 122, 124, 126, 127, 128, 151, 180, 208, 223, 231, 291
Sotheby's, Monaco Seite 179, 194, 211 unten
Sotheby's, New York Seite 10 Mitte, 13, 18, 20, 38, 47, 51, 53, 54, 55, 59, 60, 66, 67, 68, 83, 86, 90, 95, 97, 100, 101, 108, 109, 115, 123, 125, 163, 173, 193, 196, 197, 198, 205, 206, 207, 222, 235
Sotheby's, Zürich Seite 62, 137
Stiftung Preußische Schlösser und Gärten Berlin-Brandenburg/Bildarchiv Seite 44, 76
Stiletto DESIGN VERTReiB, Berlin, hallo@stiletto.de Seite 269
Studio Magistretti Seite 255 unten
Syniuga, Siegfried Michael, Düsseldorf Seite 270
Tecno spa, Mailand Seite 243 unten
Victoria and Albert Museum, Picture Library, London Seite 36, 168, 183
Vitra Design Museum, Weil am Rhein Seite 213, 215, 216, 221, 224, 227, 229, 230, 232, 233, 237, 238, 239, 240, 243 oben, 245, 246, 247 unten, 248 unten, 249 oben, 250, 251, 252 unten, 254, 255 oben, 256 oben, 247 unten, 260, 265, 268 unten, 274, 275 unten, 277 oben, 278, 280, 284, 285 oben, 286
William Morris Gallery, London Seite 167
Zanotta, Mailand, © Fotos: Mauro Masera Seite 236 oben, 241 unten

Die Autorinnen und der Verlag waren bemüht, alle Rechte Dritter zu respektieren. Nicht in allen Fällen war es möglich, die Rechteinhaber der Abbildungen ausfindig zu machen. Berechtigte Ansprüche werden selbstverständlich im Rahmen der üblichen Vereinbarungen abgegolten.

Namenregister

Die kursiv gedruckten Ziffern verweisen auf Abbildungen im Text.

Sachregister

Die kursiv gedruckten Ziffern verweisen auf Abbildungen im Text.

Bücher für Sammler und Liebhaber

Philip Boyle
Englische Möbel
Von der Jacobean Period
bis zur Edwardian Period –
Stilrichtungen und
Cabinet Makers
384 Seiten
ISBN 3-453-13861-9

Albrecht Bangert
Peter Ellenberg
Thonet-Möbel
Bugholz-Klassiker
von 1830-1930
276 Seiten
ISBN 3-453-13047-2

Ulrike von Hase-Schmundt
Jugendstilschmuck
Die europäischen Zentren
Von 1895 bis 1915
200 Seiten
ISBN 3-453-14772-3

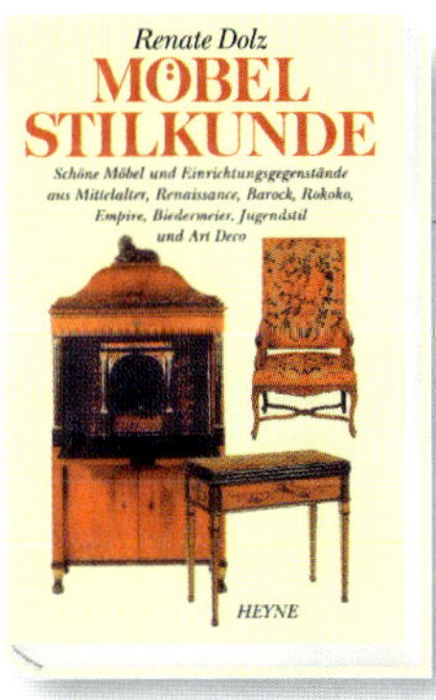

Renate Dolz
Möbelstilkunde
Schone Mobel und Einrichtungs-
gegenstände aus Mittelalter,
Renaissance, Barock, Rokoko,
Empire, Biedermeier, Jugendstil
und Art Déco
336 Seiten
ISBN 3-453-13046-4

HEYNE

Europas aktuelles Magazin für Sammler und Antiquitätenfreunde

Sammler Journal

Ob alte Aktien, Möbel oder edles Zinn, das Sammler Journal berichtet von A bis Z über alles, was sammelnswert ist. Auf über 160 Seiten werden private wie öffentliche Sammlungen farbig vorgestellt, aktuelle Preise genannt, rechtliche Fragen, die das Sammeln betreffen, erörtert und Buch geführt über wichtige Auktionen, Kunst- und Antiquitätenmessen, Floh- und Sammlermärkte. Ein vielseitiger Termin- und Anzeigenteil bietet dem Sammler die Chance, seine Sammlung zu erweitern und zu verändern. Das Sammler Journal ist unentbehrlich für alle Händler, Sammler, und Museenim deutschen Sprachraum. Bitte fordern Sie gleich eine kostenlose Leseprobe zum Kennenlernen an.

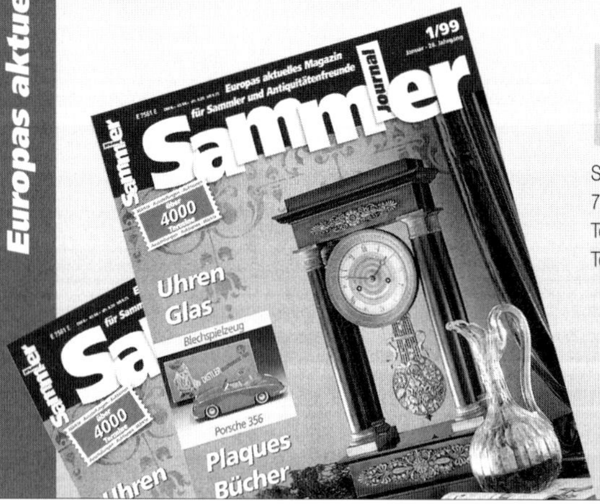

JOURNAL VERLAG SCHWEND GMBH
Schmollerstraße 31 WH
74523 Schwäbisch Hall
Telefon (07 91) 404-552
Telefax (07 91) 404-555